多元与融合：
当代大学生道德共识培育研究

李丽娟　蔡桂珍 ◎ 著

世界知识出版社

图书在版编目（CIP）数据

多元与融合：当代大学生道德共识培育研究 / 李丽娟，蔡桂珍著 .—北京：世界知识出版社，2018.12
ISBN 978－7－5012－5922－9

Ⅰ.①多… Ⅱ.①李… ②蔡… Ⅲ.①大学生—品德教育—研究—中国 Ⅳ.①G641.6

中国版本图书馆 CIP 数据核字（2018）第 293706 号

责任编辑	龚玲琳
责任出版	王勇刚
书　　名	多元与融合：当代大学生道德共识培育研究 Duoyuan Yu Ronghe：Dangdai Daxuesheng Daode Gongshi Peiyu Yanjiu
作　　者	李丽娟　蔡桂珍
出版发行	世界知识出版社
地址邮编	北京市东城区干面胡同 51 号（100010）
电　　话	010－65265923（发行）　010－85119023（邮购）
网　　址	www.ishizhi.cn
经　　销	新华书店
印　　刷	北京市金星印务有限公司
开本印张	710×1000 毫米　1/16　16¾印张
字　　数	250 千字
版次印次	2019 年 3 月第一版　2019 年 3 月第一次印刷
标准书号	ISBN 978－7－5012－5922－9
定　　价	66.00 元

版权所有　侵权必究

目录

前言 …………………………………………………………… 1

绪论 …………………………………………………………… 1
    一、研究的缘起 / 1
    二、研究的理论意义 / 5
    三、研究的实践意义 / 7
    四、国内外研究概况 / 9
    五、研究方法、思路及创新之处 / 19

第一章　大学生道德共识培育的理论概说 …………………… 23
  第一节　道德共识的界定 / 23
    一、道德共识的概念 / 24
    二、道德共识的概念辨析 / 29
  第二节　大学生道德共识培育的界定 / 33
    一、大学生道德共识培育的概念 / 33
    二、大学生道德共识培育：当代高校道德教育的重要任务 / 39
  第三节　大学生道德共识培育的主要理论依据 / 41
    一、马克思主义社会存在与社会意识关系学说是理论基础 / 41
    二、习近平新时代中国特色社会主义思想是重要指导 / 43
    三、传统儒家道德教化思想是可贵资源 / 45

四、哈贝马斯交往理性学说是有益借鉴 / 47

第二章 当代大学生道德共识培育的必然性 …………… 49

第一节 当代大学生道德共识培育的必要性 / 49
    一、巩固共同思想道德基础的现实需要 / 49
    二、高校德育应对多元价值诉求的迫切需要 / 51
    三、当代大学生成长成才的内在需要 / 53

第二节 当代大学生道德共识培育的可行性 / 57
    一、马克思主义伦理观提供理论支持 / 58
    二、社会主流价值提供方向引导 / 61
    三、国家教育方针提供政策支持 / 64
    四、"四个全面"战略布局提供现实保障 / 65

第三章 我国大学生道德共识培育的历史和现状考察 ………… 68

第一节 我国大学生道德共识培育的历史考察 / 68
    一、新中国成立后到改革开放前大学生道德共识培育的历史回顾 / 69
    二、改革开放以来大学生道德共识培育的历史回顾 / 75

第二节 当代大学生道德共识的现状考察 / 83
    一、调查资料来源和调查对象分析 / 83
    二、当代大学生道德共识的调查内容分析 / 84
    三、当代大学生道德共识存在的问题 / 95

第四章 影响当代大学生道德共识度的因素分析 ………… 100

第一节 影响当代大学生道德共识度的环境因素审视 / 100
    一、市场化下利益分化对大学生道德共识度的影响 / 100
    二、全球化下多元文化对大学生道德共识度的影响 / 103
    三、网络化下大众传媒对大学生道德共识度的影响 / 106
    四、社会不正之风对大学生道德共识度的影响 / 108

第二节　影响当代大学生道德共识度的教育因素审视 / 111
　　一、传统高校道德教育的乏力 / 111
　　二、多元教育场域的部分反差 / 115
第三节　影响当代大学生道德共识度的主体因素审视 / 117
　　一、大学生的道德公共理性有待培养 / 117
　　二、大学生的道德选择能力有待提升 / 118
　　三、大学生的道德责任感还需强化 / 120
　　四、大学生的道德意志力还需磨炼 / 120

第五章　我国当代大学生道德共识培育的国外经验借鉴 …… 123

第一节　国外道德共识培育的主要经验 / 124
　　一、新加坡道德共识培育的主要经验 / 124
　　二、英国道德共识培育的主要经验 / 128
　　三、美国道德共识培育的主要经验 / 133
第二节　国外道德共识培育经验的启示 / 138
　　一、官方引导，发挥政府顶层设计的作用 / 138
　　二、协同育人，建立整体德育机制 / 139
　　三、以情感人，重视隐性教育的价值渗透 / 140
　　四、以文化人，依托本国的文化资源 / 140
　　五、以人为本，发挥学生的主体作用 / 141

第六章　当代大学生道德共识培育的主要内容 …………… 143

第一节　当代大学生道德共识内容的建构依据 / 143
　　一、以社会主义核心价值观为依据 / 144
　　二、以国家对大学生的培养要求为依据 / 147
　　三、以大学生的角色特点和需求为依据 / 148
　　四、以东西方文化中的先进价值元素为借鉴 / 150
第二节　当代大学生道德共识培育的内容凝练 / 152

一、为人之德：爱国、守法、责任、尊重、诚信、友善／152

二、为学之道：勤学、修德、明辨、笃实、敬业、创新／163

第七章　当代大学生道德共识培育的原则、路径、方法 …… 170

第一节　当代大学生道德共识培育的基本原则／170

一、社会需要和个人需要的辩证统一／170

二、多元共生与一元主导的辩证统一／172

三、道德权利与道德义务的辩证统一／173

第二节　当代大学生道德共识培育的路径探索／175

一、价值引导与自主建构相结合，重视自我教育路径／176

二、线上与线下相结合，创新网络化培育路径／179

三、校内与校外相结合，拓展社会化培育路径／185

四、理论与实践相结合，倡导生活化培育路径／187

五、显性和隐性相结合，开发隐性化培育路径／189

第三节　大学生道德共识培育的方法创新／191

一、实行道德对话，增进道德价值的交流和共识／192

二、借助价值商谈，产生道德价值的理解和共悟／196

三、创设道德情境，促进道德情感的体验和共鸣／198

第八章　当代大学生道德共识培育的机制建构 ………… 201

第一节　当代大学生道德共识培育的教育引导机制／202

一、建立不同大学生群体的分类引导机制／202

二、构建课堂教学、校园文化、社会实践的统筹教育机制／204

三、构建学校教育、家庭教育、社会教育的有机衔接机制／208

四、规范主流校园舆论引导机制／210

第二节　当代大学生道德共识培育的管理保障机制／213

一、大学生道德共识培育的组织保障／213

二、大学生道德共识培育的队伍保障／216

三、大学生道德共识培育的制度保障／219

四、大学生道德共识培育的评价保障／222

结语：道德共识到道德至善 ……………………………… 226

附录：当代大学生道德共识状况调查问卷 ……………… 228

参考文献 ………………………………………………… 234

后　　记 ………………………………………………… 250

前 言

　　当代中国正经历着社会转型期的"道德阵痛",道德问题日益突出。道德底线失守、道德观念错位、道德权威缺失、道德心理冷漠等道德虚无现象正在社会中蔓延。缺乏道德共识不但使社会生活陷入无序的状态,还将动摇社会发展的根基。大学生是祖国的未来、民族的希望,大学生的道德共识状况关系着未来社会道德共识的整体状况。然而,当代高校道德教育置身于市场化、全球化、网络化以及高等教育大众化的现代化社会境遇中,一直未能摆脱"低效"的困境。当代高校道德教育应该直面现代社会的道德危机,守住道德底线,重塑道德自信,在多元价值中寻找最大的共识,为培育和践行社会主义核心价值观筑牢道德基础。可以说,当代大学生道德共识培育既是时代赋予高校道德教育的重要任务,也是高校道德教育应对多元价值困境的出路。

　　本书把当代大学生道德共识培育作为转型期高校道德教育改革的一个切入点展开研究,以期推动高校德育对该问题的重视和思考。具体而言,研究的基本框架如下:

　　绪论 主要是介绍研究的缘起,研究的理论意义,研究的实践意义、国内外研究的概况,研究方法、思路及创新之处。首先,研究道德共识在大学生中的培育问题,在理论上有利于拓展高校道德教育的研究视域,有利于高校道德教育研究的细化与分层;在实践中能为高校社会主义核心价值观的培育践行夯基铺路,为转型期高校道德教育实践提供指导,为大学生的道德生活提供引领。其次,梳理了本课题的国内外研究现状,明确进一步研究的方向。最后，明确了本研究的基本思路和主要方法，以及论文的创新点。

第一章　大学生道德共识培育的理论概说　本章首先界定了道德共识的内涵和特征，将道德共识与道德认同、道德观、普世价值、底线道德等相关概念做了区分。其次，在明确"道德共识""道德共识培育"这些关键概念的基础上，认为大学生道德共识培育是根据大学生身心成长规律和特殊角色要求，以当前占主导地位的社会共同体所倡导和遵循的道德价值观和道德规范为主要内容，运用多种有效的路径方法有目的、有计划、有组织地提升大学生的共识水平的过程。指出大学生道德共识培育具有培育内容的"合理性"、培育层次的"平民化"和培育过程重视学生"主体性"的鲜明特征，与高校道德教育是部分与整体的关系。最后，阐明当代大学生道德共识培育研究的主要理论依据，认为马克思主义社会存在与社会意识关系学说是理论基础，习近平新时代中国特色社会主义思想是重要指导，传统儒家道德教化思想是可贵资源，哈贝马斯交往理性学说是有益借鉴。

第二章　当代大学生道德共识培育的必然性　当代大学生道德共识培育是时代赋予高校道德教育的重要任务，是大学生社会主义核心价值观培育的一项基础性工程，不仅具有迫切性，还具有逻辑可能性和现实可行性。当代大学生道德共识培育是巩固共同思想道德基础的迫切需要，是高校道德教育应对多元价值诉求的现实需要，是当代大学生成长成才的内在需要。马克思主义伦理观为大学生道德共识培育提供了逻辑可能性，我国社会中存在的各种共识为当代大学生道德共识培育提供了许多有利的现实条件。

第三章　我国大学生道德共识培育的历史和现状考察　改革开放不仅带来了经济体制的转型、社会结构的变动、利益关系的调整，还带来了行为方式、价值体系、道德观念的变迁，改革开放前后大学生道德共识培育的环境、内容、措施和效果也会不同。本章对新中国成立以来改革开放前后两个时期的大学生道德共识培育的历史状况进行回顾，总结经验教训。本章还对在校大学生从道德价值取向、道德价值认同、道德共识培育的效果三个方面调查当代大学生道德共识的现状，发现当代大学生中不同程度存在道德价值理念中多元与一元的差异；道德价值认同中个体本位与群体取向的矛盾；道德判断中"善"与"恶"的模糊；道德选择中"义"与"利"的冲突和道德习性中"知"与"行"的分离等，这些都凸显道德共识困境的存在和道德共识培育的必要性。

第四章　影响当代大学生道德共识度的因素分析　本章从宏观方面到微观方面，从客观因素到主观因素，剖析当代大学生道德共识培育困境的诱因。影响当代大学生道德共识度的环境因素在于市场化下利益分化、全球化下多元文化，网络化下大众传媒、社会不正之风等方面。影响当代大学生道德共识度的教育因素在于目标缺乏层次性、脱离生活、方法单一、传统文化断层、教育合力不足等方面。影响当代大学生道德共识度的主体因素在于大学生的道德公共理性、道德选择能力、道德责任感、道德意志力等方面有待提高。

第五章　我国当代大学生道德共识培育的国外经验借鉴　本章主要介绍了新加坡、英国、美国等发达国家道德共识培育的基本经验，指出发达国家道德共识培育经验对我国的启示有：一是官方引导，发挥政府顶层设计的作用；二是协同育人，建立整体德育机制；三是以情感人，重视隐性教育的价值渗透；四是以文化人，依托本国的文化资源；五是以人为本，发挥学生的主体作用。

第六章　当代大学生道德共识培育的主要内容　当代大学生道德共识的内容不是现行主流道德规范的简单相加，也不是将社会主义核心价值观做简单的移植，而必须根据大学生群体的特点进行科学的凝练和合理的建构。当代大学生道德共识内容建构必须明确以社会主义核心价值观为依据，体现社会主义核心价值观的全部内容和精神实质，将核心价值观的精神细化、小化、实化；以国家对大学生的培养要求为依据，紧紧围绕"立德树人"这一根本任务；以大学生的角色特点和需求为依据，整合社会主流意识形态的道德价值观与大学生群体特殊的道德价值观；

以东西方文化中的先进价值元素为借鉴，体现传统和现代的结合，民族性和世界性的融合。紧扣当代大学生群体生活实践中的两个主要领域，把道德共识培育的主要内容分为两个层面：一是处理个人与社会（含国家、集体、他人）的关系层面；二是个人自身成长、成才的层面。通过总结提炼，把当代大学生道德共识培育的主要内容概括为"爱国、守法、责任、尊重、诚信、友善的为人之德；勤学、修德、明辨、笃实、敬业、创新的为学之道"。

第七章 当代大学生道德共识培育的原则、路径、方法 当前高校道德教育的对象和环境变得更加复杂，大学生道德共识培育工作应该坚持立德树人根本导向，把握科学育人基本规律，遵循科学原则，继承发扬传统道德教育路径、方法的同时不断探索新路径、新方法。当代大学生道德共识培育应该遵循社会需要和个人需要的辩证统一、多元共生与一元主导的辩证统一、道德权利与道德义务的辩证统一的基本原则；探索多渠道立体化的大学生道德共识培育路径；价值引导与自主建构相结合，重视自我教育路径；线上与线下相结合，创新网络化培育路径；校内与校外相结合，拓展社会化培育路径；理论与实践相结合，倡导生活化培育路径；显性和隐性相结合，开发隐性化培育路径。根据道德共识培育的目标与任务，在培育方法上改变命令式、以灌输为主的权威主义教育模式，提出对话—商谈—体验的道德培育方式，从表层的对话交流、冲突中的价值商谈，到深层的道德体验与情感共鸣，从个体感悟到群体共识，确保大学生道德共识培育的有效进行。

第八章 当代大学生道德共识培育的机制建构 当一定的道德教育范式和任务确定后，就需要建立与之相适应的培育机制来保证它的运行和实施。通过加强教育引导机制与健全管理保障机制共同推进当代大学生道德共识培育的科学性、长效性。高校道德教育工作应该围绕大学生道德共识培育的重要任务，建立不同大学生群体的分类引导机制；构建课堂教学、校园文化和社会实践的统筹教育机制；构建学校教育、家庭教育、社会教育的有机衔接机制；规范主流校园舆论引导机制；完善组织、队伍、制度、评价等方面管理保障机制。

结语 道德共识到道德至善 本章主要介绍研究结论和对未尽研究的展望。大学生道德共识培育是高校道德教育的必要环节，但并不是全部内容。随着高校思想政治教育的有效开展和社会主义核心价值观的深入人心，大学生的道德共识水平将逐步提高。超越基本的"道德共识"，追寻"理想道德"是实现大学生"自由而全面发展"的需要，也是高校道德教育的必由之路。

绪 论

一、研究的缘起

马克思说："问题就是公开的、无畏的、左右一切个人的时代声音。问题就是时代的口号，是它表现自己精神状态的最实际的呼声。"① 回应时代的声音，解决时代提出的问题是社会科学研究的责任。正如社会主义核心价值观是针对转型期中国社会价值共识危机而提出的一样，道德共识培育是应对价值多元化背景下道德困境的一种创新思路。

（一）道德虚无盛行——转型期社会肌体的一个毒瘤

中国共产党十六届六中全会关于《中共中央关于构建社会主义和谐社会若干重大问题的决定》指出，我国社会处于"经济体制深刻变革，社会结构深刻流动，利益格局深刻调整，思想观念深刻变化"② 的变革转型期。马克思主义认为："一切以往的道德论归根到底都是当时的社会经济状况的产物。"③ 社会变革转型期，往往是各种社会矛盾凸显期，各类社会思潮活跃期，伴随着多元价值观的调整，分歧甚至冲突，在一些领域和一些人群中容易出现道德失范多发现象。当代中国正经历着社会转型期的"道德阵痛"，出现了不少道德问题，主要表现在：一是道德底线

---

① 马克思，恩格斯. 马克思恩格斯全集：第40卷 [M]. 北京：人民出版社，1982：289-290.
② 本书编写组.《中共中央关于构建社会主义和谐社会若干重大问题的决定》辅导读本 [M]. 北京：人民出版社，2006：3.
③ 马克思，恩格斯. 马克思恩格斯文集：第9卷 [M]. 北京：人民出版社，2009：99.

频频被突破。道德底线是人之为人的基本道德良知,是人性超越兽性的体现,却被一些人随意践踏和抛弃。党员干部权钱交易、权色交易等腐败案件屡禁不止;毒害人民的假冒伪劣产品层出不穷;乘人之危,落井下石的"中国式哄抢"时常见诸报端等无不冲击着社会起码的道德底线。此外,校园"裸贷"① 持续曝光,校园暴力频频发生,被誉为"象牙塔"的大学校园也面临着同样的危机。二是道德权威的缺失。随着当代社会的文明进步,个体的地位和价值日益凸显,仿佛任何一种行为都能得到合理性的解释。现代人在做出道德选择时似乎失去了道德与不道德的明确界限,陷入一种善恶不明的道德困境。道德虚无主义者拒斥基本的道德义务,认为在法律范畴之外的事情皆可为,道德观念错位,道德心理麻木,道德教育低效。在现实中,"见危不扶,见死不救""暴力抢座""道德绑架"等现象无不表明社会公共领域的去道德化危机,也昭示着社会道德共识重建的紧迫性。

全面依法治国背景下,道德仍然是治理国家、建设和谐社会的重要手段。道德虚无不仅破坏社会生活秩序,使人们精神失落,人情淡漠,关系扭曲,还影响社会经济发展,事关中华民族的生死存亡。党和国家也已认识到了这一问题的重要性。中国共产党十六届六中全会关于《中共中央关于构建社会主义和谐社会若干重大问题的决定》指出:"坚持以社会主义核心价值体系引领社会思潮,尊重差异,包容多样,最大限度地形成社会思想共识。"② 中国共产党十七届六中全会指出,应在全党全社会形成共同理想信念、强大精神力量、基本道德规范③。习近平总书记在《全国宣传工作会议上的讲话》指出,"要巩固马克思主义在意识形态

---

① 指一些网络借贷平台面向在校大学生开展校园贷业务,允许女大学生通过特殊的担保方式打下"裸条",即将裸照交给他人,便可借贷。当学生因为贷款利率高,无力偿还时,就以泄露裸照信息、暴力催收、逼人"肉偿"等手段相威胁。
② 本书编写组.《中共中央关于构建社会主义和谐社会若干重大问题的决定》辅导读本 [M]. 北京:人民出版社,2006:23.
③ 中共中央关于深化文化体制改革推动社会主义文化大发展大繁荣若干重大问题的决定 [M]. 北京:人民出版社,2011:12.

领域的指导地位，巩固全党全国人民团结奋斗的共同思想基础"①。党的十八大报告强调了用社会主义核心价值体系引领社会思潮、凝聚社会共识的重要性和必要性。党的十九大报告进一步强调"构筑中国精神、中国价值、中国力量，为人民提供精神指引"②。

价值观的多元分化既是社会不断进化的显著标志，同时对社会秩序的稳定与发展构成挑战。改革开放以来，社会道德价值体系不断地解构和重建，中国人的社会生活方式和伦理观念发生了巨大的变化。当代中国是一个多元的社会，人群多元化、阶层复杂化，一国之内的不同社会制度彼此适应、不同阶层的人民和谐相处的伦理基础是什么？正如何怀宏认为："承认社会上人们的生活方式正日益多样化，人们的价值观念也正日趋多元，这就是我们必须面对的一个基本的社会事实。所以，时代面临的问题就不是以一种价值观念战胜其他的价值观念，以一种生活方式统一其他的生活方式，而是首先使人们不打架，使我们大家都能活着，彼此相安无事，甚至还达到某种客观上的互补和主观上的沟通，而这种能够使我们和平共处的规则就是我们首先要寻求的道德共识。"③

"道德共识"作为多元社会的一种伦理话语被提出，并越来越频繁地出现在许多伦理学的专著和学术论文中。现代中国道德危机的实质是基本道德共识的危机。走出现代社会伦理困境需要守住道德底线，培育道德共识，缩小个体道德选择与社会主流道德的差距，才能走出道德选择的迷茫。

（二）道德共识培育——转型期高校道德教育的一个视角

任何时期的道德教育始终是在一定的社会环境下进行的，因而难以摆脱社会背景的制约和牵引。改革开放前，在封闭和半封闭的社会环境和单一的计划经济体制下，我国的思想文化领域比较单一，大学生的价

---

① 习近平. 胸怀大局把握大势着眼大事努力把宣传思想工作做得更好 [N]. 人民日报, 2013-8-21 (1).
② 习近平. 决胜全面建成小康社会 夺取新时代中国特色社会主义伟大胜利——在中国共产党第十九次代表大会上的报告 [M]. 北京: 人民出版社, 2017: 23.
③ 何怀宏. 哪些差异？何种共识？[J]. 武汉科技大学学报（社会科学版）, 2010 (5): 1-5.

值取向比较单一,道德共识比较容易达成,高校道德教育也容易发挥作用。改革开放后,伴随着社会经济结构的转型,社会利益群体多样化、社会文化多元化,社会价值取向多元化、社会交往广泛化、虚拟化,大学生的思想道德意识更加多元复杂,这些都使道德教育处于前所未有的困境之中。这种困境主要表现在选择何种道德教育的方式才是有效的,选择怎样的道德价值观念作为教育的内容才是比较合理的。

价值冲突、道德分歧已经成为普遍的社会现象和不可回避的伦理问题。大学生作为现实社会的一员也不例外。大学生的道德分歧主要表现在个体与个体之间的道德分歧、群体道德与社会主流道德的分歧。从个体层面看,来自不同的家庭背景和社会背景的大学生,由于所处的社会经济地位不同,所受道德教育的差异,个体接受能力的差异等,他们所接受、认可的道德价值观念都会有所差异。从群体层面来看,处于青春期的大学生在道德认知上批判性与局限性交织,在主体人格上独立性与依赖性共存,在道德实践中存在理想与现实的矛盾,大学生处于心理矛盾最为集中,道德分歧最为凸显的时期。现实中屡屡发生的"好人反被冤枉"的现象与大学生从小接受的"善有善报"的逻辑产生分歧。当别人需要帮助的时候,一些学生会毫不犹豫地去帮助别人,一些学生则选择"事不关己,高高挂起"。现实中常常有"失信者"反成为"获利者"的现象与大学生从小接受的"德福一致"的观念产生分歧。市场经济条件下,大学生们在金钱观上也有分歧,一些学生坚守"君子爱财取之有道"的原则,一些学生为了赚钱不择手段,见利忘义。传统道德教育模式忽视现代社会价值多元的事实,无视大学生的主体性和创造性,在解释社会的现实问题,解决大学生道德价值观分歧上日显苍白无力。

高校道德教育负有引导主流价值、规范社会行为的使命,承担修养大学生身心,塑造健全人格的责任。面对当前道德生活的多元困境,高校道德教育提倡一种核心道德价值观的学习无疑是必要的。传统熟人社会向现代陌生人社会转型的过程中,大学生首先要学会共同生活,坚守基本的道德规范,追求个人权利也尊重他人利益,尊重多元,凝聚共识。

此外，大学生是国家的栋梁之材，是掌握高新技术的前沿群体，也是先进思想文化的引领群体，他们自身的道德企望和社会对他们的道德诉求均比一般社会成员要高。

党和国家高度重视高校道德教育，党的十八届三中全会《关于全面深化改革的若干重大问题的决定》，在深化教育领域综合改革中，要求全面贯彻党的方针，坚持立德树人，加强社会主义核心价值体系教育等①。2017年2月印发的《关于加强和改进新形势下高校思想政治工作的意见》中也再次强调，把社会主义核心价值观体现到教书育人全过程，引导师生树立正确的世界观、人生观、价值观，……以诚信建设为重点，加强社会公德、职业道德、家庭美德、个人品德教育，提升师生道德素养。②本文的选题正是缘于高校道德教育面临着转型的思考，以期使大学生的道德价值观从分歧走向融合，最大限度地凝聚道德层面的共识，将社会主义核心价值观培育落到实处。

二、研究的理论意义

道德共识在伦理学语境中已受到较多的关注。在价值观多元化的社会中凝聚道德共识是现代社会的伦理问题，也是当代道德教育所必须面对的一大课题。当前，高校肩负着培养德、智、体、美全面发展的社会主义事业建设者和接班人的重大任务，立德树人则是其中心环节。通常，"德育"有广义与狭义之分。狭义上的"德育"即道德教育，本研究力求从立德树人的一个重要组成部分，即狭义的道德教育入手，谈谈道德共识在大学生中的培育问题。

---

① 习近平. 中共中央关于全面深化改革若干重大问题的决定 [N]. 人民日报, 2013-11-16 (1).
② 中共中央国务院印发《关于加强和改进新形势下高校思想政治工作的意见》[DB/OL]. 中国政府网, 2017-2-27. http://www.gov.cn/zhengce/2017-02/27/content_5171481.htm.

1. 有利于拓展高校道德教育的研究视域

探究与总结道德教育自身的发展规律，寻找提高道德教育实效的变革路径，是高校道德教育面临的重要课题。面对价值多元化的时代境遇，我国高校道德教育受到前所未有的挑战，需要反思和改进。传统道德教育体系在目标、内容、主客体关系等方面的研究和贯彻，一定程度上脱离了当代大学生的实际情况和需求，使学生实际的道德水准与预期的目标相去甚远。当代大学生成长在市场化、全球化、网络化的多元开放时代，人生选择的多样性、思想观念的差异性、思维方式的独立性等特点，均对以为道德教育的统一性、权威性提出挑战。当前高校道德教育如何处理好大学生道德价值观中"多元"和"一元"关系？高校道德教育应该优先授以何种道德？如何教授？这些问题都有待于进一步研究。

本研究以"培育道德共识"作为突破口，对价值观多元化背景下高校道德教育体系的转型与创新展开探讨，它将拓展高校道德教育的研究视域，使之在更宽的平台和更开阔的视野上思考高校道德教育的合理出路。

2. 有利于促进高校道德教育的分层研究

道德的层次性表现在道德主体、道德规范、道德境界、道德功能的多样性和层次性。作为独立个体，大学生的精神需求、思想觉悟、道德水平在现实生活中不可避免出现差异性和层次性。因此，道德教育必然要直面这一问题，不能搞"一刀切"，应该目标递进，分层进行。

研究高校道德教育的层次性遵循了道德发展的规律，既是高校道德教育理论得以完善的客观要求，也是增强高校道德教育实效的现实需要。过去相当长一段时间，高校道德教育的精英化取向明显。近年来，关于道德教育层次性的研究日益得到关注，对基础性层次、平民化取向的道德教育给予更多强调。部分学者也提出以谋求共识为核心的德育理念，但尚处于起步阶段。本文将这种学术动向引入高校，拟在遵循大学生道德发展规律，夯实道德教育的基础性工程的总体思路下，尝试用"道德共识培育"的视角，来凝聚高校道德教育的主体力量。它有利于高校道德教育研究的细化与分层。

三、研究的实践意义

大学生道德共识培育基于对当前高校道德教育形势的正确把握，创新高校道德教育实践，力求提高道德教育实效，将社会主义核心价值观培育工作落到实处。在实践中，道德共识培育只是完成高校道德教育任务的一部分，但对于当前大学生道德缺失、价值迷茫的现状来说却是最重要的部分，也是不可忽视的部分。

1. 为高校社会主义核心价值观的培育践行夯基铺路

习近平总书记2014年5月4日在北京大学师生座谈会上指出："在核心价值体系和核心价值中，道德价值具有十分重要的作用。国无德不兴，人无德不立。一个民族、一个人能不能把握自己，很大程度上取决于道德价值。"并强调"核心价值观，其实就是一种德，既是个人的德，也是一种大德，就是国家的德、社会的德"。① 中央文件《关于培育和践行社会主义核心价值观的意见》要求"广泛开展道德实践活动"，"加强道德建设"，"推动社会主义核心价值观不断转化为社会群体意识和人们自觉行动"。由此可见，培育和践行社会主义核心价值观的一条重要渠道就是要转化为道德形态，通过道德价值规范的调节作用发挥它应有的导向功能。有学者也认为，道德规范体系能为核心价值观提供道德合理性，并且在道德规范体系的实践过程中，它潜移默化地引导人们的道德语言和道德行为朝着社会主义价值要求改进和完善，让社会主义价值理念深入人心，内化为社会成员个体的道德操守和人格目标。② 当代大学生道德共识培育结合大学生群体的特殊性，突出社会主义核心价值所蕴含的道德价值和精神实质，为核心价值观的认同和践行铺筑了良好的道德基础，推动社会主义核心价值观的落细落小落实。

---

① 习近平. 青年要自觉践行社会主义核心价值观——在北京大学师生座谈会上的讲话 [J]. 中国高等教育，2014（10）：5.
② 李建华. 社会主义核心价值观与道德规范体系之关系 [J]. 道德与文明，2017（2）：15 - 16.

2. 为转型期高校道德教育实践提供指导

道德教育总是在一定的道德教育理念指导下，按照一定的规律、程序、方法和策略实施教育过程。探索当代中国的高校道德教育范式转型，是提高高校道德教育实效性的必由之路。改革开放后，道德教育环境的复杂化、利益主体的独立化、社会文化的多元化、社会交往的广泛化，使改革开放前提倡的"高标准""政治型"的道德共识逐渐失去现实土壤。与此同时，西方道德相对主义思潮在高校道德教育实践中有了一定的蔓延，价值中立思想容易使道德教育逐渐被边缘化、虚无化。转型期高校道德教育工作既面临价值多元的困境，又处于道德相对主义泛起的危机之中。

如何促使大学生群体的道德认识从迷茫、分歧中走出，达成最大限度的"共识"，形成主流意识形态引领下的正确的价值取向、道德规范和行为方式，是摆在思想政治工作者面前的一个急迫的问题。当代大学生道德共识培育是应对社会转型期道德教育遭遇的多元价值困境而提出的，它既反对传统道德教育的强制和灌输，又避免陷入道德相对主义的泥沼。它是契合时代需要的现代道德教育理念，有利于指导与推进高校道德教育实践的创新。

3. 为大学生的道德生活提供引领

党的十九大报告提出了，"培养担当民族复兴大任的时代新人"的战略任务。做有理想有本领有担当的时代新人，大学生必须具备良好的道德素质，明大德、守公德、严私德，不断完善自己的道德人格。当代大学生总体的道德状况向好发展，但也存在某些道德失守甚至道德堕落的情况。部分大学生的道德价值判断模糊，道德自律放松，道德行为失范。学校道德教育采取某种确定的伦理规则的难度越来越大。道德共识是价值观多元化社会中社会成员进行道德判断、道德选择和道德行为的重要依据。本文以社会主义核心价值观为主要依据，紧扣大学生群体的实际道德生活，充分考虑当代大学生所置身的时代背景和实际需要，引导大学生自觉反思建构自身的道德价值的需求，在社会共同体里学会更好的生活交往，力求真正做到人人能知，知而能行。

四、国内外研究概况

（一）国内研究综述

1. 关于道德教育

关于道德教育的相关文献可谓汗牛充栋，本书侧重对有关道德教育理念的梳理。学者们普遍认为在价值多元时代，传统的灌输式教育模式日益暴露出严重的弊端。为提高道德教育的实效性，学界先后提出了生活化道德教育、主体间性道德教育、情感道德教育、生态道德教育、制度道德教育等理念和模式，推动了道德教育理论的繁荣发展。

一是生活化道德教育。生活化道德教育理念是为批判传统的知性道德教育而提出的，认为道德教育的知性化容易偏离社会生活而无法提高其实效性。生活德育"是一种新的德育模式，是对以往和现行的以分裂、知性和技术化管理为特征的德育范式的转换与超越。"① 曹晓丽、安秀荣在《高校道德教育匹配社会生活的思考》一文中指出，渗透式德育、价值澄清德育、体验式德育是增强高校道德教育与现实社会生活相匹配的有效路径。② 2001年刘慧、朱小蔓在《多元社会中学校道德教育：关注学生个体》、2010年冯建军在《实践人：生活德育的人性之基》、2009年冯文全在《"生活德育"的反思与重构》、2013年唐汉卫在《生活道德教育的回归与重建》等文章中都为探索生活德育如何有效实施提出建设性意见。

二是主体间性道德教育。主体间性道德教育理念是对主体性道德教育理论的发展。张立杰在著作《比较与整合：中国当代"主体间性"道德教育理论的建构》中认为，不论是以教育者还是以受教育者为单一主体的道德教育，都拘泥于主客二分的主体思维，割裂了人的整体性，忽视了人的感情和意志在道德学习过程中的作用，忽略了"共识""主体间性"的本体论意义。主体间性的道德教育提倡通过平等对话、民主交往

---

① 高德胜. 生活德育论 [M]. 北京：人民教育出版社，2005.89.
② 曹晓丽，安秀荣. 高校道德教育匹配社会生活的思考 [J]. 道德与文明，2014（1）：86.

进行着爱的交流，相互理解、相互沟通、相互接纳、互相影响。① 2015年朱松柏在《基于主体间性以人为本的德育转向》、2010年蒙冰峰、廉永杰在《主体性到主体间性：道德人格教育的应然转向》、2016年张俭民、董泽芳在《对话德育：高校传统德育的困境与超越》等文章中均对主体间性道德教育理念展开论述。主体间性道德教育理念指导下的对话德育、商谈伦理也得到了更多学者的关注。

三是情感道德教育。情感德育理念把道德情感培育作为道德教育的根本环节。朱小蔓认为情感道德教育模式有两个鲜明特征，一是以重视人的道德情感发展为道德教育目标；二是利用人的情感和情绪的特殊机制，改善提高道德教育的影响力和有效力。② 2009年戴立生在《道德情感在德育中的作用解析》、2011年赵雪晶在《让德育回归情感》、2015年郑琳川在《立德树人务必重视情感教育》等文章中都强调通过情感陶冶、情感关怀、情感体验，促进学生道德品质的生成和发展。

四是生态道德教育。随着现代社会生态环境问题的日益突出，理论界意识到道德教育要发挥对生态文明建设的"理论先导"和"价值引领"作用，学校教育要重视生态德育体系的构建。宋晔、牛宇帆认为解决"物欲泛滥导致的信仰危机；利己主义横行导致的道德危机；人的功能化导致的价值危机"的现代社会的人性危机，可以在生态德育中找到新思路，如敬畏生命的态度致力于重塑人性的信仰，守护共生的理念期待重构人性道德，关爱己他则呼唤发现人性的新价值。③ 也有学者运用生态学的方法论，提出在道德教育中融入共生理念，在确认异质者"共存"的基础上，承认不同生活方式的人们之间通过相互开放而建立起来的积极关系。④ 2009年冯建军在《价值多元共生时代道德教育的新使命》、2012

---

① 张立杰. 比较与整合　中国当代"主体间性"道德教育理论的建构[M]. 上海人民出版社，2011：3.
② 朱小蔓. 情感德育论[M]. 北京：人民教育出版社，2005.
③ 宋晔，牛宇帆. 复归新思路：生态德育——基于生态伦理的德育思考[J]. 教育发展研究，2017（2）：6.
④ 鲁洁. 转型期中国道德教育面临的选择[J]. 高等教育研究，2000（5）.

年许锋华在《共生道德教育论》、2012年华为国在《共生视角下的道德教育新路径探索》等文章中,也认为在"价值多元"和"价值共生"的全球化时代,有必要从共生视角对学校道德教育进行审视。

五是制度道德教育。制度道德教育理论认为学校德育不能回避道德制度本身的德性问题,正是脱离公平和正义的制度使学校德育处于实效性低下的困境。2002年,杜时忠教授在《制度德性与制度德育》一文中不仅从理论层面分析制度与道德的关系、制度德性与个人德性的关系,以及个人为什么会讲道德等方面以论证制度德育的必要性,还在实践层面探索如何通过制度德性培养学生个人德性。① 冯永刚也认为,制度安排中包摄的行为规则、人伦规范和道德诉求,对人性的塑造和改造之效不可低估。他在《制度道德教育论》中从生活道德教育的制度设计、学校道德教育的制度安排等方面系统论述了道德教育的制度建设问题。② 2015年张国荣在他的博士论文《信仰与制度:道德教育的两种机制研究》、2016年石军在《制度德育研究十五年:历史回顾与现实反思》一文中,均对制度德育进行了现实的理性反思。

2. 关于社会主义核心价值观教育与道德教育的关系

目前,学界大多聚焦社会主义核心价值观教育的原则、方法、路径、机制等方面的研究,专门探讨社会主义核心价值观教育与道德教育关系的文章不多。学者们普遍认为社会主义核心价值观教育是新时期赋予学校立德树人的新任务。刘先义从价值对道德的影响分析,认为价值观教育应该也必须成为道德教育的核心任务。③ 学者们主要从以下两个方面分析两者的关系:一是社会主义核心价值观对道德教育具有价值引领作用。吴潜涛教授认为社会主义核心价值观,确立了立德树人的价值根据和价值标准,明确了新的历史时期"德"的科学内涵。④ 刘义也认为社会主义

---

① 杜时忠. 制度德性与制度德育 [J]. 教育研究与实验, 2002 (1): 38.
② 冯永刚. 制度道德教育论 [M]. 北京师范大学出版社, 2011.
③ 刘先义. 价值:道德教育的核心理念 [J]. 中国青年政治学院学报, 2007 (5): 61.
④ 本刊记者. 紧扣时代脉搏 倾心思想政治教育研究——清华大学吴潜涛教授访谈录 [J]. 思想理论教育, 2014 (9): 36.

核心价值观是当前德育中凝聚价值共识的核心层面的基本内容,也是德育工作中进行价值引导的根本出发点。① 刘志山、王杰认为,培养道德信念、提升文化品质、构建道德理想是社会主义核心价值观的道德价值所在。② 李科认为,社会主义核心价值观指导道德认同有利于大学生明确认同方向,有利于弥合道德分歧,有利于引领道德思潮,有利于促进大学生道德社会化。③ 2014 年,洪岩、董虎在《浅析以社会主义核心价值观引领青少年思想道德教育》、2017 年王华《社会主义核心价值观视域下的道德意识培养》、2017 年范小莎在《社会主义核心价值观引领大学生道德教育研究》等文章中对社会主义核心价值观如何引领道德教育做了具体探究。

二是道德教育是社会主义核心价值观培育的必由之路。陶艳华认为,践行社会主义核心价值观,重在将其转化成个体的道德意识、责任并自觉外化为行为,开创有意义的生存价值。④ 李蕾认为培育与践行社会主义核心价值观的过程,实际上也是社会主义道德的培育与践行过程。⑤ 社会主义核心价值观培育的重点是道德建设或道德价值的培育。⑥ 2016 年贾金玲在《社会主义核心价值观的道德蕴涵》、张卫明在《社会主义核心价值观的道德属性及其价值意蕴》、2013 年冯留建在《社会主义核心价值观培育的路径探析》、2017 年季轩民在《社会主义核心价值观转化为大众道德研究》等文章中从不同角度论述要使核心价值观得到社会认同必须将核心价值观转化为道德形式。由此可见,社会主义核心价值观教育与道德教育有着直接的、密切的关系,他们目标同向,内容相融。

3. 关于道德相对主义与道德虚无主义批判

刘朝武认为道德相对主义和道德虚无主义正是道德共识困境的表现。

---

① 刘义. 凝聚价值共识:德育得以实现的关键 [J]. 现代大学教育,2016 (3):98.
② 刘志山,王杰. 社会主义核心价值观的道德之维 [J]. 伦理学研究,2016 (6):11.
③ 李科. 社会主义核心价值观视域下的大学生道德认同 [J]. 毛泽东思想研究,2017 (2):146.
④ 陶艳华. 社会主义核心价值观的伦理维度 [J]. 河北学刊,2015 (5):199.
⑤ 李蕾. 以社会主义核心价值观引领道德建设的理路 [J]. 思想理论教育导刊,2017 (7):94.
⑥ 陈剑. 略论社会主义核心价值观的培育 [J]. 探索,2016 (5):166.

学者们也对多元价值社会如何避免道德相对主义与道德虚无主义提出看法：一是关于道德相对主义批判。"道德相对主义认为，不存在普遍有效的终极的道德原则，因此没有统一的判断是非善恶的道德标准。"① 程红艳认为，道德相对主义的产生有一定的历史必然性和积极意义，促进了道德自由和道德宽容，但瓦解了道德共识，中断了道德对话。② 因此，她认为在道德相对主义时代，学校道德教育不仅需要培养理解本土文化的国家公民，更需要培养具有文化移情能力和文化对话能力的全球公民。王晓丽指出，道德相对主义的核心要义是指没有统一、客观的道德判断标准；分析了道德相对主义产生的主客观基础；提出通过建立生成性思维，达成道德共识来实现对相对主义的超越。③

二是关于道德虚无主义批判。道德虚无主义则是对伦理道德的彻底反叛，它以"虚无主义者"或"虚无主义"的理念彻底解构了一切道德权威和道德规范。④ 2011年，桑志坚分析了处于转型期的中国社会出现道德虚无主义的客观必然性；提出为消除道德虚无主义，道德教育应该引导人们正确理解道德的意义，批判道德底线的错误论调，注重培育公民意识，构建道德的道德教育。2017年，马新宇认为，道德虚无主义是道德标准被虚无化的结果，而造成这一结果的原因是道德标准要么是独断的，要么是怀疑的，他提出超越独断与怀疑的对立，用底线伦理约束多元主义，避免社会整体陷入道德上的无序状态。

4. 关于道德共识

国内学者关于"道德共识"问题的研究起步较晚，目前专门研究道德共识的著作只有韩桥生教授的《道德价值共识论》，有涉及"道德共识"论述的相关专著也比较少，主要有万俊人教授的《寻求普世伦理》、

---

① 陈真. 道德相对主义与道德的客观性 [J]. 学术月刊, 2008 (12): 40-50.
② 程红艳. 道德相对主义时代的公民道德教育 [J]. 高等教育研究, 2015 (8): 20.
③ 王晓丽. 超越道德相对主义：生成性思维中的道德共识 [J]. 学术研究, 2015 (8): 27-32.
④ 刘朝武. "道德共识"困境的现代性及其消解 [J]. 河海大学学报（哲学社会科学版），2014 (3): 28.

何怀宏教授的《底线伦理》等。通过梳理相关文献资料，学者对于道德共识的研究主要集中在以下三个方面：

一是产生道德共识困境的原因剖析。大部分学者都认为道德共识困境是现代性的社会问题，原因是多方面的，主要有以下三点：（1）社会结构从传统向现代转型。大部分学者认同贺来教授的观点，道德共识困境是社会结构从传统向现代变迁过程中的产物，是一个典型的"现代现象"。现代社会结构的典型特征是"异质性"和"分化性"，这使得统一性道德的存在失去了土壤和空间①。（2）社会价值观从一元到多元转变。赵爱玲在《论道德共识重建何以可能何以可为》中认为从理论视角看，任何一个社会都需要一种基本的道德共识体系才能维系。从现实视角看，在当前主体多元化、价值多元化的现代社会，其道德共识体系在一定意义上被解构。②（3）道德相对主义的冲击。张言亮等一些学者认为道德相对主义在现代社会愈演愈烈，道德日益碎片化，并致使道德共同体的日益消解。③

二是关于道德共识形成的可能性。大部分学者认为尽管现代社会的道德共识比较不容易形成，但是道德共识的达成不仅是必要的，而且是可能的。（1）从逻辑可能性的角度。汪荣有、韩桥生认为通过分析道德共识与生产方式、交往实践和人自身的需要的内在关系，理论上明确道德共识的形成依据。④《社会科学辑刊》刊登的《现代道德共识的可能性及其限度》指出共同体形成的同时就意味着内部已具有被普遍认可和接受的形式化的价值原则，并由此衍生出具体的有效性规范，以共同体划界的道德共识之可能性实则不言而喻。⑤（2）从现实可能性的角度。赵爱玲在《论道德共识重建何以可能何以可为》认为构建社会主义核心价值

---

① 贺来."道德共识"与现代社会的命运［J］．哲学研究，2001（5）：23－24．
② 赵爱玲．论道德共识重建何以可能何以可为［J］．学校党建和思想教育，2013（3）：18．
③ 张言亮．浅析道德相对主义在现代社会愈演愈烈的原因［J］．科学、经济、社会，2011（1）：101．
④ 汪荣有，韩桥生．社会转型期道德共识构建问题探索［J］．探索与争鸣，2012（1）：37－38．
⑤ 官瑜．现代道德共识的可能性及其限度［J］．社会科学辑刊，2014（6）：23．

体系、凝聚社会共识的战略任务为推进道德共识重建提供了重要依据，也为凝聚和重建道德共识奠定了重要的思想和文化基础。① 万俊人教授强调，分歧的存在并不绝对说明着道德共识完全不可能实现，如果由于主体之间随着彼此认识的深入而发现分歧、理解差异，尤其对差异以理性思考，那么道德共识就存在实现的可能性。②

三是关于道德共识的重建研究。国内学者近年来对于道德共识的重建思路进行了积极的探讨。（1）道德共识重建的路径探索。贺来教授指出，当代思想界在道德共识重建问题上有三种最具代表性的思路，即"社群主义"思路、"理想交往共同体"思路和宗教"普遍伦理"思路。这三种思路皆有着明显的缺陷。在他看来，坚持生活实践的观点，贯彻社会的和历史的思想方法，对于重建当代社会"道德共识"具有首要的意义。③ 甘绍平认为，伦理原则是道德共识之形成的哲学依据、社会共识是道德共识之形成的社会背景因素、诉诸表决是决策程序中最后的步骤。④ 钱国君认为，公民道德共识建构是一个复杂的系统工程。公民品格教育维度是道德共识建构的主体条件；"和谐伦理共同体"维度是公民道德共识建构的最重要保障；社会心理是道德共识建构的重要机制。⑤ （2）道德共识重建的内容探索。张有立认为社会主义荣辱观是当代中国社会的道德共识。⑥ 2012年韩桥生认为，要建设与社会主义市场经济相适应的道德体系，形成以公正为核心的当代中国的道德共识。任建东认为社会主义核心价值观之所以能够成为全民共识在于拥有具有深厚的文化共识、强烈的时代共识和广泛的价值共识。⑦

5. 关于大学生道德共识培育问题

在文献梳理中，笔者发现与"大学生道德共识培育"直接相关的文

---

① 赵爱玲. 论道德共识重建何以可能何以可为 [J]. 学校党建和思想教育, 2013 (3): 18.
② 万俊人. 当代道德教育的困境与出路 [J]. 现代大学教育, 2003 (4): 5.
③ 贺来. "道德共识"与现代社会的命运 [J]. 哲学研究, 2001 (5): 27.
④ 甘绍平. 道德共识的形成机制 [J]. 哲学动态, 2002 (8): 26–28.
⑤ 钱国君. 当代中国公民道德共识及其建构研究 [D]. 成都: 西南财经大学博士论文, 2013: 3.
⑥ 张有立. 社会主义荣辱观是时代发展的道德共识 [J]. 思想政治工作研究, 2006 (12): 14.
⑦ 任建东. 以社会主义核心价值观为共识再塑道德信仰 [J]. 伦理学研究, 2015 (1): 16.

章甚少。但是部分国内学者已经意识到在多元价值时代，谋求共识在道德教育中的重要性。张铁勇提出了以谋求道德行为准则的共识为核心的德育观，以避免以教师为中心或以学生为中心的德育模式的弊端，使德育中的主体与客体、知与行真正统一起来。① 刘义也认为，价值冲突与价值分化是当前德育面对的主要时代语境，因而凝聚价值共识是德育走出现实困境的关键。② 冯建军、傅淳华也指出，面对多元文化的挑战，学校道德教育要培养学生的主体道德人格，指导学生树立核心价值观和多元文化的对话意识，倡导民主开放的教育方式。③ 2016年张亚月认为，德育要从从政治认同走向社会认同，以最大限度凝聚社会共识。也有学者运用生态学的方法论，提出在道德教育中融入共生理念，在确认异质者"共存"的基础上，承认不同生活方式的人们之间通过相互开放而建立起来的积极关系。④ 冯建军2009年在《价值多元共生时代道德教育的新使命》、许锋华2012年在《共生道德教育论》、华为国2012年在《共生视角下的道德教育新路径探索》等文章中也认为在"价值多元"和"价值共生"的全球化时代，有必要从共生视角对学校道德教育进行审视。

此外，代聪聪的《多元化背景下青少年道德共识教育研究》，安国强的《多元时代下的价值共识》，陈晓鹤的《当代大学生思想政治教育中的价值共识教育》，吕洪刚的《道德共识与大学精神重塑》等论文都为多元价值时代如何有效培育道德共识提供了一些思路。

综上所述，关于如何提高道德教育的实效性，一直是教育界关注的焦点问题之一。道德教育新理念和新模式的探索对于高校道德教育观念转变、目标确立、内容更新、方法变革都有着积极意义。但我们也应看到其存在的局限性：生活化道德教育实践中容易陷入"泛生活化""碎片化"的危险；情感道德教育如果缺乏道德理性容易落入情感支配下的无

---

① 张铁勇. 论以谋求共识为核心的德育理念 [J]. 道德与文明，2003（6）：67.
② 刘义. 凝聚价值共识：德育得以实现的关键 [J]. 现代大学教育，2016（3）：95.
③ 冯建军，傅淳华. 多元文化时代道德教育的困境与抉择 [J]. 西北师大学报（社会科学版），2008（1）：35.
④ 鲁洁. 转型期中国道德教育面临的选择 [J]. 高等教育研究，2000（5）：6–10.

根态势；生态道德教育无法覆盖学生实际道德生活的全部需要；制度道德对个体化的道德塑造功能较弱。可见，单一的某个道德教育理论不能解决现代道德教育遇到的所有问题。在本文的研究中应该吸收这些道德教育理论的有益因素，以提高当代大学生道德共识培育的实效性。

在当代大学生道德共识培育中，一个不可回避的话题是如何对待社会主义核心价值观。学者们普遍认为，社会主义核心价值观教育是新时期赋予学校立德树人的新任务；道德教育是社会主义核心价值观培育的必由之路。当代大学生道德共识培育必须以社会主义核心价值观为价值导向和引领，体现社会主义核心价值观的全部道德价值和精神实质，以推动社会主义核心价值观在大学生群体的培育和践行。一些学者们也意识到我国社会中出现的一些的道德乱象，与道德相对主义和道德虚无主义的流行有着密切的关联。批判道德相对主义与道德虚无主义，消解道德共识的困境，才能避免社会道德陷入无序状态。当代大学生道德共识培育正是应对价值多元背景下大学生面临价值迷茫和道德冲突的困境而提出的，旨在引导大学生形成社会主义核心价值观引领下的最大限度的道德共识。

由于国内对道德共识问题研究起步较晚，在研究上还存在以下问题：第一，面上研究较多，关注特定群体的点上研究较少。通过相关文献可以看出，对道德共识问题多停留在综合性的笼统研究上，对于某个特定群体深入研究却鲜有人着墨。第二，发现问题、提出问题的理论研究较多，解决问题的实际应用探索较少。第三，采用理论思辨方法较多，采用调查研究方法较少。在相关研究中，学者大多仍采用传统的思辨方法、逻辑推理方法等，而调查研究的方法运用较少。这些研究的空白和不足，正是本文研究的价值体现。本文从高校思想政治教育的视角，通过理论和实证研究"道德共识"在大学生群体中的培育问题，在一定程度上开阔了该领域的研究视野。

（二）国外研究综述

国外学者在道德共识问题上持有两个对立的观点，一种是否定道德共识的可能性，另一种是肯定道德共识的可能性和必要性。彻底的多元主义者和后现代主义者倡导道德多元论，反对道德权威主义，否定道德共识的可能性。如在持后现代主义伦理观的鲍曼看来，不认为人类可以找到确定无疑的、清晰明了的伦理规范以支配人类的行为。他在《生活在碎片中——论后现代道德》中开门见山地指出："我认为，现代企望及雄心的破碎，和社会化调整及个体行为一致化幻觉的消褪，使我们能比以往更加清楚地洞悉道德的本相。"① 他宣称："我主张道德是地方性的，并且不可避免地是非理性的——在不可计算的意义上，因此，不能表达为遵从非个人的规则，不能描述为遵从在原则上可以普遍化的规则。"②

大多数伦理学家以谋划普遍性道德为己任。赞同道德共识的可能性的研究历史比较悠久，可以追溯到古希腊的哲学家们，如柏拉图认为"善理念"是一切行为必须遵守的基本原则；亚里士多德主张道德的价值就是在于人们对幸福生活的普遍追求。近代社会道德文化日趋多样化，但是学者们仍然没有停止追寻普遍性道德的脚步，主要分为两类。一类是契约伦理的道德共识。如卢梭的社会契约论认为达成社会契约不仅是一种道德共识，还是一种公共意志，集体的、公正的意志是普遍而有效的。罗尔斯的现代契约伦理，认为社会制度的安排所遵循的正义原则，是一种普遍的道德共识。另一类是追求普遍理性主义。康德以先验的实践理性为根基，认为普遍的道德法则，"不需要寻找和发明；它早就存在于所有人的理性中，并被归入他们的本质，而且就是道德的原理"③。哈贝马斯超越了康德的先验论，在对工具理性批判的基础上，以"交往理性"取代"先验理性"，认为人们通过合理交往、相互理解、价值商谈，实现道德共识是有可能的。

陈国庆在《对商谈伦理价值的再审视》认为贝马斯的商谈伦理希望通过交往双方真实、真诚和正当的商谈途径，为道德共识寻求到一个规

---

① 齐格蒙特·鲍曼. 生活在碎片之中——论后现代道德 [M]. 郁建兴，周俊，周莹，译. 上海：学林出版社，2002：1.
② 齐格蒙特·鲍曼. 后现代伦理学 [M]. 张成岗，译. 南京：江苏人民出版社，2003：69.
③ 康德. 康德著作全集：第5卷 [M]. 李秋零编，译. 北京：中国人民大学出版社，2007：112.

范性的前提。商谈伦理学为谋求道德共识所做的探索，对于解决价值多元社会人与人之间的冲突，实现社会有机整合富有启示意义；但商谈伦理低估了交往的社会构成和它所受到的社会限制，把型构伦理共识的使命完全托付给语言，指望凭借语言就能"包打天下"，有明显夸大了语言作用的嫌疑。①

综上所述，国外大多数学者承认多元的社会现实，抨击道德相对主义，期待修正和重构"道德共识"以化解当代社会中的道德冲突与危机。不同理论背景的学者应用不同的研究视角和分析方法，其结论也不尽相同，所提出的应对之策有理想化的成分，也有其合理之处。尽管大部分研究不直接与"当代大学生道德共识培育"相关，但也为本研究做了理论铺垫。

五、研究方法、思路及创新之处

（一）研究方法

本研究以辩证唯物主义和历史唯物主义为方法论指导，通过文献研究、问卷调查、访谈调研、历史分析等具体方法，对大学生道德共识培育问题展开定量研究和定性研究。

1. 文献研究法。本文通过广泛收集和查阅国内外思想政治教育学、伦理学、社会学等相关专业书籍、论文、期刊以及有关道德共识、高校道德教育等方面的相关文献，作为理论与实证分析的基础。

2. 问卷调查法。本论文对福州市7所高校进行了较大规模"关于大学生道德共识状况"的问卷调查。7所高校包括省部共建高校、普通本科高校、新建本科高校、普通专科学校不同层次，其调查样本在高校中具有代表性。

3. 访谈法。在问卷调查的基础上，本文还对7所高校的部分辅导员、思政课教师、大学生代表就关于高校道德共识培育状况进行访谈，获得了更多的一手资料。同时，多次向各高校的学生工作专家、思想政治教育专家等咨询有关道德共识培育的建议，为本研究在理论和实践方面增

---

① 陈国庆.对商谈伦理价值的再审视［J］.河南社会科学，2012（8）：43.

加广度和深度奠定基础。

4. 历史分析法。历史分析法即通过分析发展、变化着的历史条件下，分析某一问题的历史发展规律。本研究应用历史的、发展的、联系的观点分析大学生道德共识培育这一特定教育现象在不同时期的特点、经验和教训，为我们在新形势新条件下更好地培育大学生道德共识提供重要的指导。

（二）研究思路

道德教育是思想政治教育的重要组成部分，是一个广阔的研究领域。本文的研究缘起于对转型期我国社会以及大学生中道德问题频发的忧虑，以及笔者作为一线思想政治教育工作者对当前大学生道德教育的成效不佳的反思。本文认为，高校道德教育要走出困境关键是要找到突破口，并优先解决这个问题。道德共识培育可以作为突破口，虽然只是完成高校道德教育任务的一部分，但对于当前大学生道德缺失、价值迷茫的现状来说却是最重要的部分。本文把"道德共识"作为研究的切入点，把"当代大学生应该培育何种道德共识和如何有效地培育"作为研究的着力点，把"促使大学生群体的道德认识从迷茫、分歧，走向最大限度的'共识'，形成主流意识形态引领下的正确的价值取向、道德规范和行为方式，积极践行社会主义核心价值观"作为研究的目的和归宿。

本书从梳理大学生道德共识培育的基本理论开始，充分论证我国当代大学生道德共识培育的必要性和可能性，对我国大学生道德共识状况进行历史回顾和现状考察，分析了影响当代大学生道德共识度的主要因素，借鉴了一些发达国家道德共识培育的经验，力求构建起一个贴近大学生实际、可能而真实的"道德共识培育内容体系"和探索行之有效的"道德共识培育路径、方法、机制"，为高校道德教育的理论和实践开拓新思路，其基本框架如下。

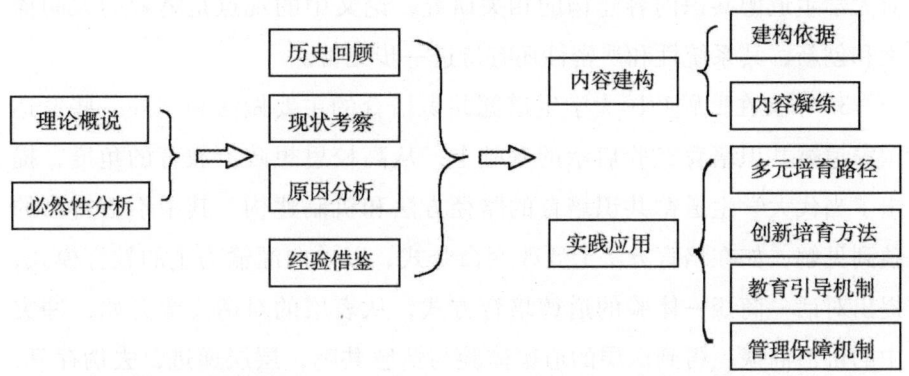

（三）研究的创新点

创新是社会科学研究的生命力。道德共识问题已成为当代中国道德建设中一个重大的理论和现实研究课题。本文在已有研究成果的基础上，尝试进行一些有益探索。

1. 本论文把"道德共识培育"作为价值观多元化背景下高校道德教育的"切入点"，系统地分析了当代大学生道德共识培育的必要性和可能性。在社会主义初级阶段，道德教育应注意层次性，既不能为大学生设置一个统一的高标准，也不能消解道德本身的意义。大学生道德共识培育是现实型的教育范式，是现阶段高校道德教育不可忽视的内容和不可逾越的阶段。这是笔者对当前大学生道德教育的实效性低下寻求的一个出路，是研究视角上的创新。

2. 本论文第五章认为当代大学生道德共识的内容不应是将社会主义核心价值观做简单的移植，也不是现行主流道德规范的简单相加，而必须根据党和国家对大学生的时代要求以及大学生群体的特点进行科学的凝练和合理的建构。以社会主义核心价值观为主要依据，紧扣大学生群体的实际道德生活，本文把当代大学生道德共识培育的主要内容分为两个层面：一是处理个人与社会（含国家、集体、他人）的关系层面，培育"爱国、守法、责任、尊重、诚信、友善的为人之德"；二是个人自身成长、成才的层面，培育"勤学、修德、明辨、笃实、敬业、创新的为学之道"。目前学术界虽然积极探索道德共识的重建思路，但还比较缺乏对大学生道德共识内容建构的相关研究，论文中的观点是笔者的大胆探索和创新，其系统性和严密性还有待进一步完善。

3. 本文在回顾我国大学生道德共识培育的主要做法和国外一些发达国家道德共识培育经验启示的基础上，从高校思想政治教育的角度，提出了当代大学生道德共识培育的路径方法和机制建构，其中不乏自己的独到见解，如在培育方法上要改变命令式、以单向灌输为主的教育模式，提出对话—商谈—体验的道德培育方式，从表层的对话交流开始，冲突中的价值商谈，再到深层的道德体验与情感共鸣，层层递进，去伪存真，由表及里，从个体感悟到群体共识，达到润物细无声的教育效果。

第一章 大学生道德共识培育的理论概说

大学生道德共识培育是一个崭新的概念,为了避免对概念理解的不同而带来的歧义,必须明确"道德共识""培育""大学生道德共识培育"这些关键部分的概念界定,以及厘清与相关概念的关系。道德共识是维护社会秩序的重要纽带,是一个民族生存和发展的基本保证,具有基础性、普遍性、有限性和内生性的特征。大学生道德共识培育是当代高校道德教育的一个切入点,有其独特的视角、明确的内涵和鲜明的特征。在本文开展当代大学生道德共识培育的研究中,马克思主义社会存在与社会意识关系学说是理论基础,习近平新时代中国特色社会主义思想是重要指导,传统儒家道德教化思想是可贵资源,哈贝马斯交往行为理论是有益借鉴。

第一节 道德共识的界定

"道德共识"是本文最核心的概念,准确把握其内涵、本质、特征,明辨其与其他相关概念的区别,是开展大学生道德共识培育相关研究的前提。

一、道德共识的概念

(一) 学界对道德共识的论述

"道德共识"作为一个现代伦理词语,已经逐渐成为伦理学话语的一部分。到目前为止,综合有关研究,可以发现学界虽未对"道德共识"的概念做出清晰的界定和明确的定位,但是可以大致概括出四种说法:

其一,"一致性"或"共同性"说。大部分学者认同这一观点,他们从不同的角度表达了道德共识是整个社会的成员在基本道德问题、规范和原则等层面上形成的一致、共同的认识。贺来认为道德不仅属于个人私人性的良知决断,还具有某种公共的、普遍的性质,他把道德共识当作整个社会的"道德一致性"。① 万俊人也认为,"道德共识,是对某一确定范围内道德'公度'的共同认可"。② 汪荣有和韩桥生认为:"道德共识是社会共同体对关系到社会基本生活秩序稳定的基本道德问题的一致认识。"③ 赵爱玲认为,道德共识是道德视野中的价值认同、一致或努力寻求价值认同、一致的思维方式和行动模式,它本质上是某一确定范围内存在的为广大社会成员所普遍认可、尊重和共同遵守的道德准则与规范,具体是指一个社会处在不同阶层、不同利益地位的社会成员在社会基本道德要求和规范上所寻求和达成的共同认识、追求、坚定信仰以及习惯或习俗化行为准则。④

其二,"底线性"说。认同这一观点的学者从客观实际出发,认为道德共识立足最低目标,体现了道德建构上的底线思维。何怀宏认为,道德共识"从性质上说是道德的,从范围上说是政治的;从内容上说是规范的,从程度上说是底线的"。⑤ 钱国君在博士论文《当代中国公民道德共识及其建构研究》中认为,道德共识即是指现代社会人们最基本的、

---

① 贺来."道德共识"与现代社会的命运 [J]. 哲学研究,2001 (5):24-26.
② 万俊人. 现代性的伦理话语 [M]. 哈尔滨:黑龙江人民出版社,2002:33.
③ 汪荣有,韩桥生. 社会转型期道德共识构建问题探索 [J]. 探索与争鸣,2012 (1):37.
④ 赵爱玲. 论道德共识重建何以可能何以可为 [J]. 学校党建和思想教育,2013 (3):18.
⑤ 何怀宏. 什么是伦理学 [M]. 北京:北京大学出版社,2002:84.

最低限度的行为基准线和水平线，是关于道德的"人同此心，心同此理"的基本认识。①

其三，"道德认同"说。有的学者认为道德共识等同于道德认同。如高兆明认为："基准道德共识，只不过是道德认同的另一种表述，它所表达的是公民对社会最基本的道德规范要求与道德品质的共同认同。"②

其四，"道德本质"说。有的学者认为道德共识是道德的应然状态。罗明星认为："任何道德都是共识的道德，没有共识的道德不成为道德，至多只是个人主观世界的善恶观念。共识之于道德具有逻辑的先在性，自从人类有道德以来，共识与道德从来就是一体的存在，道德通过共识获得其本质并实现其功能。"③

（二）道德共识的内涵

伦理学辞典中，道德的释义是以善恶评价为形式，依靠社会舆论、传统习俗和内心信念用以调节人际关系的心理意识、原则规范、行为活动的总和。即包括道德意识、道德规范和道德实践。④ 最新版《现代汉语词典》对共识的解释是："共同的认识。"⑤ "道德"与"共识"原本为两个词语，二者结合即被赋予了新的内涵。

本文在综合前人研究成果的基础上，认为道德共识是一定社会的人们为了更好地生存和发展，在共同的社会生活实践中，为了调节利益关系、维护社会秩序而形成的对社会共同体普遍遵循的社会起码的、基本的道德意识、规范和行为等的一致的价值认识。古往今来，任何时代、任何社会的成员都必须在交往实践中达成诸如尊重生命、不杀人、不偷盗、不撒谎等基本道德的共识。道德共识是社会存在的基石，是维系社会和谐稳定的纽带。如果失去这些基本的道德共识，得到的惩罚将是整

---

① 钱国君．当代中国公民道德共识及其建构研究［D］．成都：西南财经大学，2013：47．
② 高兆明．制度公正论［M］．上海：上海文艺出版社，2001：310．
③ 罗明星．共识的道德与道德的共识［J］．河海大学学报（哲学社会科学版），2014（3）：20．
④ 朱贻庭．伦理学大词典［M］．上海：上海辞书出版社，2011：14．
⑤ 中国社会科学院语言研究所词典编辑室编．现代汉语词典：第6版［M］．北京：商务印书馆，2012：457．

个社会的瓦解和灭亡。从静态来看，道德共识表明特定社会共同体的成员对社会起码、基本的道德意识、规范和行为的认识状态。从动态上看，道德共识是持有不同的价值观念和价值取向的主体之间通过平等对话、理性论证、实践感悟等方式逐渐达成一种普遍道德认识的过程。道德共识既反映人们在道德认识层面上的接纳程度，也反映了人们道德行为层面的外化选择。

（三）道德共识的特征

在阶级社会中，道德共识还具有以下几个方面的特征：

一是基础性。在社会主义初级阶段，不同利益群体和不同思想觉悟的人们的道德水平不可能是完全一样的，因此，对于不同层次的人们应该有不同的道德要求。在复杂的社会道德生活中存在不同层次的道德，其中有一种面向社会大多数人，具有广泛约束力的基础性道德是现实道德生活的起点。基础性道德是维护社会安定、维持正常生活秩序的最基本的道德要求。道德共识在道德层次上是一种基础性道德。

把握好道德共识的"基础性"层次定位，对道德教育效果起着关键的作用。一定社会的成员在基础性道德上也比较容易达成共识。道德共识要求社会成员不但在道德认知上要达成共识，而且要求每一个人在生活中必须要共同践行。道德共识遵循的是一个人人能知、知而能行的行为标准。例如，共产主义道德代表着我国社会道德发展的方向，然而并非全体社会成员都能做到的，只能由社会上的先进分子尤其是中国共产党员等来带头践行。在价值观多元化的时代，面对道德生活的困惑和道德价值的冲突，人们常常由于缺乏基本共识而冲破道德的底线，做出道德失范行为。针对当前的社会道德状况，这种在分歧和冲突中寻找共识的基础性道德显得更加迫切。

二是普遍性。"普遍性"是道德共识的内在要求。道德共识反映了人们维持社会生活秩序的愿望和要求。道德共识的普遍性首先表现在共识主体不以阶级、阶层、民族为限，而是面向社会的全体成员。生活在同一时代、同一经济发展阶段的人们，在长期的社会实践和交往中必然形成对社会各个阶层具有普遍约束力的道德要求。在同一个社会中，为解决必需的衣食住行问题，全社会成员都必须遵守某些共同的道德准则。如"切勿盗窃""尊老爱幼""不撒谎、讲诚信"等就是社会各个阶层、阶级都要认同的道德规范。

道德共识的普遍性还表现在道德共识内容上。任何一个社会都必须有最简单的、最起码的道德规范。马克思在《国际工人协会成立宣言》中就提到："……努力做到使私人关系间应该遵循的那种简单的道德和正义的准则，成为各民族之间关系中的至高无上的准则。"① 列宁也多次提到，在阶级社会里，存在着"多少世纪以来人们就知道的、千百年来在一切行为守则上反复谈到的、起码的公共生活规则"。② 在人际交往日益频繁和广泛的当今时代，人们在经济生活、文化生活、家庭生活越来越多地面临着共同的道德问题。这些共同的道德问题需要人们共同来寻求解决办法，而这就为处于多元文化和价值观背景下的人们寻求某种道德共识达成了可能。

三是相对性。道德共识不是一种无限的、绝对的共识。期待社会成员在所有道德问题上达成共识是一种道德理想主义，强迫社会成员在所有道德问题上达成共识是一种道德专制主义。道德理想主义是一种无法实现的美好设想。道德专制主义强行灌输一元道德并强求人们服从，以道德束缚人性，使道德成为某种权力的统治工具。总之，追求无限扩大的绝对共识是不切实际的。道德共识是人们在道德上达成的一个和谐状态。这种和谐状态不是永恒的、绝对的、无条件的，而是暂时的、相对的、有条件的。承认道德共识的相对性、有限性，从社会客观实际和真实的道德生活出发，给予道德共识主体和内容一个合理的边界，才是真实可靠的道德共识。

承认道德共识的相对性意味着我们不能追求一成不变，停滞不前的道德共识。我们一方面尽可能地扩大人们的道德共识面，以减少冲突，

---

① 马克思，恩格斯. 马克思恩格斯选集：第3卷 [M]. 北京：人民出版社，1995：15.
② 列宁. 列宁选集：第3卷 [M]. 北京：人民出版社，1995：191.

和谐友好共处,从而使人们的生活变得更美好。另一方面由于在现实生活中存在对达成道德共识起着限制、制约起作用的因素,如利益分化、交往异化、价值观多样化、精神需求的复杂性等,造成主体间所达成的道德共识是有限度的。正是因为道德共识的相对性、有限性,我们需要利用各种方式、有利条件来培育它,使之随着社会的发展,社会成员的道德水准提高而不断扩大共识面和提升共识度。

四是内生性。在一个社会中,约束大多数社会成员的道德价值规范是怎么产生的,这是道德研究必须面对的元问题。大部分学者认为,社会普遍伦理的形成有"内生"和"外推"两种方式。在传统社会,"外推"的道德思维一直发挥着主要作用。正如学者贺来所说,在传统社会,整个社会的道德一致性(道德共识)是不容置疑的,但这种一致性的获得,是通过外在的强制性力量而不是个体的良知决断和自觉选择来予以保证。① 然而这种"外推"的方式,在实际操作中隐藏着强推、强权的可能性,往往容易成为统治者专制统治的工具。"外推"终究是道德共识形成的外部力量,是外因,"内生"才是道德共识形成的真实途径,是内因。

道德共识"内生性"缘于道德的客观性,它是人们共生共存的需要。道德共识是人的现实存在方式、生活方式、实践方式之一,而不是仅仅发生于观念中的东西。道德共识"内生性"缘于人们在共同活动结成各种关系中,体察到自我的发展需要,而产生的对他人发展需要的相互理解和尊重,所形成的道德和自律。道德共识的产生与人的生存发展相联系,并由人在生存实践中创生出来。当极高的"外推型"社会道德规范被悬挂在神位上无人执行时,这种在立足现实生活的"内生性"的道德共识往往是强势的、真实的。

---

① 贺来."道德共识"与现代社会的命运 [J]. 哲学研究, 2001 (5): 30.

二、道德共识的概念辨析

（一）道德共识与道德认同

在价值观的研究中，认同、共识是学界常常谈及的两个概念。"认同"一词来自德文"identical"，英文原词是"identity"，通常译为同一性、统一性或身份。认同是指一个人或一个群体对某种意识、观念，经过认知、理解、接受等过程内化成自己的信念的过程。共识，一般而言是指多元主体达成共同的看法或一致的认识。关于道德认同的概念界定，学者们还没有形成统一的释义，主要有：自我与道德的统合的人格说、内部道德图式的建构的图式说、道德的社会化过程的社会化说、外部道德向内部世界的移入的内化说四种视角。① 本文认为道德认同是个体对社会道德价值体系的同化和内化，并通过一定的道德追求来确定自己的伦理角色的一种价值认同。道德共识以道德认同为基础，道德认同是道德共识的细胞。道德认同与道德共识都是人类把握精神活动方式，即人们在社会生活中建构个体德行，维护社会伦理秩序的方式。但两者形成的方式和作用不尽相同，不能把两者混同。

首先，道德共识在价值构建的主动性和积极性上要高于道德认同。道德认同是道德主体将一定的道德规范、原则作为外在的形式、他人的意志而被认同，是模仿、顺从、被动的；而道德共识是道德主体之间在相互承认彼此意向的基础上经过反复的沟通与理性的取舍而形成一种共同的意向，则是积极、理性、能动的。其次，道德共识在一定程度上要高于道德认同。从道德认同到道德共识的具体过程而言，道德认同先于道德共识，认同是过程、共识是结果。道德共识包含着道德认同的成分，并在道德认同的基础上进行。再次，道德认同可以是个体性的活动，道德共识必须是群体性的行为。对于单个道德主体来说没有所谓的共识问题，而只有道德认同。最后，道德认同是单向的，从微观角度来考察社

---

① 刘仁贵. 道德认同概念辨析 [J]. 伦理学研究，2014 (11)：15-17.

会道德价值观念与社会成员的接受程度。当一种道德原则提出后，就有一个认同的问题，譬如社会成员对集体主义原则就有一个是否认同，认同程度的问题。道德共识是双向的，从宏观角度来体现社会成员之间在社会道德价值观念上的契合程度。拥有不同道德认同的道德主体，可能在某种道德上达成共识，也可能在另一种道德上互相冲突。道德共识着眼于社会整体伦理，需找"最大公约数"，例如社会主义核心价值观就是当前我国社会成员之间所能达到的价值共识。

（二）道德共识与道德观

《伦理百科辞典》对道德观定义是："对社会道德现象和道德关系的整体认识和系统看法。与人们的世界观、人生观紧密相连，相辅相成。"① 一定社会的人们对道德现象的认识和看法总是站在一定利益关系、特定阶级的立场上。道德观具有时代性、阶级性、多样化的特点，构成了培育道德共识的前提。

道德共识与道德观的区别是显而易见的。首先，从主体来看，道德共识是在拥有不同道德观的多元主体之间形成的。道德共识形成是一个动态过程，一个道德观念需要多元主体通过反复的沟通与理性的取舍，才能成为社会层面的"道德共识"。道德观的形成更多的是个体自我认识的活动，通过"自省、自讼、内省"等方式修养而成的。其次，从内容来看，道德观是对社会道德现象和道德关系的整体认识和系统看法。道德共识不能在所有的道德问题上都达成共识，在内容上是有限的，只能是局部共识。最后，从形式上看，在特定的社会中，不同阶级、阶层，不同社会实践经历，不同文化教育背景的人们会形成各种各样的道德观。生活在同一个社会的人们对一些社会现象会有不同的道德评价和看法。例如，范美忠在汶川地震中不顾学生安危而逃跑受到了大多数国人的道德谴责，但是也有少部分人认同他的价值观的人为他的行为辩护。但是一定历史时期的社会道德共识必须是确定的、一元的。例如，爱国作为

---

① 徐少锦，温克勤主编.伦理百科辞典 [M]. 北京：中国广播电视出版社，1999：122.

一种道德共识，那么热爱祖国，对祖国忠诚是道德的；出卖祖国，背叛祖国是不道德的就是不容置疑，没有争议的。

（三）道德共识与普世价值

Universal value 有人翻译为"普世价值"，也有人翻译为"普适价值"。曾经在国内外学界成为混淆人们视听的一个理论，其最有代表性的当属德国神学家孔汉思的观点。早在1990年，他在《全球责任》一书中提出，试图建立一种适用于全球的伦理观念或道德标准的构想，认为："全球伦理指的是对一些有约束力的价值观、一些不可取消的标准和人格态度的一个基本共识。没有这样一个在伦理上的基本共识，社会或迟或早都会受到混乱和独裁的威胁，而个人或迟或早会感到绝望。"[1] 随后这种普世价值论被一些别有用心者所追捧，充分地体现在丹尼尔·贝尔的意识形态终结论、弗兰西斯·福山的历史终结论、塞缪尔·亨廷顿的文明冲突论以及以美国为代表的西方国家的对外政策及其实践中，成为西方价值观念对外输出和普遍化扩张的理论基础。[2]

道德共识与普世价值之间存在着根本的区别。其一，目的不同。普世价值的概念带有明显的意识形态色彩和政治目的。正如有的专家指出的："宣扬普世价值不是什么纯粹的学术问题，而是有着鲜明的政治目的。"[3] 其实质是西方国家把其资本主义的核心价值观鼓吹为普世价值，将西方特殊的价值普遍化、固定化、永恒化。宣扬普世价值本质上是当代西方话语霸权及其价值渗透方式的表达，是进行西化的一种意识形态斗争的策略和手段。道德共识的概念提出是缘于人们共同生活的道德需要，它在人们的基础性道德的构建中具有特殊意义。其二，主体不同。普世价值的鼓吹者标榜其价值是全人类的，是超越了具体国界、民族、阶级的共同价值。而道德共识的主体是有限的，是特指在一个民族、一

---

[1] 孔汉思. 全球伦理——世界宗教会议宣言 [M]. 成都：四川人民出版社，1997：12.
[2] 汪信砚. 普世价值·价值认同·价值共识——当前我国价值论研究中三个重要概念辨析 [J]. 学术研究，2009（11）：6.
[3] 教育部. 邓小平理论和"三个代表"重要思想研究中心. 关于"普世价值"的若干问题 [J]. 求是，2008（22）：62.

个国家、一个社会中人们约定俗成、普遍认可的道德。其三,理论基础不同。普世价值是资产阶级企图用抽象的"人性论",来赋予自己的理论以普遍性的形式,标榜他们的伦理是超民族、超阶级的,是永恒的,实际上是想把自己阶级的道德冒充为全人类的道德。道德共识是指一定社会的人们在特定生产方式基础之上形成的某种一致性的道德价值观念、规范和实践。道德共识的内涵是由社会经济关系决定的,是随着社会经济关系的变化而不断改变的。在当今复杂的世界里,任何价值观念实际上都是具体的,都与一定的社会经济关系紧密相连,那种超历史、超阶级、抽象的"普世价值"是不存在的。正如我们不能延用封建社会形成的核心价值,更不能照搬西方资本主义国家的主流价值。

(四)道德共识与底线道德

"底线道德"作为现代伦理学的一个重要范畴已经被广泛深入研究。底线道德顾名思义,是一种底线性、基础性的道德。底线道德是与道德"至善"、道德理想相对应而言的,处于伦理的底线,是道德和不道德的分水岭。学者们一般认为,底线道德指人们在道德实践中应该普遍遵守的最为基本的道德义务,它意味着某些基本的不应逾越的行为界限或约束。[①] 底线道德是一种维系社会秩序必不可少的必须强制实行的完全义务性的道德要求,一般以"不准""必须"等形式来规范人们的行为。底线道德往往也是法律的底线,构成了制定法律的伦理基础。如"不偷盗"是道德底线也是法律禁止的行为,"必须赡养老人"既是道德底线也是法律规定的义务。

道德共识与底线道德在特点上有一些相似的地方,如基础性、普遍约束性;在内容上可能也有交叉的地方,如公平正义既是底线道德也是道德共识。但是一定社会的底线道德并不等同于一定社会所倡导的道德共识。一方面,道德共识是建立在底线道德的基础上,以底线道德为起点扩展出来的广泛一致的道德价值共识。道德共识首先必须是底线道德

---

① 余维武. 现代道德教育中的道德底线与道德至善 [J]. 华东师范大学学报(教育科学版), 2014 (3):69.

上的共识。底线道德是天然的道德共识，而道德共识不一定是底线道德。如友善可能是一个社会的道德共识，但是它不是一种义务性的道德责任，不是底线道德。另一方面，道德共识期待对道德底线的超越。由于道德共识的相对性，随着社会的发展，文明程度的提高，道德共识将不断扩大从而超越底线道德。建构人之为人的底线道德是社会道德体系的基础，是形成共同道德信仰的基础。底线道德所要求的共同的最低道德义务只是日常道德生活的必需部分，却不足以构成人们所追求的美好生活、和谐社会的全部。停留在底线道德上的生活，虽然不侵犯社会以及他人的利益，当然也不会为社会和他人带来利益，会容易迷失方向，使人们失去安生立命的精神家园。一个国家要形成一种道德生活既能宽容不同的生活方式和利益要求，又能实现个人自由和社会统一的相互协调，那么他们的社会成员在普遍遵守底线伦理的基础上，应该努力在社会的共同信念上形成尽可能广泛的一致。① 道德共识就是人们为了更好地生存和发展，即推进社会成员的共同事业，实现社会成员的共同理想而达成的一种道德自觉状态。

第二节 大学生道德共识培育的界定

明晰大学生道德共识培育的内涵以及与相关概念的区别，把握内在本质、特点，是本文研究的前提。

一、大学生道德共识培育的概念

大学生道德共识培育是一个崭新的概念，准确理解和把握其内涵时，必须紧紧抓住其关键的构成部分。为了使大学生道德共识培育的概念更加明晰，还有必要对"培育"和"教育"做一区分，以说明为什么使用

---

① 陈泽环. 应用伦理学和当代社会道德结构——再论应用伦理学的基本特性[J]. 哲学动态，2005（7）：5.

"培育"而不是"教育"。

（一）"培育"与"教育"的联系区别

培育原指如创造适宜条件，使幼小动物、植物发育成长，可引申为培养人的思想，使其成熟，有培养、教育之意。教育界对教育的概念有着各种各样的解说，但基本上都把教育看作一种有目的的培养人的活动。一般教育有广义和狭义之分。广义上，凡是增进人们的知识和技能、影响人们的思想品德的活动，都是教育。狭义上，教育主要是指学校教育，即是教育者根据一定社会（或阶级）的要求，有目的、有计划、有组织地对受教育者的身心施加影响，把他们培养成为一定社会（或阶级）所需要的人的活动。① 这里对教育的界定主要突出教育区别于其他事物的独特特点和本质特征。从本质上来说，培育和教育属于同类性质的活动，都可以界定为一种有目的的培养人的活动，因为两者最终都以"育人"为落脚点，只是两者在"育人"方式与途径上的着力点略有不同。

首先，"培育"更加注重和谐"育人"环境的营造。培育在生物学上强调适宜的环境或条件下，阳光、土壤、肥料等多种因素共同作用令某事物成长或繁殖。将"培育"引入教育学则强调营造教育生态的和谐和教育条件的一致性，能够克服传统的教育实践中常常出现的各种割裂现象，如受教育者所处的实际环境与教育的理想目标之间的落差。其次，"培育"更加关注受教育者的内在成长。"培育"在基本概念上是指使事物由幼小逐渐成长壮大。因此，"培育"内蕴过程性、建构性、主体性的教育理念，不是一味地从外部施加影响，根据对象的成长规律培养、激发、挖掘其内在的精神动力，以实现自我成长、自我建构。因此，培育能够克服传统教育实践中忽视教育主体，单向、强制性"灌输"的弊端。最后，"培育"更加注重发挥隐性因素的浸润作用。培育的"土壤"不仅在课堂上、考场内，还在于各种物质性、精神性、行为性、制度性、文化性等的"隐性载体"中。培育内蕴间接、隐性的教育特性，能达到春

---

① 中国大百科全书总编辑委员会组织编纂.中国大百科全书·教育卷［M］.北京：中国百科全书出版社，1985：1.

风化雨、润物无声的效果。

本文使用"培育"这一概念不仅在于"培育"内蕴了"教育"所没有的鲜明特征，还在于"道德共识"的特性决定了其比较适用"培育"而不是"教育"。

一是"道德共识"具有有限性，现实生活中总是存在限制道德共识的制约因素，如利益多元化、价值观多样化、道德修养差异化等，造成人们达成的道德共识度总是有限度的。一定社会人们的道德共识程度总是从低到高，道德共识面总是从少到多，所以需要"培育"。

二是"道德共识"具有内生性，源于人们共生共存的需要，是一种不以个人意志为转移的客观存在。一定社会的人们产生某种道德共识不是外部"强加"的，而是"自己发现""自觉认同"的结果。"道德共识"就像人们心中的"一颗种子"，从萌芽到成熟，需要"培育"。

三是从心理结构来说，道德共识是一种道德理性，从感性到理性，需要培育；道德共识是一种道德自觉，从自发到自觉，需要培育；道德共识是一种道德意识，从零散到系统，需要培育；道德共识是一种道德能力，从弱到强，需要培育。

（二）大学生道德共识培育的内涵

立足前文对道德共识及其培育相关概念界定的基础上，本文认为道德共识培育是指国家在一定时期内，根据国家治理和社会发展的需要，倡导一种社会共同体普遍遵循的主流道德价值观，并通过有目的、有计划、有组织的培育使广大公民的价值取向、道德意识、行为规范与之相一致。立足上述分析，大学生道德共识培育是指在一定时期内，教育者根据大学生身心成长规律和特殊角色要求，以当前占主导地位的社会共同体所倡导和遵循的道德价值观和道德规范为主要内容，以一定的培育方式有目的、有计划、有组织地提升大学生的共识水平的过程。

本文对大学生道德共识培育的内涵界定还需明确三个问题：一是本文中大学生道德共识培育的主体特指高校和有关教育行政部门中从事思想政治教育工作的组织、集体或个人。二是本文中大学生道德共识培育的对象特指在校的全日制大学生,不包括在职学习的学生。三是当代大学生道德共识培育的根本任务是促使大学生群体的道德认识从迷茫、分歧,走向最大限度的"趋同",形成主流意识形态下正确的价值取向、道德规范和行为方式,积极践行社会主义核心价值观,为实现伟大复兴中国梦凝聚共同的思想道德基础。

(三)大学生道德共识培育的特征

大学生道德共识培育是当代高校道德教育改革的新视角,也是当代高校道德教育的重要任务。大学生道德共识培育直面当前价值观多元化的时代境遇,把道德价值共识引导作为重中之重,突出培育内容的"合理性"、培育层次的"平民化"和培育过程的学生"主体性",力求从根本上提高高校道德教育的实效性。

1. 合理性:回归教育本真

随着工业文明时代的到来,人类的工具理性展现出巨大能量,同时引发生态环境的破坏、人性结构的严重失衡等问题,这就要求人们对理性自身进行批判和反思,使之向合理化方向发展。合理性问题凸现,成为"20世纪哲学最棘手的问题之一"[①]。马克思主义哲学立足于实践来理解合理性问题,把合理性看作合规律性和合目的性的统一,既合乎事物的客观规律,又从人性出发,满足人的生存和发展需要,试图在实践中引导主客体关系合理化发展。

在价值多元纷争的今天,合理性也是当代伦理学最为关注的问题之一。道德教育的合理性,即要求道德教育必须是合规律性和合目的性的统一。道德教育要遵循社会发展的道德要求和受教育者个体自身道德发展的需要。在过去很长一段时间,我国的道德教育出现泛政治化和功利化倾向,在教育中忽略了"人的正当性需求"。例如,当国家强调政治认同的时候,道德教育便成为政治教化工具;当国家强调经济发展的时候,

---

① 劳丹. 进步及其问题 [M]. 北京:华夏出版社,1990:116.

道德教育就几乎演变为促进经济发展工具。① 在这种道德教育中，忽视人的价值，在"工具理性"的驱使下，仅仅考虑教育的有效性和社会性，常常表现为知识的灌输和人性的压抑。

大学生道德共识培育是以社会整体的生存和发展为依归，从尊重大学生的个体利益出发，以大学生的全面自由发展为目的，致力于在主体需求和客体效应中找到一个平衡点——道德共识。关照心灵，复归人本价值，才是回归教育本真的道德教育。在大学生道德共识培育过程中，尊重道德主体的正当性追求，克服道德需求的主观臆断和狭隘的功利取向，最终实现价值选择的合目的性与合规律性的有机统一，合主体需要与合客体效应的统一。

2. 平民化：走出精英取向

一定时期的道德教育实践总是保持一定的价值取向。长期以来，我国大学生道德教育的精英化价值取向明显。精英式道德教育在内容上以某种终极价值为依托，如无私奉献、全心全意为人民服务；在目标上指向一个完美道德社会的实现，超越于本真的生活；在教育方式上以知识化的课堂灌输和仪式化、运动化的群体活动为主。缘于中华民族崇尚理想人格的优良传统，缘于高度集中的政治经济体制，高层次、高标准、精英化价值取向的道德教育在历史中对道德教化起到一定的作用，发挥过巨大的道义和精神力量。

但这种精英取向的道德教育弊端已经随着改革开放和现代化建设的深入逐渐暴露出来。首先，在精英化的道德教育取向中，强调的是精英道德和圣人道德，而不是日常生活所需的道德。如在"公"与"私"关系上，以大公无私、先公后私、公私兼顾、自私自利的梯度排列，过于宏大，并非是在生活世界所需的道德。其次，在精英化的道德价值思维中，道德教育的目的不是优先为了人际和谐、个人的幸福和发展，而在于为了服从和实现某种"主义"的政治目的。这种"权利"和"义务"

---

① 严从根，冯建军．道德教育：在正当与有效之间寻求平衡［J］．华东师范大学学报（教育科学版），2011（9）：10．

失衡，不考虑人的整体身心发展规律，容易造成学生的道德人格的异化，即说一套，做一套。再次，精英化价值取向的道德教育在价值观多元化的现代社会中日趋低效。社会转型带来的道德价值观的多元变化，例如无私奉献、勤俭、谦虚等传统美德不再为大学生所广泛认同。最后，我国高等教育已经进入大众化阶段。国际上一般认为，高等教育毛入学率在15%以下时属于精英教育阶段，15%～50%为高等教育大众化阶段，50%以上为高等教育普及化阶段。2015年，我国高等教育的毛入学率达到40%，在校大学生数量相当庞大，已经形成了一个庞大的社会群体。①高等教育大众化使精英化取向的高校道德教育难以真正落实。

近年来，社会道德建设的价值取向从精英化向平民化、大众化的转型已成为一种趋势，公民道德教育目标的提出，"八荣八耻"社会主义荣辱观的凝练，社会主义核心价值观的倡导，都是着眼于全体社会成员层面的大众化要求。大学生是社会的精英，祖国的栋梁，在精英化和大众化这两个不同层次的目标中，大众化具有优先性，这种优先性并不影响大学生成为道德精英的可能性。因为，只有大众化的道德价值取向才能使道德教育从不堪重负的沉重使命中解放出来，担负起自己应有的职责，由原来的"提升道德境界"转向使学生"学会共同生活"，形成和谐的人际道德氛围，保障社会的有序发展。大学生道德共识培育在教育理念上表现为一种大众化的教育价值取向，凸显道德的大众化品质，针对道德教育对象的多元化、个性化需求，把道德教育真正奠基于生活的基石之上，力求贴近大学生实际需求。

3. 主体性：培养主体性人格

"主体性"道德教育理念是指在道德教育过程中教育者始终把受教育者当作道德成长的自由主体、自主主体和能动主体来对待的理念。"主体性"是相对于传统的把受教育者当作无知者、被动者和单纯的接受者的"客体性"。恩格斯曾经明确指出："如果不谈所谓自由意志、人的责任能

---

① 伍天慧，谭兆风. 高等教育大众化背景下高师体育专业教育的思考 [J]. 嘉应学院学报，2012 (5): 86.

力、必然和自由的关系等问题,就不能很好地议论道德和法的问题。"①恩格斯把"自由意志"视为人的行为具有道德特性的前提条件,与马克思所说的道德是人的"精神自律"② 一样。塑造主体性道德人格的道德教育是基于马克思人学基础上的教育理念。大学生道德共识培育不仅致力于道德共识的价值引导,还注重提升他们修身自律、自我建构的主体道德能力。单纯依靠教育者的价值引导和外部灌输施加的影响是有限的,难以真正使道德共识转化为学生主体的内在道德品质。大学生道德共识的形成归根到底是道德主体意识的觉醒而产生自愿生成、自主建构的结果。

二、大学生道德共识培育:当代高校道德教育的重要任务

大学生道德共识培育不是高校道德教育的代名词,也不能涵盖高校道德教育所有的任务,不能解决高效道德教育的所有问题。大学生道德共识培育与当代高校道德教育的关系是部分和整体的关系,两者之间既有联系又有区别。正确梳理大学生道德共识培育与高校道德教育的关系,才能避免在实践中以偏概全、顾此失彼。

首先,大学生道德共识培育与高校道德教育在目标和取向上是一致的。道德教育,是指一定的社会或阶级为使人们接受和遵循其道德规范体系的要求,并按其价值标准处事做人,而有计划、有组织地对受教育者施以道德影响的活动。③ 立德树人是大学教育的根本任务和总体要求。在这一总体要求下,按照阶段性和渐进性的原则,当前高校道德教育的主要任务是在各种社会思潮和价值观的碰撞下,始终保持其意识形态性,坚持不懈地培育社会主义核心价值观,引导学生树立积极向上的价值观、人生观、世界观,使当代青年大学生成为践行社会主义核心价值观的"排头兵"。社会主义核心价值观培育任务的提出,表明在大学生中凝聚

---

① 马克思,恩格斯. 马克思恩格斯选集:第3卷 [M]. 北京:人民出版社,2012:490.
② 马克思,恩格斯. 马克思恩格斯全集:第1卷 [M]. 北京:人民出版社,1995:119.
③ 王玄武,路郁廷. 思想教育、政治教育、道德教育比较研究 [M]. 武汉:武汉大学出版社,2002:43.

价值共识的迫切性，从某种意义上也说明培育道德共识在当前高校道德教育中的紧迫性。大学生道德共识培育正是基于对当前高校道德教育形势的正确把握，围绕高校道德教育的主要任务展开，从基础方面将道德教育任务落到实处。道德共识培育只是完成高校道德教育任务的一部分，但对于当前大学生道德缺失、价值迷茫的现状来说却是最重要的一部分，也是不可忽视的一部分。

其次，大学生道德共识培育是高校道德教育的一个切入点。改革开放以来，高校道德教育一直处于低效边缘，始终没有走出困境，究其原因是多方面的。有人认为长期的应试教育造成了"重智轻德"倾向明显，在实际工作中把道德教育工作边缘化现象仍然存在。有人认为社会转型期，各种矛盾凸显、社会制度不公、社会贫富拉大，官员腐败等社会问题消解了学校道德教育的功效。有人认为改革开放带来的西方价值观念冲击了社会主义道德，以市场化、全球化、信息化为特性的现代社会使道德教育失去良好的社会基础。更多的学者从道德教育自身找原因，归结于道德教育目标过高、内容空洞、方法单一、理念滞后等因素，于是近三十年来道德教育改革围绕这些方面做了不少努力，德育目标已经有所下移，内容也比以前更丰富，教育技术方法更加多样化，教育理念开始倡导人本化、民主化、生活化，但是整体效果依然不理想。

道德教育要走出困境关键是要找到突破口，并优先解决这个问题。道德教育改革的重要突破口之一就是让教育更加贴近"大众道德"，走平民化路线。也就是说走出道德教育困境首先要实现教育范式的转变，否则不管教育技术如何革新，方法多么生动形象，也无法走进学生的内心。传统道德教育之所以低效，很大程度是因为缺乏群众基础，甚至引起学生的逆反心理。如今，教育环境已经发生变化，我们再也回不到过去那个封闭，思想高度统一的社会，大学生的权利意识和民主意识更加强烈，道德价值观念更加多元分化，贴近大众生活的道德教育或许才是有效合理的教育。道德共识是社会大多数人需要、认可并遵循的起码的，基本的道德价值和规范，是大学生立身处世之德。以道德共识培育作为当代大学生道德教育的着力点，立足于社会生活交往的现实需要，尊重个体利益，同时维护社会和谐稳定，力求普遍有效地提高大学生的道德水平。有效的道德教育必须在基本道德养成的基础上才能真正展开。强调道德共识培育作为高校道德教育的切入点，着力于筑牢道德基础，最大程度凝聚共识，以避免道德教育实践的空洞性。

第三节 大学生道德共识培育的主要理论依据

一、马克思主义社会存在与社会意识关系学说是理论基础

道德共识问题是历史唯物主义中"隐而未彰"的重要思想。马克思主义经典作家的社会存在与社会意识关系理论是大学生道德共识培育的理论基础。

马克思主义认为社会存在与社会意识是辩证统一的。一方面，社会存在决定社会意识，社会意识是社会存在的反映。"物质生活的生产方式制约着整个社会生活、政治生活和精神生活的过程。不是人们的意识决定人们的存在，相反，是人们的社会存在决定人们的意识。"① 坚持社会存在第一性，社会意识第二性，社会存在决定社会意识，社会意识反映社会存在是历史唯物主义的基本观点。这主要表现在：首先，社会意识的内容取决于社会存在，社会存在是社会意识的根源和基础。"人们自觉地或不自觉地，归根到底总是从他们阶级地位所依据的实际关系中，从他们进行生产和交换的经济关系中，获得自己的伦理观念。"② 因此一切社会意识，不论正确与否都可以在社会存在中找到根据。其次，社会存在的性质决定社会意识的性质。在有阶级存在的社会里，各个阶级在社

---

① 列宁. 列宁专题文集 论辩证唯物主义和历史唯物主义 [M]. 北京：人民出版社，2009：159.
② 马克思，恩格斯. 马克思恩格斯文集：第9卷 [M]. 北京：人民出版社，2009：99.

会关系中的地位和利益不同,决定了他们的社会意识也各不相同,因此形成不同的社会心理和思想体系。占统治地位的社会意识形态为统治阶级服务,维护统治阶级的利益。再次,社会存在的变化决定社会意识的变化。社会存在总是处在不断的变化发展中,与此相对应,人们的社会意识也必然会发生或早或晚、或快或慢、或大或小的变化。最后,社会意识对社会存在具有能动的反作用。社会意识作为精神力量,在一定条件下可以反作用于社会存在转化为物质力量,影响社会发展的进程。主要表现在先进的、正确的、科学的社会意识对社会发展起积极的推动作用;反之,落后的、错误的、非科学的社会意识对社会的发展起消极的阻碍作用。同时,社会意识对社会的反作用,必须通过人民群众的自觉行动,才会变成改造世界、推动社会前进的巨大物质力量。

一个社会处于支配地位的社会形态的性质及占统治地位的经济关系,决定了该社会占统治地位的意识形态和价值导向。在社会主义市场经济体制下,我国实行以公有制为主体的多种所有制共同发展的所有制结构,实行按劳分配为主体、多种分配方式并存的分配方式,决定了当下占统治地位的意识形态和价值导向属于社会主义性质。而多种经济形式并存,也就会相应产生不同性质的价值意识,这就使得多元价值观在社会中客观存在。这就需要占统治地位的阶级或社会集团进行价值引领。缺乏价值共识和道德共识的社会是一个缺乏精神支撑和道德力量的社会,也就谈不上维护统治阶级的利益。在阶级社会中,任何忽略或否定道德教育意识形态性特征的做法,结果都只会是弱化道德教育,甚至不可能存在真正意义上的道德教育实践。在我国当前乃至今后的道德教育实践中,我们必须"坚持马克思主义在意识形态领域的指导地位,牢牢把握社会主义先进文化的前进方向。"① 培育当代大学生的道德共识既不能照搬封建社会所奉行的传统道德规范和理念,也不能被西方社会的错误思潮所迷惑。唯有坚持以社会主义核心价值观作为价值引领,把握大学生道德

---

① 中共中央关于构建社会主义和谐社会若干重大问题的决定 [N]. 人民日报, 2004 – 10 – 19.

共识培育的规律性，遵循科学原则，以人为本、与时俱进，才能提高其实效性。

二、习近平新时代中国特色社会主义思想是重要指导

党的十八大以来，以习近平同志为核心的党中央，在执政实践中形成许多治国理政的新理念新思想新战略，形成了习近平新时代中国特色社会主义思想。国无德不兴，人无德不立，道德治理关系到国家的长治久安，习近平新时代中国特色社会主义思想中也包含了许多价值观教育思想。习近平价值观教育思想坚持马克思主义的立场、观念、方法，继承中华民族优秀传统文化的精华，同时立足中国特色社会主义建设的实践，紧密结合新的时代条件和实践要求，反映了党对新时代青年发展和教育的新思考，为当代大学生道德共识培育提供了重要指导。

（一）大学生是价值观教育的重点人群

青年兴则国家兴，青年强则国家强。2014年5月，习近平总书记在上海考察时指出，要面向全社会做好培育和践行社会主义核心价值观这项工作，"特别要抓好领导干部、公众人物、青少年、先进模范等重点人群"。① 党的十八大以来，习近平总书记多次出席青年活动，与青年谈心，给青年回信，与青少年频频互动，体现了他对这一群体的高度关注。2014年5月4日，习近平总书记在北京大学师生座谈会上告诫大学生，青年要自觉践行社会主义核心价值观，他指出"核心价值观，其实就是一种德，既是个人的德，也是一种大德，就是国家的德、社会的德。国无德不兴，人无德不立。如果一个民族、一个国家没有共同的核心价值观，莫衷一是，行无依归，那这个民族、这个国家就无法前进。"② 他还形象地用"人生的第一颗扣子"形容价值观之于青年学生的重要，他说："青年的价值取向决定了未来整个社会的价值取向，而青年又处在价值观

---

① 王军. 社会主义核心价值观"六论" ［DB/OL］. 求是网，2016-11-08. http://www.qstheory.cn/laigao/2016-11/08/c_1119872695.htm.
② 习近平. 习近平谈治国理政［M］. 北京：外文出版社，2014：168.

形成和确立的时期，抓好这一时期的价值观养成十分重要。这就像穿衣服扣扣子一样，如果第一粒扣子扣错了，剩余的扣子都会扣错。人生的扣子从一开始就要扣好"。① 在2016年年底召开的全国高校思想政治工作会议上，习近平强调："要坚持把立德树人作为中心环节，把思想政治工作贯穿教育教学全过程，实现全程育人、全方位育人，努力开创我国高等教育事业发展新局面。"② 在核心价值体系和核心价值中，道德价值具有十分重要的作用。大学生道德共识培育是社会主义核心价值观融入大学生思想政治教育全过程的一个特殊形态，是社会主义核心价值观教育在大学生群体的落实。习近平总书记对高等教育提出"立德树人"的根本任务，强调大学生群体应该带头培育和践行社会主义核心价值观，无不表明以社会主义核心价值观引领当代大学生道德共识培育的紧迫性和重要性。

（二）价值观教育方法的新探索

党的十八大以来，习近平在系列重要讲话中还提到一些改进价值观教育的方式方法。一是以文化人。习近平指出："要认真汲取中华优秀传统文化的思想精华和道德精髓，大力弘扬以爱国主义为核心的民族精神和以改革创新为核心的时代精神，深入挖掘和阐发中华优秀传统文化讲仁爱、重民本、守诚信、崇正义、尚和合、求大同的时代价值，使中华优秀传统文化成为涵养社会主义核心价值观的重要源泉。"③ 他还指出："高校哲学社会科学有重要的育人功能，要面向全体学生，帮助学生形成正确的世界观，提高道德修养和精神境界，养成科学思维习惯，促进身心和人格健康发展。"④ 二是生活化育人。习近平指出："一种价值观要真正发挥作用，必须融入社会生活，让人们在实践中感知它、领悟它。要注意把我们所提倡的与人们日常生活紧密联系起来，在落细、落小、落

---

① 习近平. 习近平谈治国理政 [M]. 北京：外文出版社，2014：172.
② 习近平. 把思想政治工作贯穿教育教学全过程开创我国高等教育事业发展新局面 [N]. 人民日报，2016-12-09.
③ 习近平. 习近平谈治国理政 [M]. 北京：外文出版社，2014：164.
④ 习近平. 在哲学社会科学工作座谈会上的讲话 [N]. 人民日报，2016-05-19.

实上下功夫。要按照社会主义核心价值观的基本要求,……要利用各种时机和场合,形成有利于培育和弘扬社会主义核心价值观的生活情景和社会氛围,使核心价值观的影响像空气一样无所不在、无时不有。"① 三是实践育人。习近平总书记指出:"道不可坐论,德不能空谈。于实处用力,从知行合一上下功夫,核心价值观才能内化为人们的精神追求,外化为人们的自觉行动。"② 四是重视家庭教育。2015年2月17日,习近平在2015年春节团拜会上指出:"家庭是社会的基本细胞,是人生的第一所学校。不论时代发生多大变化,不论生活格局发生多大变化,我们都要重视家庭建设,注重家庭、注重家教、注重家风,紧密结合培育和弘扬社会主义核心价值观,发扬光大中华民族传统家庭美德……"③ 五是要牢牢掌握意识形态工作领导权和话语权。价值观教育要坚持和巩固马克思主义在意识形态领域中的指导地位,不能不加区分、盲目地成为西方道德价值的"应声虫",要牢牢把握正确的舆论导向,要弘扬主旋律、传播正能量,形成舆论强势。

总之,习近平总书记审时度势,高屋建瓴,不仅提出了引导当代大学生积极践行社会主义核心价值观的重要性,还对如何加强和改进新时期价值观教育工作进行深刻思考,对建构主流社会价值秩序,对提高当代大学生道德共识培育的实效性有重要的指导意义。

三、传统儒家道德教化思想是可贵资源

道德教化思想是传统儒家伦理思想的重要组成部分。虽然早在周公时期就有道德教育和道德修养思想的萌芽,但是真正把道德教化思想提到理论高度的是孔子及其儒家学派。传统儒家道德教化思想是当代大学生培育道德共识的宝贵资源。

---

① 习近平. 习近平谈治国理政 [M]. 北京:外文出版社,2014:165.
② 习近平. 习近平谈治国理政 [M]. 北京:外文出版社,2014:173.
③ 于子茹,金佳绪. "平语"近人——习近平谈社会主义核心价值观 [DB/OL]. 新华网. 2016-12-08. http://news.xinhuanet.com/politics/2016-12/08/c_129395314.htm.

（一）传统儒家道德教化思想对道德共识培育具有文化涵养作用

传统儒家教化思想中包含了契合时代需要的精神追求和伦理思想，对以文化人、以情感人，滋养涵育共同的道德价值观有重要作用。传统儒家把"君子""圣人"作为自己的理想人格，认为人生境界上不封顶，下要保底，也就是做人要有道德底线。传统儒家以"孝道"是"诸德之源"，是道德教化起点，从而抓住人们共同的德行基础，进一步培育人们道德感情和道德自觉，延伸出的仁、义、礼、智、信等儒家伦理的基本原则，逐步构成了自己的伦理体系。儒家的伦理体系既有符合时代精神的精华，也有不符合时代精神的糟粕。作为精华的中华传统美德内涵丰富，爱国、诚信、贵和、孝亲、重义、勤俭、自强等精神，恰好契合了社会主义核心价值观道德层面的要义，是道德共识培育的价值引领和活水源头。我们应理性对待传统儒家道德文化中的消极因素，发扬其中仍然有生命力的东西，融入自由、平等、尊重等现代伦理精神，以更好地为现代社会提供精神支撑。

（二）传统儒家教化思想对道德共识培育具有方法论启示

传统儒家道德教化思想不仅体现在其伦理思想的博大精深，还体现在其道德教化方式上。儒家在探索王道政治、大同世界过程中，基于对天地人性的思考，为追求良风美俗，社会的和谐，政治上的安定，人与人之间的和美与共，教化为先，刑罚为辅，提出了一系列如中庸之道、好学慎思、节欲去己、存养集义、慎言笃行、因材施教、慈严相济等道德教化方法①。

在儒学中，"中庸"既是一种道德行为准则，更是一种哲学思想和方法，它强调思想和实践、做人和处事不应固执己见和偏走极端，要合乎"中道"，即适中、适可。"不偏谓之中，不倚谓之庸。中者，天下之正道；庸者，天地之定理。"② 如今多元化的社会中，人们更要学会尊重不同的道德理念，包容不同的道德行为，化解道德冲突，树立和谐共生的

---

① 陈瑛. 中国伦理思想史 [M]. 长沙：湖南教育出版社，2004：160-182.
② 李浴华. 论语·大学·中庸 [M]. 马银华，译注. 太原：山西古籍出版社，2006：205.

理念，寻求多元价值之间的的基本共识。此外，儒家传统家训不仅是国人立规教子、持家治业的重要方式，也是传统儒家道德得以传承的重要载体。传统家训善于利用人的孝亲情感，家国情怀去唤醒道德意识，使人在言传身教、潜移默化的过程中，在家规、家训的熏陶下养成了良好的行礼仪规范。它是显性教育与隐性教育的完美结合，值得我们在道德共识培育中借鉴。

四、哈贝马斯交往理性学说是有益借鉴

自西方启蒙运动之后，理性唤醒人的"主体性"，从而脱离对神的敬畏和权威的崇拜，开启了科学技术高速发展的时代。然而伴随理性的扩张而来的是主体自我的异化和个体主义的扩张，因此传统主体理性也饱受争议。哈贝马斯作为法兰克福学派第二代的著名代表之一认为"中心化主体"的传统理性主义不能建构规范有序的生活世界，必须在社会实践的基础上，转变为主体间相互理解的范式即"交往理性"。在个体理性凸显和道德虚无盛行的今天，哈贝马斯的交往理性学说为破解转型期中国社会秩序的失范，消除不同主体之间的思想差异提供了一种重要的认知途径。

首先，技术理性批判是交往行为理论的出发点。哈贝马斯同霍克海默和马尔库塞等人一样都看到了科学技术和技术理性的双重性问题。他认为，在发达工业社会科学技术对社会的影响具有两面性：一方面，科学技术成为推动社会发展的第一生产力；另一方面，科学技术也开始进行意识形态的异化和统治。但是他不是一味地停留在对技术异化的批判和谴责上，他还提出了扬弃科学技术异化的思路，就是实现交往行为的"合理化"。其次，构建交往理性是交往行为理论的核心。只有主体间交往行为的合理化才可以消解科学技术和工具理性的异化。根据哈贝马斯的相关论述，他把语言理解和主体间性作为交往行为合理化的基础。语言理解的达成有赖于两个条件：一是言语的普遍有效性即可领会性、真

实性、真诚性和正确性；二是交往参与者具备的交往能力。① 主体间性即自主的、平等的主体间合理的交往关系。因此，交往理性是个体通过言语行为进行以相互理解为目的的一种认识和行动能力，它是解决真理、道德善和价值正当性等问题的理性方式。交往理性是语言性的、主体间性的，其功能取向不是征服与宰制，而是理解与沟通。三是生活世界理论是交往行为理论的重要补充。在《交往行为理论》中，哈贝马斯提出了生活世界的概念，生活世界包括三个结构成分：文化、社会和个人。而现代发达工业社会，由于工具理性的扩张，体系官僚化和金钱化，使生活世界在金钱和权力的支配下运行，导致交往的不合理，出现社会秩序失范、个体心理变态等不利于社会化进程的现象。他将生活世界的功能描述为："生活世界当中潜在的资源有一部分进入交往行为，使得人们熟悉语境，他们构成了交往实践知识的主干。经过社会化过程，他们则成为了立场、资质、感觉方式以及认同。"② 当今我国的科学技术迅猛发展，但是"生活世界"的价值扭曲、交往异化、道德失范的现象却屡见不鲜，迫切需要重建国人的"生活世界"。

哈贝马斯在技术理性批判中提出交往"合理化"，认为以语言理解为前提进行平等主体间包容性、多维性的、对话性的、非排他性的日常交往实践，是整合共识的一种最为合理的行为。当代大学生道德共识培育可以从哈贝马斯的交往为理论中吸取养分，转变教育理念，凸显人本关怀，注重平等对话，回归生活世界。

---

① 衣俊卿. 西方马克思主义概论 [M]. 北京：北京大学出版社，2008：231.
② 哈贝马斯，曹卫东，付根德. 后形而上学思想 [M]. 南京：译林出版社，2001：82.

第二章　当代大学生道德共识培育的必然性

第二章
当代大学生道德共识培育的必然性

当代大学生处在一个以自由、开放、多元、多变为特征的时代。如果当代大学生在道德上达不成共识，不仅意味着他们在精神世界上是分裂的，还意味着整个道德教育的失效。当代大学生道德共识培育是时代赋予高校道德教育的重要任务，是大学生社会主义核心价值观培育的一项基础性工程，不仅具有迫切性，还具有理论可能性和现实可行性。

第一节　当代大学生道德共识培育的必要性

为避免在价值观日趋多元化的现代社会出现道德无序的状态，培育道德共识近年来频繁地被提及。当代大学生处在一个继往开来的历史时期，承担着中华民族伟大复兴的历史重任。这个群体不但规模庞大，还将走向社会的各行各业，成为社会道德风尚的引领者。他们的道德品质不仅影响自身的价值实现，而且影响着国家和民族的命运。

一、巩固共同思想道德基础的现实需要

实现中华民族伟大复兴是当前全国各民族人民共同为之奋斗的总目标。任何远大的理想的现实总是充满挑战，尤其需要强大的思想保证和坚实的精神支撑。实现中国梦必须走中国道路、弘扬中国精神、凝聚中

国力量。弘扬中国精神、凝聚中国力量需要广泛培育社会意识层面的共识。道德作为一种强大的精神力量,具有治国强国的价值。凝聚道德共识,弘扬社会正气是实现中华民族伟大复兴中国梦的强大精神动力。习近平明确说道:"当前,全国各族人民正在为实现中华民族伟大复兴的中国梦而奋斗。我们要按照党的十八大提出的培育和践行社会主义核心价值观的要求,高度重视和切实加强道德建设,推进社会公德、职业道德、家庭美德、个人品德教育,倡导爱国、敬业、诚信、友善等基本道德规范,培育知荣辱、讲正气、作奉献、促和谐的良好风尚。"①

中国梦具体表现为实现国家富强、民族振兴、人民幸福。首先,要实现国家富强,民族振兴,增强国家软实力和硬实力离不开道德共识的培育。道德共识本身就是一种软实力,作为一种精神动力,能够释放出巨大的能量。13亿人每个人都讲道德、尊道德、守道德,是一个国家、一个民族最宝贵的精神财富。道德也是一种生产力,对经济的发展有巨大的反作用。各类经济主体达成高度的道德共识就能减少破坏改革发展成果的道德害他事件发生,创造更多的经济效益。在社会活动和经济活动中,遵循共同的道德意识、价值观念、伦理原则,能够激发广大人民群众投身改革开放事业、实现中国梦的积极性、主动性、创造性。其次,要实现人民幸福,建设和谐社会离不开道德共识的培育。中国梦的落脚点是实现人民幸福。幸福是物质满足和精神富足的统一体,是个人幸福和他人幸福的统一体。片面追求物质层面的享受不是真正的幸福,把自己的幸福建立在他人不幸福的基础上也不是真正的幸福。有德者必有福,当人们的基本物质生活得到满足之后,德行的修养和人格的完善是提高幸福感的重要条件。培育道德共识,可以减少道德分歧,营造和谐道德环境,形成人与社会、人与自然、社会与社会、人与人以及人与自身和谐相处的基本道德规范,使人们在追求幸福生活时不损害集体和他人的利益,在为人民服务、为社会做贡献中获得持久的幸福感。

---

① 习近平会见第四届全国道德模范及提名奖获得者时的讲话[DB/OL]. 新华网. 2013-9-26. http://news.xinhuanet.com/politics/2013-09/26/c_117526476.htm.

放任多元价值观的冲突,社会就会因此出现道德问题,人民将会精神空虚,从而直接影响中国梦的进程。正如有学者指出的:"在中国,核心价值观的形成、政治体制改革、社会进步、法治建设,还有很长的路要走。一是未能很好地避免资本主义工业化早期的弊端:贫富差距拉大、环境生态破坏、腐败滋生、道德失落、信用缺失;二是过早地出现了现代资本主义的病态,如对金钱权力的崇尚和追逐、人与人之间关系的紧张、个人精神世界的孤独和工具理性对人的异化。这些问题不解决,所谓'中国模式'的价值何在?"① 一个社会经济上越是多元、开放、创新,越需要整合社会意志和精神。当代大学生是实现中国梦的坚定可靠的生力军。当代大学生道德共识培育旨在落实"立德树人"的根本任务,培养勇担民族复兴大任的时代新人。

二、高校德育应对多元价值诉求的迫切需要

我国已经进入多元化社会,经济和上层建筑各个领域发生剧烈变化,各种社会思潮激荡活跃,价值观念也经历大调整大变化,在道德领域主要表现为受国内外各种错误思潮、腐朽观念的影响,如道德相对主义、新自由主义、极端个人主义、普世价值观等。大学生正处于人生发展的重要时期,他们的世界观、人生观、价值观尚未完全成熟,喜欢新事物,思想变化波动很大,容易受西方不良社会思潮带来的负面影响。

道德相对主义坚持道德的相对性、易变性,否定道德的绝对性和恒定性。道德相对主义认为即使在同一社会中,由于环境和经历的不同,个人的价值和道德观也是不同的,不存在评判个人行为正当与否的客观标准,其实质是道德虚无主义。新自由主义打着学术的旗帜,在经济上主张"市场化、私有化、自由化",政治上主张全球一体化,反对集体主义、崇尚极端个人主义,助长了大学生的个人主义、功利主义价值取向。"普世价值"以抽象人性论和抽象人道主义作为哲学基础,鼓吹西方的民

---

① 金耀基. 现代性转型与转型社会 [M]. 北京:社会科学文献出版社,2009:30.

主、自由、平等、人权、和谐是超越时代和地域限制、全人类共生共有的价值。他们所鼓吹超越阶级的博爱与大爱，对拥有崇高信念的大学生造成了极大的诱惑。上述种种错误的思潮实际上是西方资产阶级价值观的渗透，处于成长中的大学生，不能准确地甄别西方发达国家的目的，因而很容易受到的诱惑，而陷入价值困惑，进而放弃了原有的道德原则。

为了应对价值多元化的冲击，世界各国都非常重视核心价值观教育，培养学生对本国核心价值观的认同。美国在20世纪80年代中后期掀起了新的品格教育运动，旗帜鲜明地对学生进行核心价值观的教育。1991年，新加坡发表了《共同价值观白皮书》中提出五大共同价值观，即国家至上，社会为先；家庭为根，社会为本；社会关怀，尊重个人；求同存异，避免冲突；种族和谐，宗教宽容。① 在多元化社会，学校教育的价值中立是不负责任的表现，弃绝了普遍认可的价值标准和共同信仰，必然会造成个体精神的困惑茫然与社会的混乱无序。越是价值多元化，越要强调一元化的价值导向。以社会主义核心价值观作为风向标，弘扬社会道德主旋律，是当代大学生道德共识培育的应然要求。

十六届六中全会决议与十七大报告强调要"以社会主义核心价值体系引领社会潮"。习近平总书记也强调在集中精力进行经济建设的同时，一刻也不能放松和削弱意识形态工作，要把意识形态工作领导权和话语权牢牢掌握在手里，因为"事关党的前途命运，事关国家长治久安，事关民族凝聚力和向心力"。② 错误思潮通过潜移默化的方式对大学生的价值观产生渐进性影响，过程复杂、可控性差。大学生群体是个特殊群体，他们总是站在各类社会思潮交汇的风口浪尖，是时代的敏感者。当代大学生面对错误价值的迷惑，需要主流道德价值的引领，才有足够的定力走出多元价值时代的道德迷失。在大是大非的政治原则面前，学校道德教育要有鲜明的态度和坚定的价值立场，同时也要注意工作方法和理念

---

① 范树成. 多元化视域中的德育改革与创新——德育应对诸领域多元化的对策之专题研究 [M]. 北京：中国社会科学出版社，2010：69.
② 中共中央宣传部. 习近平总书记系列重要讲话读本（2016版）[M]. 北京：人民出版社，2016：193.

的创新，提高教育工作的有效性。大学生道德共识培育以社会主义核心价值观为价值引领，筑牢道德阵地，增强他们辨别是非、善恶、美丑的能力，使极端个人主义、普世价值、道德相对主义等错误思潮不攻自破。

三、当代大学生成长成才的内在需要

道德是人才素质的灵魂，立德树人是教育的根本任务。"德才兼备，以德为先"是任何时代选拔人才的标准。在大学阶段，大学生要摆正德才的位置，不仅要积累知识、增长才干，还要修养品性、完善人格，成为一个完整的社会人。

（一）道德共识培育是实现大学生道德社会化的助推器

社会化是个人融入社会的基本途径。道德社会化是大学生完善道德人格的必要途径。道德社会化的主要目的，即将社会主流价值观、道德规范等内化为稳定的道德人格特质，以指导自己的行为方式。在这个过程，大学生学会社会成员所共享的规则、价值，在自己的道德活动与社会要求日趋融合中意识到自己已被社会所接纳，个人的德性品质得以形成和完善，实现了从生物人向社会人的转变。对于社会来说，"只有当一个社会的成员一起行动共同支持、维护这个社会的时候，这个社会才会生存下去，所以每个社会都会塑造成员的行为来达此目的。"①

对于个人来说，道德社会化是从非道德人成长为道德人的过程。在人生不同发展阶段，个体要学习和掌握的基本行为准则、道德规范都是不同的。这不仅是人的身心发展规律决定的，同时是道德社会化的心理机制本身要求所规定的。美国认知心理学家科尔伯格将道德发展分为三个水平：第一个水平是前习俗水平，自出生到 9 岁，此水平的道德价值来自外界事物或权威；第二水平是习俗水平，9 到 15 岁，此水平的道德价值来自传统上为多数人认可的是非与正误标准；第三个水平是后习俗水平，16 岁以上，此水平的道德价值来自普遍原则与个人内在的良知。

---

① ［美］戴维·波普诺. 社会学：第十版［M］. 李强等，译. 北京：中国人民大学出版社，1999：142.

他同时强调很多人不会达到，在中国，后习俗水平也有所滞后。① 因此，按照科尔伯格的道德认知发展理论，大学生的道德认知水平应主要处于后习俗道德水平，是个体道德发展的关键期，也是大学生道德共识培育的关键期。

在现代社会里，社会的个体化和个体的社会化是相对应存在。随着当今社会生产方式、就业方式以及生活方式的更加多元，社会的个体化的趋势也越明显。社会的个体化使个人的独立性、独特性、主体性日益充分显示和表达，要求个体按照自身想法行事；而个体的社会化过程要求个体遵循社会规则行事。在日趋分化与个体化的社会里，个人的道德成长面临着个人与社会关系的紧张。有学者认为"社会个体化引起了私人生活领域与公共生活领域的分化、个人生活的碎片化、个体之间关系的工具化和社会整合力的弱化"，② 将导致个体公共道德责任的缺失，人的物欲化和庸俗化，也是使大学生产生个体本位道德价值取向的源头。

社会道德扶持力量（如家庭、学校、单位、媒介等）的积极教化是人们实现道德社会化的重要条件。当代学校道德教育的重点是要指导学生学会穿行于不同的社会结构之中而不会产生"错位的规则"与"孤独的个体"的问题。③ 也就是说，道德教育要让学生学会如何合理、智慧地处理个人与社会的关系。我国社会转型期，价值多样化的趋势越来越明显，但是社会成员所"共享""共认"或"共有"的规则、价值仍然可能而且需要。大学生道德共识培育是个体化价值和社会化价值的冲突和调试过程，使个体实现道德社会化的同时能够实现个人价值、追求幸福生活。

（二）道德共识培育是完善大学生道德人格的重要途径

道德人格是从伦理学角度理解人格，是指具有一定生理和心理基础的个体在现实生活实践过程中，将特定社会的道德要求经过主体的个性

---

① 周和岭. 心理学新编 [M]. 上海：东方出版社，1990：299-300.
② 彭定光. 当代社会生活个体化境况中中国大学生道德观念的偏失与合理构建 [J]. 湖南师范大学教育科学学报，2014（7）：89.
③ 郑富兴. 个体化社会的道德教育问题 [J]. 华东师范大学学报（教育科学版），2011（12）：1.

化整合之后，从道德认识、道德情感、道德意志、道德信念到道德习惯，逐步积淀而成的一种具有稳定性的道德化自我。大学生的道德经过幼儿期、儿童期、少年期的道德社会化，已经逐渐从"服从习俗角色的道德"到"自我认可的道德原则的道德"过渡。尽管大学生的道德判断能力、反省能力和自我意识随着年龄的增长和社会实践的深入逐渐加强，但是面对社会改革和重组带来的种种道德冲突、价值困惑，不少大学生产生价值错位，处于一种普遍的焦灼和失落状态。不少大学生在人格发展中呈现"单向度的人"，如"个人与他人"关系紧张、"义与利"选择困惑、"知与行"脱节、道德责任淡漠等。

资料显示：不少大学生出现人际关系紧张，甚至酿成悲剧。从2004年震惊国人的马加爵案，2013年复旦大学医学院研究生遭室友投毒案，到2016年四川师范大学芦海清被室友滕刚"斩首"事件都在向高校大学生人际关系问题敲响了警钟。受拜金主义、个人主义、消费主义等错误思潮的冲击，校园里流行着"理想有'利'就想，前途有'钱'就图"的口号。有的大学生把金钱追求作为他们理想追求的唯一目标，甚至有部分女大学生为了金钱而做出一些突破道德底线的事情，如在校园网贷平台上用拍裸照作为抵押。

高校德育的重要任务就是培育具有主体性、公共性和理性交往能力的完善道德人格的大学生。首先，相对于传统社会的依附性道德人格，当代社会要求大学生拥有主体性道德人格，依靠主体内在的信念、良知、责任心，理智做出道德选择，确立主体的道德自主性、道德自觉、道德自信。其次，人作为社会共同体的一员，需要一种维系人与他人共同生活的价值基础，即公共精神。因为，"社会本身，即处于社会关系中的人本身"，马克思指出："只有在共同体中，个人才能获得全面发展其才能的手段，也就是说，只有在共同体中才可能有个人自由。……在真正的共同体的条件下，各个人在自己的联合中并通过这种联合获得自己的自由。"① 人在本质上是社会性动物。培育具有公共性道德人格的大学生，是公共生活对人的客观要求，也是完善道德人格的重要条件。最后，新时代大学生要处理好个人与社会的关系，在实现个人理想的征程上，不仅要考虑个人行为的可行性，还要考虑自己行为的合理性。价值理性是道德行为的向导。价值理性缺失使大学生背离社会普遍倡导的价值观，将直接导致道德信仰危机和道德行为失范。

（三）道德共识培育是形塑大学生群体角色伦理的需要

任何一个社会群体，都有群体成员共同拥有和信奉的价值观。人的社会性存在方式，规定了社会上没有抽象的人，他们总是处于一定社会关系之中，承担一定的社会角色。社会学强调每个社会人应当承担与其社会地位、身份一致的权利、义务和行为规范模式。伦理学强调每个社会角色不仅具有特定的义务和职责，也具有与其社会地位、身份一致的道德期待和道德要求。诸如父亲、子女、老师、学生等社会角色，既表明人们在家庭和社会中的身份和位置，又表明这些社会角色必然结成的父子、师生等客观的关系，而维护这些关系必然有父慈子孝，尊师爱生等伦理规定。②

大学生是中国特色社会主义事业的建设者和接班人，大学生角色伦理的塑造显得更加重要。然而，大学生群体常常出现如考试作弊、毕业论文抄袭、恶意拖欠银行贷款、就业简历虚假包装的诚信问题，校园处处有"情"、课堂手机铃声交响乐、校园"长流水""长明灯"等与大学生角色不相称的道德失范现象。高校道德教育是大学生伦理角色失调的"矫正器"。当前高校道德教育除了以公民基本道德规范、社会主义荣辱观、社会主义核心价值观这些面向全体公民的价值准则作为总体要求外，还应该有针对当代大学生群体实际的道德要求。缺乏针对性的道德教育，容易挫伤学生的积极性，丧失认同吸引力。

有专家指出，当今中国社会呈现"道德问题——社会信任危机——

---

① 马克思，恩格斯. 马克思恩格斯选集：第一卷 [M]. 北京：人民出版社，2012：199.
② 田秀云. 角色伦理的理论维度和实践基础 [J]. 道德与文明，2012（4）：117.

伦理上的两极分化"的"问题轨迹",个体道德问题向群体道德问题的积聚,群体道德问题演化为伦理存在和伦理认同危机,伦理存在和伦理认同危机演化为伦理上的两极分化"。① 因此,首先必须化解社会群体对共同伦理的认同危机,只有确立群体道德伦理的基本标准,才能有效改善群体道德问题,个体道德问题也就随之减少。大学生道德共识培育致力于重点解决好"共同伦理"和"伦理认同"这个关键问题,寻找更符合大学生成长成才的需求并能够被大学生接受的道德共识。当代大学生道德共识的培育,既要以社会主义核心价值观的主流价值引导,体现国家对大学生群体的道德期待,又要遵循大学生在大学阶段的主要任务和成长规律。大学生道德共识培育促进社会性与个体性的统一,提高大学生在道德冲突环境下的选择能力,有利于引导大学生的角色自觉和对理想人格的自我塑造。

第二节　当代大学生道德共识培育的可行性

我们的时代"这里有最好的道德,也有最坏的道德"。这里既有感动中国人物的最美心灵,也有炫富女的空空灵魂;既有"光盘行动"的倡议者,又有"有钱就能任性"的代言人;既有志愿者的奉献精神,也有"小悦悦"事件的道德冷漠。在这样的背景下,大学生能否形成共同的道德价值观。马克思主义伦理观给予道德虚无主义有力反击,肯定了一定社会道德共识形成的逻辑可能性。当今社会不仅存在许多制约大学生道德共识培育效果的因素,同时存在许多有利因素。当前我国社会在主流价值、教育政策、发展战略等方面存在的广泛共识,有利于当代大学生道德共识培育。

---

① 樊浩.当前中国伦理道德的"问题轨迹"及其精神形态 [J].东南大学学报(哲学社会科学版),2015(1):5.

一、马克思主义伦理观提供理论支持

道德虚无主义使人们失去了普遍性的、永恒的、绝对的价值源泉和意义根据，使人们失去了确定理性、真理、善行和正义的客观根据。道德虚无主义肆虐之处，人们内在精神世界中的意义系统遭到破坏和动摇，传统价值标准遭到否定或抛弃，社会公德被漠视和践踏，道德冷漠现象频频出现。马克思主义反对道德虚无主义，认为道德共识具有不以个人意志为转移的客观实在性，它从社会生产、交往实践中来，又为正常的社会生产、交往实践所需要。

（一）一定社会道德存在和发展的客观性

一定社会道德共识形成的可能性是建立在道德的客观性的基础上。道德的客观性问题是一个极为重要的元伦理学问题，许多哲学家试图为道德判断寻找一个客观的基础来保证道德规范的效力。伦理知识有别于其他科学知识，我们不能像追求科学的客观性那样追求道德的客观性，只能从道德的产生、发展变化所具有的客观历史必然性中去把握。唯心主义学派把道德归结为"内心的活动""主观的意志""神的意志"或"善的理念"，歪曲了道德的本质，否认了道德的客观性。马克思把历史唯物主义的基本原理用于道德研究，才对道德的本质和客观规律作出科学的说明。

首先，道德产生所需要的条件——人的生产实践具有客观性。马克思主义认为道德的本源既不在上帝那里，也不在人的先天本性之中，它植根于人的社会实践，存在于人类的社会关系之中。道德是社会关系的产物，道德体现的是人们处理个人利益、他人利益、社会利益之间关系时的自觉认识和行为选择。道德是人类发展到一定阶段的产物，是人类社会普遍存在的一种规范。道德产生的客观条件是社会关系的形成；道德产生的主观条件是人类自我意识的形成与发展。不管是主观条件还是客观条件，归根结底都来自劳动实践。人们在劳动中结成生产关系并产生需要调整的人与人的利益关系，创造人们的道德需要，提供道德产生和发展的动力。劳动使人类脱离动物界，逐渐形成人类特有的荣辱感、羞耻心等自我意识。社会劳动实践是道德产生的根本原因。马克思在《关于费尔巴哈的提纲》中，阐明了实践是对象性的物质活动，认为"全部社会生活在本质上是实践的"①。实践是改造世界的客观物质活动。构成实践活动的组成要素，即实践的主体，实践的对象和实践的手段，都是可感知的客观实在。马克思主义认为道德不仅是从现实的人与人的实践活动中总结概括出来，而且要回到人们的道德实践活动中去检验，随着人类社会的发展而发展，发挥着越来越重要的作用。

其次，道德存在和发展的依据——社会经济基础具有客观实在性。历史唯物主义者认为，有什么样的社会存在就会有什么样的社会意识。道德作为一种特殊的社会意识形式，归根到底是由经济基础决定的，是社会经济关系的反映。社会经济关系作为社会存在具有客观实在性。"一种是生产的经济条件方面所发生的物质的、可以用自然科学的精确性指明的变革，一种是人们借以意识到这个冲突并力求把它克服的那些法律的、政治的、宗教的、艺术的或哲学的，简言之，意识形态的形式"。②马克思清楚地说明，生产关系是物质的社会关系，决定其他一切社会关系，上层建筑和意识形态是一种通过人们的意识而形成的社会关系，是受物质的社会关系所制约。恩格斯也指出，"我们断定，一切以往的道德归根到底都是当时的社会经济状况的产物。"③"人们自觉或不自觉地，归根到底总是从他们阶级地位所依据的实际关系中——从他们进行生产和交换的经济关系中，获得自己的伦理观念。"④ 在阶级社会中，社会经济关系主要表现为阶级关系，因此，道德也必然带有阶级属性。

马克思主义伦理学强调道德的阶级性，并不否认各个阶级之间有某些共同的道德准则。恩格斯在《反杜林论》里讲到共同道德那一段话更是人所共知："对同样的或差不多同样的经济发展阶段来说，道德论必然

---

① 马克思，恩格斯. 马克思恩格斯选集：第1卷 [M]. 北京：人民出版社，2012：135.
② 马克思，恩格斯. 马克思恩格斯全集：第31卷 [M]. 北京：人民出版社，1998：413.
③ 马克思，恩格斯. 马克思恩格斯选集：第3卷 [M]. 北京：人民出版社，2012：471.
④ 马克思，恩格斯. 马克思恩格斯文集：第9卷 [M]. 北京：人民出版社，2009：99.

是或多或少地互相一致的。从动产的私有制发展起来的时候起，在一切存在着这种私有制的社会里，道德戒律一定是共同的：切勿偷盗。"① 此外，列宁在《国家与革命》里讲到的"简单的行为准则"也是众所周知的。毛泽东同志还讲到不同阶级也有"共同的美"，也就是说即使在阶级社会里，人们的社会关系除了阶级之间对立和斗争的内容外，还有其他一些共同的内容，如为了保证一定社会的人们正常生活而必须按照某些公共生活准则行事。在同一个社会中生活的人，总会有一些起码的、必要的、共同承认的生活规则，如"不要偷盗""赡养父母""尊重老人""诚信不欺"等。②

总之，马克思主义伦理学认为一定社会道德的存在和发展具有客观性，承认道德的客观性，使道德共识在逻辑上成为可能。

（二）一定社会生产发展与交往实践的需要

马克思主义认为，社会生活在本质上是实践的，人类的交往实践是理解社会意识的基石。在交往中，各种主体间互通有无、相互影响、共同发展。交往实践是产生思想、观念、意识的基础和前提。正如马克思在《德意志意识形态》中指出："思想、观念、意识的生产最初是直接与人们的物质活动，与人们的物质交往，与现实生活的语言交织在一起的，人们的想象、思维、精神交往在这里还是人们物质行动的直接产物。表现在某一民族的政治、法律、道德、宗教、形而上学的语言中的精神生产也是这样。人们是自己的观念、思想等的生产者。"③ 道德与人们的物质生产活动、物质交往实践紧密相关的。我国以公有制为主体多种所有制经济成分共同发展的经济体制，就决定我国思想道德领域日趋多元、多样、多变。

马克思还一针见血地指出：人们奋斗所争取的一切，都同他们的利

---

① 马克思，恩格斯. 马克思恩格斯选集：第3卷[M]. 北京：人民出版社，2012：471.
② 罗国杰. 伦理学名词解释[M]. 北京：人民出版社，1984：100.
③ 马克思，恩格斯. 马克思恩格斯选集：第1卷[M]. 北京：人民出版社，2012：152.

益有关。①"思想"一旦离开"利益",就一定会使自己出丑。② 所以利益关系会影响到人们判断是非、善恶、美丑的价值标准。不同阶级、阶层的人们纷纷表达自己的诉求、态度和评价意见,从而造成不同程度的道德分化和冲突,使人们在交往实践过程存在的道德困惑,无所适从。比如,主张安乐死的人认为,实施安乐死是对生命质量的追求,是对生命价值的尊重;而反对安乐死的人则认为,安乐死本身是对他人生命的剥夺,是不尊重生命的表现。日常生活中,人们无时无刻不在面对"利己"与"利他"的选择、"道义"和"利益"的抉择、"自由"与"纪律"的平衡等问题。

为了实现社会的基本稳定和有效运转,就必须将矛盾和冲突控制在人们能够承受的范围之内。形成道德上的共识是协调矛盾、控制冲突的内在要求和有效方法。一方面,道德共识是交往实践的产物,离开人们的相互交往实践,道德共识不可能凭空产生,孤立的个人也无须共识。对调节社会关系的道德规范的认可,正是出于交往实践的需要;另一方面,道德共识作为一种观念形态,一旦在交往实践中形成,也会对交往实践起反作用,可以对人们的交往实践起到规范、引导、教育的作用。③ 没有基于需要之上的道德共识,人们不可能达成默契,形成规范,社会必然走向混乱,也就根本谈不上人和社会的发展。

总之,同一社会的人都渴望建立一种以最佳方式满足人的生存发展需要、符合最多数人利益的道德共识。道德共识是社会交往实践的产物,也是特定社会的生产发展与交往实践的需要。承认一定社会人们道德生活需要的共同性,使道德共识在逻辑上成为可能。

二、社会主流价值提供方向引导

价值冲突和价值分化是当代大学生道德共识培育面临的主要困境。

---

① 马克思,恩格斯. 马克思恩格斯全集:第1卷 [M]. 北京:人民出版社,1995:187.
② 马克思,恩格斯. 马克思恩格斯文集:第1卷 [M]. 北京:人民出版社,2009:286.
③ 汪荣有,韩桥生. 社会转型期道德共识构建问题探索 [J]. 理论导刊,2012 (1):38.

如果一个社会缺乏主流的价值观,人民就失去了精神纽带,民族就会失去立足之本,国家就像会像一盘散沙。如果德育陷入"价值中立",学生就会因为缺乏明确引导而陷入道德判断、选择的迷茫。喜的是党中央已经致力于构建社会主义核心价值体系,并把培育社会主义核心价值观,凝聚社会价值共识提到国家战略层面。社会存在决定社会意识,认识源于实践。社会主义核心价值体系和社会主义核心价值观的提出,是中国共产党领导广大人民群众在中国特色社会主义实践中不断探索的理论成果。

(一)社会主义核心价值体系

早在2007年,胡锦涛总书记就强调要大力建设社会主义核心价值体系,巩固全党全国人民团结奋斗的共同思想基础。党的十六届六中全会明确提出,马克思主义指导思想,中国特色社会主义共同理想,以爱国主义为核心的民族精神和以改革创新为核心的时代精神,社会主义荣辱观,构成了社会主义核心价值体系的基本内容,并要求坚持以社会主义核心价值体系引领社会思潮,最大限度地形成社会思想共识。① 社会主义核心价值体系体现了社会主义的本质要求,是富有中国特色的价值体系,能够对当代大学生道德共识培育进行主流意识形态的引领。

首先,马克思主义指导思想是灵魂和旗帜,是中国共产党治国理政的根本指针,也是当代大学生道德共识培育的理论之源。只有坚持正确的政治方向,才能确保当代大学生道德共识培育沿着正确的方向前进,解决"培养什么样的人、如何培养人、为谁培养人"这个根本问题。马克思辩证唯物主义和历史唯物主义为大学生道德共识培育提供了科学的世界观和方法论。培育当代大学生道德共识,必须坚持马克思主义的立场、方法和观点,坚持以中国特色社会主义的价值观和道德观为根本标准。

其次,中国特色社会主义共同理想既实在具体又鼓舞人心,能够引

---

① 中共中央文献研究室十六大以来重要文献选编(下)[M].北京:人民出版社,2008:661.

导当代大学生把个人梦和中国梦紧密统一起来，为大学生道德共识培育提供了动力源头。社会主义共同理想、中华民族伟大复兴"中国梦"反映了我国最广大人民的根本利益、共同愿望和普遍追求，能够消弭分歧、凝聚共识，从根本上保障广大人民群众在道义上和精神上的团结一致。当代大学生受过系统的思想政治理论课教育，对中国特色社会主义道路、中国特色社会主义理论，中国特色社会社会主义制度有比较清晰的认识，同时他们亲眼目睹了改革开放和社会主义现代化建设取得的伟大成就，他们中的绝大多数人坚定共同理想信念，对实现中华民族伟大复兴充满信心。心向着同一个目标前进，在情感和认知上容易产生归属感，思想上才能同心同德。

再次，以爱国主义为核心的民族精神和以改革创新为核心的时代精神是中华民族生生不息、薪火相传的精神支柱，是凝聚中国心、实现中国梦的中国力量。当代大学生应该积极弘扬中国精神，激发社会正能量，为实现"中国梦"提供强大精神动力。

最后，社会主义荣辱观以旗帜鲜明的价值立场，全面概括了新时期全体社会成员应该坚持的基本价值准则和行为规范，有利于培育大学生文明的道德风尚。

（二）社会主义核心价值观

当代中国，随着社会主义市场经济的发展，经济成分、组织形式、就业方式、利益关系和分配方式日益多样化，不可避免地出现社会意识的多样化，这在一定程度上造成道德标准的多样化，价值观的多元化，但是并不代表不存在代表广大人民根本利益、为社会各个阶层广泛认可和接受的道德价值准则。2012年11月，党的十八报告首次提出，倡导富强、民主、文明、和谐，倡导自由、平等、公正、法治，倡导爱国、敬业、诚信、友善，积极培育和践行社会主义核心价值观。① 社会主义核心价值观的提出是中国共产党在探索中国特色社会主义道路的实践中，积

---

① 胡锦涛. 坚定不移地沿着中国特色社会主义道路前进，为全面建成小康社会而奋斗——在中国共产党第十八次代表大会上的报告 [M]. 北京：人民出版社，2014.

极寻求价值共识的自觉行为,是对多元化社会的一种价值整合。社会主义核心价值观的凝练,并不是对社会上已经存在的价值观的简单整合,也不是子虚乌有的加工创造,而是把这些真实存在于社会主义制度及实践中,而又是为广大人民群众所期盼和需要的价值观加以提炼和概括。①

社会主义核心价值观是社会主义核心价值体系的凝练表达,不论价值观的差异性、多样性有多少,社会主义核心价值观从国家、社会和个人三个层面所倡导的价值取向,无疑是各种生活方式价值理念所共有的目标追求。② 社会主义核心价值观作为社会主义意识形态最新的理论成果,构筑出完整的社会信仰体系,为当代大学生道德共识的建构提供了直接的价值依据。以社会主义核心价值观引领当代大学生道德共识培育,有助于整合大学生群体的多元价值观念,有效抵制错误思潮的侵蚀和不良价值的诱导,形成对社会主流道德价值观的共识和践行。

三、国家教育方针提供政策支持

在我国,国家政府一直是推动大学生道德教育的重要力量,这可以从一系列党的教育政策文件中可见一斑。党的十八大报告指出:"坚持教育为社会主义现代化建设服务、为人民服务,把立德树人作为教育的根本任务,培养德智体美全面发展的社会主义建设者和接班人。"③ 党的《十八届三中全会报告》中,"坚持立德树人"同样也成为深化教育综合改革诸多举措的基石。2016 年年底的全国高校思想政治工作会议上,习近平总书记强调指出:"要坚持把立德树人作为中心环节,把思想政治工作贯穿教育教学全过程,实现全程育人、全方位育人,努力开创我国高等教育事业发展新局面。"④ 党中央在教育政策上对道德教育地位的突出

---

① 张文卿. 当代青年社会主义核心价值观培育研究 [D]. 北京:北京交通大学,2017:35.
② 任建东. 以社会主义核心价值观为共识再塑道德信仰 [J]. 伦理学研究. 2015 (1):17.
③ 胡锦涛. 坚定不移地沿着中国特色社会主义道路前进,为全面建成小康社会而奋斗——在中国共产党第十八次代表大会上的报告 [M]. 北京:人民出版社,2014.
④ 习近平. 把思想政治工作贯穿教育教学全过程开创我国高等教育事业发展新局面 [N]. 人民日报,2016 – 12 – 09.

和肯定,必将引导教育实践和教育研究始终以"德育为先"为宗旨,也要求学校要把德育放在更加重要的位置,提高德育和德育教师的地位,这为当代大学生道德共识提供了强有力的政策支持。

同时,面临新世纪大学生道德教育环境的大变局以及大学生道德教育低效化的内忧外患,党和国家在其教育政策上做出了及时的应对。早在21世纪之初,具有标志性的德育政策文件《中共中央国务院关于进一步加强和改进大学生思想政治教育的意见》就恰逢其时地从战略高度为多元价值时代的大学生道德教育提出了主要任务、指导思想、有效途径、队伍建设、组织领导等九个方面的具体要求。其中"主要任务"部分明确要求高等学校必须"以基本道德规范为基础,深入进行公民道德教育"①。这表明大学生道德教育回归基本的道德价值的取向明显。同时,近期,中共中央国务院印发《中长期青年发展规划(2016—2025年)》提出青年思想道德发展目标为:广大青年积极践行社会主义核心价值观,中国特色社会主义道路自信、理论自信、制度自信、文化自信进一步增强,思想道德水平和文明素质进一步提高,为实现中国梦而奋斗的共同思想道德基础更加巩固。② 再次突出了当前和将来一段时间大学生道德教育的目标指向以社会主义核心价值观引领下共同的、核心的道德价值观培育。

四、"四个全面"战略布局提供现实保障

大学生道德共识培育是一个系统工程,以学校德育作为主导,还需要良好的社会道德环境作为保障,如合理的社会利益关系、公正的法律保障机制以及良好的党风官风。党的十八大以来,习主席和党中央审时度势提出了"全面建成小康社会、全面深化改革、全面依法治国、全面从严治党"作为统领经济社会发展的战略布局。"四个全面"战略布局的

---

① 胡锦涛. 切实加强和改进大学生思想政治教育工作. 十六大以来重要文献选编(中)[M]. 北京:中央文献出版社,2006:649.
② 中共中央 国务院印发《中长期青年发展规划(2016—2025年)》[N]. 人民日报,2017-04-14.

治国理政思想蕴含着公平正义的价值，为大学生道德共识培育提供良好的"土壤"。

利益冲突是道德分化的开始。改革开放后，在市场经济的多元利益格局、多元效益驱动及其影响下能否形成共同的道德、共同的价值观。答案是肯定的，因为社会主义的本质是解放生产力、发展生产力，消灭剥削，消除两极分化，最终达到共同富裕。全面深化改革的总目标是"完善和发展中国特色社会主义制度，推进国家治理体系和治理能力现代化"。通过全面深化改革，进一步解放社会各个领域中束缚生产力发展的因素，协调各方利益关系，最大限度地减少发展阻力，实现全面、协调、可持续发展，实现社会主义制度的自我发展和自我完善。习近平总书记在党的十九大报告中明确指出："新时代我国社会主要矛盾已经转化为人民日益增长的美好生活需要和不平衡不充分的发展之间的矛盾，必须坚持以人民为中心的发展思想，不断促进人的全面发展、全体人民共同富裕。"①

马克思主义认为："直接的物质的生活资料的生产，从而一个民族或一个时代的一定的经济发展阶段，便构成基础，人民的国家设施、法的观点、艺术以至宗教观念，就是从这个基础上发展起来的，因而，也必须由这个基础来解释，而不是像过去那样做得相反。"② 当物质资料极大丰富的时候，人才能实现"自由全面发展"。全面建成小康社会，开启了实现中华民族伟大复兴的新征程，意味着人民能够获得更多的实惠、更多的物质资料。全面建成小康社会，加上"全面"之后，意味着更加重视共同富裕，通过保证社会的政治利益、经济利益、文化利益和其他利益在全体社会成员之间公平而正当地分配，遏制收入分配差距扩大趋势，实现公平与效率的有机统一。总之，全面深化改革和全面建成小康社会的出发点和落脚点都是促进社会公平正义、增进人民福祉，使改革发展

---

① 习近平. 决胜全面建成小康社会 夺取新时代中国特色社会主义伟大胜利——在中国共产党第十九次代表大会上的报告 [M]. 北京：人民出版社，2017：19.
② 马克思，恩格斯. 马克思恩格斯选集：第3卷 [M]. 北京：人民出版社，2012：1002.

成果更多更公平惠及全体人民，形成合理的社会利益关系。

全面依法治国的总目标是建设中国特色社会主义法律体系，建设社会主义法治国家。道德和法律是两种重要的社会调控手段，两者相辅相成、相互促益。道德是人们心中的法律，法律是成文的道德。良好的道德素质有利于法律的实施。法律对社会基本思想道德原则的确认和实施，也可以强化该道德价值在人民心中的地位。全面推进依法治国，一方面用法治建设保障人民权益、维护社会公平正义；另一方面也用法治建设惩恶扬善，减少违法犯罪行为，减少冲破道德底线事件的发生，形成崇德向善的社会风气。

全面从严治党的核心要求就是广大党员干部要以国家利益和人民的利益为至高利益，秉公执法，维护公益，客观公正地行使手中的公共权力，维护和实现公平正义，始终保持其先进性、纯洁性。如果治党不严，不仅会削弱党的执政能力和战斗力，还很容易滋生腐败的风气，破坏党的形象和党群关系。党内的歪风邪气必然直接或间接影响社会风气，不良的社会风气也必然影响党风政风，形成恶性循环。十八大以来，全面从严治党提升到历史新高度，主抓作风建设，加强建章立制，治理手段全面，管党治党的力度空前，起到了很大的正风肃纪作用，党的作风明显好转。

总之，"四个全面"战略布局在治国理政的价值导向上更加体现社会主义核心的价值追求，意味着我们物质文化生活的需要比过去得到更多满足，我们社会环境比过去更文明、更公平、更和谐，因此也为当代大学生道德共识培育提供有利的现实保障。

第三章
我国大学生道德共识培育的历史和现状考察

中国传统社会没有形成充分的分工,而是以血缘和地缘关系为纽带,互通有无、自愿联合,通过自上而下、强制性的政治权威统治形成统一的、同质化的"社会共同体"。随着历史车轮滚滚向前,现代社会中人的生存方式变迁和现代社会结构的演变,打破了传统社会"一体化"的伦理状态,取而代之的是道德价值观念的多元化。在现代社会结构中,人们遭遇了"道德共识"的困境,于是"道德共识"作为一个现代问题凸显出来。

第一节 我国大学生道德共识培育的历史考察

培育大学生道德共识是高校道德教育不可回避的重要课题。大学生是国家的希望、民族的未来。当代大学生道德共识的培育对重建现代社会的道德价值共识有着重要的意义。回顾新中国成立以来,我国的高校道德教育的历程以及大学生道德观念的演变,把握影响大学生道德共识培育的因素,掌握大学生道德共识培育规律,对解决当代大学生道德共识的困境有着一定的启示作用。

本文将我国大学生道德共识培育历程以改革开放为节点分为两个时期:第一阶段从新中国成立到改革开放前,第二阶段为十一届三中全会实行改革开放以来至今。改革开放是伟大的社会变革，其深刻性不亚于一场革命。改革开放不仅带来了经济体制的转型、经济制度的变化、社会结构的变动、利益关系的调整，还带来了行为方式、价值体系、道德观念的变迁。社会经济体制从计划经济体制向社会主义市场经济体制转变；基本经济制度从单一的公有制向以公有制为主体、多种所有制经济共同发展的所有制结构转变；社会结构从封闭的传统农业社会向开放的现代工业社会过渡；社会利益关系从整体统一走向个体分化。在思想道德领域则表现为传统伦理向现代道德的嬗变，"政治型道德"向"生活型道德"的转型，一元价值观向多元价值观转变。因此，改革开放前后大学生道德共识培育的环境、内容、措施和效果也会不同。

一、新中国成立后到改革开放前大学生道德共识培育的历史回顾

新中国成立初期，新旧社会转型过渡以及道德文化自身发展的历史性，导致人们的思想、价值、道德观念呈现出多元并存的复杂格局。新中国为了巩固新生政权，建立新的社会秩序，在经济政治领域实行高度集中的体制，在思想道德建设上实行政治化、理想化、一元化的道德形态。这一时期党对大学生的道德教育主要是清除封建残留思想，抵制资产阶级腐朽思想，开展共产主义道德品质教育，把道德问题提高到政治的高度，使这一时期的大学生达成了高度一致的道德认识。

（一）新中国成立后到改革开放前大学生道德共识培育的基本历程

新中国成立初期，虽然旧的思想道德体系因政治变革、经济转型而受到冲击，但马克思主义政党伦理，共产主义道德并未被社会各阶层完全接受。毛泽东在七届三中全会上指出，"观念形态的东西，不是用大炮打得进去的，要缓进，要用 10 年到 15 年的时间来做这个工作"①。

---

① 中共中央文献研究室编辑.建国以来毛泽东文稿：第 3 册 [M].北京：中央文献出版社，1988：361.

一是破除旧道德，涤荡旧社会的一切污泥浊水。1951年至1952年秋，在全国知识分子中开展了一次大规模的思想改造运动。思想改造的主要目的是批判利己主义、个人主义和各种封建主义旧观念。运动由北京大学发起，在中央人民政府的支持下，范围扩展到全国各地的所有高校。这场思想改造不仅是政治立场的转变，也是伦理道德观念的改造。批判利己主义、个人主义和各种封建主义旧观念的同时，集体主义原则和为人民服务的宗旨开始在中国知识分子中扎根。1951年年底到1952年4月，高校也是"三反""五反"的重要阵地，教师们自我检查，听取群众批评意见；有的学生干部也被抽调到"三反""五反"工作队去，高校在一定程度上形成了社会主义新风尚。

二是提倡新道德，开展共产主义道德教育。早在1949年9月，起临时宪法作用的《共同纲领》将"爱祖国、爱人民、爱劳动、爱科学、爱护公共财物"作为全体公民必须共同的基本道德规范。1950年，教育部在北京召开了"全国高等学校政治课教学讨论会"，结合建国后一年的高校德育经验和国际国内形势，发出通报规定今后思想政治教育的重点：对广大师生进行以反帝、土改、"五爱"（爱祖国、爱人民、爱劳动、爱科学、爱护公共财物）教育为主要内容的共产主义信仰教育。[①] 同时，进一步探索大学生德育的课程与师资。1954年11月、1955年1月和1955年5月，中共中央先后转批两个重要文件《关于加强对青年的道德教育，抵制资产阶级思想侵蚀向中央的请示报告》《关于加强培养青年共产主义道德，抵制资产阶级思想侵蚀的总结报告》，在全国高校大学生中广泛开展共产主义道德教育活动。[②]

三是"左"倾错误带来的共产主义道德的虚假与虚无。由于长期以来"左"的思想未能得到有效克服，社会主义、共产主义道德开始被扭曲。特别是"文化大革命"期间，林彪、"四人帮"鼓吹"一切为了权"的道德观，推行法西斯式强权道德；污蔑道德修养就是不讲阶级斗争，

---

① 许启贤. 中国共产党思想政治教育史 [M]. 北京：中国人民大学出版社，1999：296.
② 苏振芳等. 思想政治教育理论与实践 [M]. 北京：社会科学文献出版社，2013：14-15.

就是"修正主义";煽动"打砸抢"风气,宣扬"文盲""痞子流氓"道德观;在树立先进典型时,把先进经验绝对化、公式化、模式化以至弄虚作假。① 这种极端扭曲的"文革道德",导致人们的道德上是非观荣辱观颠倒,道德判断标准混乱,人际关系、社会秩序遭到严重破坏,对这一时期我国大学生的道德共识培育产生了消极影响。

(二)新中国成立后到改革开放前的大学生道德共识培育的主要做法和问题

随着社会主义改造的完成,我国建立了社会主义制度、高度集中的计划经济体制,我们实现了政治、经济的成功转型,社会价值观也随之发生转型。"统治阶级的思想在每个时代都是占统治地位的思想。这也就说,一个阶级是社会上占统治地位的物质力量,同时也社会上占统治地位的精神力量。支配着物质生产资料的阶级,同时也是支配着精神生产资料。"② 单一的经济结构,一元的政治结构,一元的文化形态,使当时一元化的道德观念具有高度的权威性。新中国成立以后到改革开放前,高校道德教育基本采用一元化、强制性、运动式为主要特点的共产主义道德灌输教育模式,使这一时期的大学生形成了"社会本位"和"政治本位"的单一价值取向,道德共识度和道德共识层次都达到了空前的高度。从当时的社会流行语可见一斑:"个人的事再大也是小事,集体的事再小也是大事""毫不利己,专门利人""革命战士是块砖,哪里需要哪里搬"等。

1. 新中国成立后到改革开放前的大学生道德共识培育的主要做法

(1) 建立学生党支部发挥政党的教化功能

新中国成立初期,高等教育的任务一方面承担着改造旧教育的任务,另一方面又肩负着创建新教育的任务,从教育方针、课程体系设置等方面为大学生德育提供保障,通过各项活动探索有效教育途径。③ 除此之

---

① 吴双墩. 我国60年公民道德建设的流变与思考 [J]. 学习与实践, 2009 (10): 113.
② 马克思, 恩格斯. 马克思恩格斯选集: 第一卷 [M]. 北京: 人民出版社, 2012: 178.
③ 王冬冬. 当代大学生政治信仰教育研究 [D]. 西安: 西安理工大学, 2007: 17.

外,还在大学设立了学生党支部,吸收优秀的大学生成为党员,对培育又红又专——德智体全面发展的大学生起到积极的促进作用。从大学生中吸收积极分子成为党员要经过严格的培养考察,需要具备较高的条件,不但政治立场要坚定,学习成绩要优秀,各方面表现要突出,还要树立全心全意为人民服务的宗旨,具有良好的群众基础。对于大学生来说能成为无产阶级先锋队的一员是一种至高无上的荣誉。因此,那时的大学生对自己的道德要求也比较高,在生活中积极践行共产主义道德,道德觉悟也随之提高。

（2）发挥道德模范的典型示范作用

新中国成立后,党和政府通过积极树立道德模范加强对共产主义道德的塑造,使全心全意为人民服务等共产主义道德伦理不再是抽象的口号,可以从道德榜样的精神和行为上具体体现出来。从新中国成立初期,黄继光扛炸药包勇堵枪眼,邱少云为保全集体牺牲自己等战斗英雄的事迹,到20世纪60年代,雷锋、王进喜、陈永贵等不断涌现出的劳动模范的先进事迹,被编入教材,成为学校爱国主义、共产主义教育的重要内容。这些英雄人物和道德模范成为大学生的价值指引者,发挥了典型示范作用。学雷锋活动是一个时代的道德印记,也是凝聚道德共识的重要途径。"学习雷锋好榜样"传唱全国上下,街头巷尾。很多青年大学生摘抄传颂雷锋日记,效仿雷锋写日记,反思自己的缺点,规范自己的行为。"雷锋精神"深入人心,成为一代又一代人的精神榜样和道德楷模。

（3）发挥新闻媒体的宣传普及作用

新闻媒体作为党的理论喉舌,在新中国成立初期就受到高度重视。这一时期的新闻媒体主要是报纸和广播。为了加强对新闻宣传工作的统一管理,中央人民政府新闻总署与1950年3月29日至4月16日,在北京召开了全国新闻工作会议,改进报纸工作,统一新华通讯社的组织,建立全国广播收音网。① 全国建立广播收音网,使宣传教育发挥最大作

---

① 樊志辉,王秋.中国当代伦理变迁[M].北京:中国社会科学出版社,2012:76.

用。正是得益于这一政策，当时的大学校园开始普遍建立广播站。新闻媒体加强对党的理论方针政策宣传的同时，也大大普及了共产主义价值理念、伦理规范。那时的广播和报纸中每天都有英雄模范事迹和劳动模范精神的正面宣传，也有曝光反面的典型人物的反面教育。

（4）发挥文化艺术的道德教化功能

共产主义道德作为新的价值理念还需要通过人民群众喜闻乐见的方式使之大众化。中国共产党一直以来都十分重视电影、小说等文化艺术的道德教化功能。新中国成立后，为了统一思想和管理，政府设立电影事业管理局，对电影的制作和运营实行一体化管理。这一时期的电影大多以战斗英雄为题材，表达爱国主义、集体主义、革命英雄主义等价值观念，如《红色娘子军》《铁道游击队》《赵一曼》等。那一时期的小说也主要为革命题材，弘扬共产主义精神，如《钢铁是怎样炼成的》《牛虻》成为那个时代青年大学生的精神食粮。深深打上共产主义伦理精神烙印的文化艺术对广大青年学生是无形的教化和熏陶，使他们的爱国主义热情高涨，并积极学习，努力改造自己。

2. 新中国成立后到改革开放前的大学生道德共识培育的主要问题

（1）目标理想化

新中国成立后，我们曾经一度无视处于社会主义初级阶段的现实条件和基本的道德状况，"拔高"社会道德水平，以共产主义道德作为社会主义道德建设的主要内容。应该承认这种道德要求的"崇高化"使建国后的一段时间社会风气得到极大改善。但是把教育目标定位在精神的绝对高位，忽视受教育者自身的道德状况，实践上流于形式，使道德教育沦为远离人们现实生活的空泛的政治口号。这种"理想化"的道德教育由于缺乏对现代社会必需的基本生活道德要求的关注，以至于很长一段时间我国一些人缺乏基本的公民意识。此外，以共产主义道德为内容的道德共识培育中，片面强调集体主义价值取向使个体几乎湮没在集体之中，造成个人与集体、理想与生活、精神与物质之间失衡。

(2) 内容政治化

改革开放之前,高校德育基本上贯穿着"德育为政治服务"的理念,道德共识培育成为阶级斗争的工具。在教育过程中,不是运用道德特有的方法,而是以阶级斗争的方式解决,强调教育对象的绝对接受和服从。道德教育内容带有浓厚的政治化倾向,德育教学成了政治运动的附属物。1964年,教育部联合中宣部和高教部发布了《关于改进高等学校、中等学校政治理论课的意见》,进一步明确指出高校德育课的根本任务是用马列主义、毛泽东思想武装青年,向他们进行无产阶级的阶级教育,培养革命的接班人。① 道德教育某种程度的政治化是可以理解的,但过分的政治化则可能伤害道德教育的本质。过分强化道德教育的政治功能,以讲政治的方式讲道德,只讲道德的阶级性,不讲道德的共同性。大学生道德培育中重"政治大德",轻"生活小德",使一些青年学生只会喊口号,而不懂基本的文明礼貌和做人道理。造成"文革"期间,许多人政治上跟着走,道德上却是两面派、伪君子。

(3) 方法运动式

在道德政治化的影响下,新中国成立以后很长一段时间,道德教育沿袭了革命战争时期的做法,即靠自上而下地发动大规模的、疾风暴雨式的群众性政治运动的做法。"运动式"的道德教育方式用"抽象化""口号式"的大道理单向灌输,忽略道德主体的个性和情感,难以达到理想的效果。而且,这种应对上级命令和要求为目的而开展的道德建设,往往是临时性的、运动式的,难以产生持续效应。

(4) 资源片面化

在改革开放之前,特别是"文革"期间,由于遭受极"左"思想的影响,我国传统文化被视为"封建"文化,外国文化被视为"资修"文化,形成高度政治化和阶级化的封闭式文化体系。掀起"破四旧"运动,片面夸大中国传统道德文化中的消极因素、腐败成分;高喊"宁要社会

---

① 黄海. 我国大学生道德教育的历史回顾与问题审思[J]. 黑龙江高教研究,2014(1):122.

主义的草，不要资本主义的苗"，完全否定建立在人类文明成果基础的资本主义道德的合理成分。这种形而上学的思想割裂了现代道德与传统道德、社会主义道德与资本主义道德的联系，"非此即彼"的二元对立造成道德共识培育资源开发的片面化。

回顾改革开放前我国大学生道德共识培育的历程，一定社会的道德共识一定要反映一定社会的经济关系，与一定社会人们的实际道德状况相适应，才能推动社会发展，有利于社会稳定和人民幸福。在社会主义初级阶段，共产主义道德品质并不是大多数人所能达到的，为了遵从政治权威而缺乏生活基础容易造成虚伪与扭曲的道德人格；"立竿见影"的革命化道德教育方式是粗暴的、违背人性的，不能产生持续效应；全盘否定传统道德，抵制一切现代价值理念，会使道德教育陷入"无根""无源"状态，这些是当代道德共识培育需要吸取的教训。

二、改革开放以来大学生道德共识培育的历史回顾

党的十一届三中全会开启了改革开放的新纪元，随着社会主义市场经济体制的确立，中国进入了一个复杂的历史时期，也为高校道德教育带来了错综复杂的影响。我们不能把市场经济仅仅理解为一种资源配置的方式和手段，而应该从支撑这一制度的所有关系的总和中去把握。它引起了社会、政治、经济和生活秩序的根本变革，突破了传统的计划经济体制下思想观念，产生许多新的道德观念和原则。新旧道德观念变迁，西方价值观趁虚而入带来了价值选择的迷茫。一些曾经极力反对的道德观念，现在大行其道，一些曾经大力提倡的道德要求，现在却被束之高阁。一些学者们开始使用"道德滑坡论""道德代价论""道德虚无论"来评价当前社会的道德状况，并逐步意识到已经出现了的和正在出现的道德共识的危机。

（一）改革开放以来大学生道德共识培育的基本历程

"文化大革命"使社会付出了沉重的道德代价，高校德育工作也一度停滞。改革开放后，国家提出了对学校思想政治教育的新要求："要加强

和改善思想政治工作，用马克思主义世界观和共产主义道德教育人们和青年，坚持德智体全面发展，又红又专。①"1980年教育部、共青团中央联合发出了《关于加强高等学校学生思想政治工作的意见》的通知，要求高校普遍开设"马列主义理论课"，对大学生进行共产主义道德品质教育。1982年10月，教育部又发出《关于在高等学校逐步开设共产主义思想品德课程的通知》，正式要求大学把共产主义思想品德课程作为必修课纳入学校教学计划。②

1985年5月27日，《中共中央关于教育体制改革的决定》，明确提出了"四有新人"的教育目标要求："有理想、有道德、有文化、有纪律，热爱社会主义祖国和社会主义事业，具有为国家富强和人民富裕而艰苦奋斗的献身精神，都应该不断追求新知，具有实事求是、独立思考、勇于创造的科学精神。"③1986年9月中共十二届六中全会通过的《中共中央关于社会主义精神文明建设指导方针的决议》，是新的历史时期加强我国社会主义精神文明建设的纲领性文献，明确了思想道德建设是精神文明建设的重中之重，对"五爱"、先进性和广泛性相结合、职业道德和社会公德、继承发展传统道德等都做了明确要求。

1992年江泽民同志在党的十四大报告中指出：要"发挥思想政治工作的优势"，"特别是在青少年中进一步加强党的基本路线教育，爱国主义、集体主义和社会主义思想教育，近代史、现代史教育和国情教育，增强民族自尊、自信和自强精神，抵御资本主义和封建主义腐朽思想的侵蚀，树立正确的理想、信念和价值观"。④

2001年9月，中共中央印发《公民道德建设实施纲要》第一次正式提出"公民道德"和"公民道德建设"的概念，为开展大学生公民道德

---

① 中共中央文献研究室编.三中全会以来重要文献选编（下）[M].北京：人民出版社，1982：842.
② "两课"教育教学调研工作领导小组.普通高校思想政治教育课程文献选编（1949－2003）[M].北京：中国人民大学出版社，2003：92.
③ 中共中央文献研究室编.十二大以来重要文献选编（中）[M].北京：中央文献出版社，2011：196.
④ 江泽民.江泽民文选：第一卷[M].北京：人民出版社，2006：238.

第三章 我国大学生道德共识培育的历史和现状考察

教育提供了组织、政策和法律制度保障。党的16号文件也明确提出大学生思想政治教育中"以基本道德规范为基础，深入进行公民道德教育"。①

2006年，教育部部长周济指出：要把社会主义荣辱观引入教材、引入课堂、引入学生头脑，在课堂教学的主阵地、主渠道中凸显社会主义荣辱观教育。② 2011年，中共中央《关于深化文化体制改革推动社会主义文化大发展大繁荣若干重大问题的决定》强调"社会主义核心价值体系是兴国之魂，是社会主义先进文化的精髓，决定着中国特色社会主义发展"，必须把社会主义核心价值体系的基本内容贯穿到学校教育的内容体系之中，为新时期对高校德育提出新的要求。

2012年11月，中共十八大报告明确提出"三个倡导"，即"倡导富强、民主、文明、和谐，倡导自由、平等、公正、法治，倡导爱国、敬业、诚信、友善，积极培育社会主义核心价值观"。社会主义核心价值观与社会主义核心价值体系一脉相承，体现社会主义核心价值体系的根本性质和基本特征，是社会主义核心价值体系的高度凝练和集中表达。2013年12月中共中央印发了《关于践行和培育社会主义核心价值观的意见》指出，要坚持育人为本、德育为先，围绕立德树人的根本任务，把社会主义核心价值观纳入国民教育总体规划……努力培养德智体美全面发展的社会主义建设者和接班人。③ 2017年2月中共中央、国务院印发的《关于加强和改进新形势下高校思想政治工作的意见》再次强调，要培育和践行社会主义核心价值观，把社会主义核心价值观体现到教书育人全过程，引导师生树立正确的世界观、人生观、价值观。④

（二）改革开放以来大学生道德共识培育的启示和困境

经过"文化大革命"和"一九八九年的政治风波"的教训，国家高

---

① 胡锦涛．切实加强和改进大学生思想政治教育工作．十六大以来重要文献选编（中）[M]．北京：中央文献出版社，2006：649．
② 周中之，石书臣．现代思想政治教育理论与实践探微[M]．北京：人民出版社，2009：287．
③ 本书编写组．培育和践行社会主义核心价值观[M]．北京：人民出版社，2014：30．
④ 中共中央国务院印发《关于加强和改进新形势下高校思想政治工作的意见》[DB/OL]．中国政府网，2017-2-27．http://www.gov.cn/zhengce/2017-02/27/content_5171481.htm．

度重视高校思想政治工作,强调"育人为本、德育为先"。改革开放后,为适应大学生思想观念的独立性和自主性增强等新特点,教育部门在德育学科化的建设上,思想品德课程的开设等方面进行了积极的探索,为高校德育的后续发展奠定了良好的基础。时代变迁,社会转型,改革旧的教育体制,改革开放以来大学生道德共识培育在不断地探索、调整、建构之中,积累了经验,也走了一些弯路。

1. 改革开放以来大学生道德共识培育的主要启示

(1) 必须坚持一元价值导向,发挥主流意识形态的整合功能

改革开放前期,中共中央在拨乱反正中,初步逐步恢复了高校德育的地位。遗憾的是十二届六中全会精神在实践中并没有很好地贯彻执行。80年代末,有些地方排除"左"的思想干扰,而又走向了"右"的极端,重视经济建设,却忽视了德育工作,加之国外敌对势力和资产阶级自由化的破坏和影响等原因诱发了"一九八九年的政治风波"。青年学生思维活跃同时又有不成熟和幼稚的一面,容易被鼓动迷惑,盲目吸收。对西方价值观念缺乏引导,造成一些大学生对自由化、极端民主化思想盲目追捧,主流价值观念受到冲击。风波平息后,邓小平指出:"十年来我们的最大失误是在教育方面,对青年的政治思想教育抓得不够,教育发展不够。"[①]

反思与总结之后,高校思想政治工作进入调整完善阶段,进一步重视加强和改进大学生思想政治教育。主流意识形态建设能够发挥着整合社会意识,教化社会成员的重要功能,能够使社会成员形成合乎社会目标的价值观念和道德规范。改革开放以来,我国在意识形态领域始终坚持马克思主义的主导地位,为经济建设的高速发展提供了重要保障,也是抵制国际敌对势力的分化、"西化"图谋以及资产阶级自由化思潮侵蚀的有力武器。2005 年 1 月《中宣部教育部关于进一步加强和改进高等学校思想政治理论课的意见》(教社政〔2005〕5 号)的发布,促进了思想政治理论课教材的统一编写,使马克思主义中国化的创新成果能够及时

---

① 邓小平. 邓小平文选: 第三卷 [M]. 北京: 人民出版社,1993: 287.

编入教材。并通过思想政治理论课主渠道，扎实推进马克思主义中国化最新成果的"三进"工作，即进教材、进课堂、进学生头脑。对大学生进行系统的马克思主义理论成果教育，使大学生的思想认识统一到主流意识形态上来，帮助他们树立正确的世界观、人生观、价值观。

邓小平理论和"三个代表"重要思想都突出了以爱国主义为内核进行话语重组，以便在新的历史条件下继续高扬社会主义、集体主义和爱国主义旗帜。① 社会主义核心价值体系、社会主义核心价值观作为当代中国社会主义意识形态的最新成果，融入国民教育和精神文明建设中，能够有效整合多元、多样、多变的社会思潮，引领大学生道德共识的重构。在新的社会历史条件下，高校意识形态建设面临着新的挑战、新的困难。习近平总书记强调要牢牢掌握意识形态工作的领导权、话语权，并指出做好意识形态工作要"因势而谋，应势而动，顺势而为"；要坚持正面宣传为主，传播正能量，激发全社会团结奋进的强大力量；要总结创新，积极探索有利于破解工作难题的新举措、新办法；要传承和弘扬优秀传统文化，赋予其新的时代内涵；要唱响网上主旋律，发挥新媒体的思想引领功能；要加强对外宣传，讲好中国故事，树立道路自信、理论自信、制度自信、文化自信。②

（2）必须根据社会变迁的需要，调整道德共识的内容

人们过去信仰的共产主义道德被"文化大革命"扭曲得真假难辨，是非不清。改革开放后，社会内部结构产生变革，与之相适应的道德观念又尚未形成，因此在20世纪70年代末、80年代初人们开始出现价值迷茫，信仰危机。1980年潘晓的文章《人生的路为什么越走越窄》，引发了一次持续一年时间全国性的关于人生观的大讨论。在这场大讨论中，广大讨论者特别是青年人对于"利己"与"利他"关系，"为公"与"为私"的关系等也展开讨论，比如，合理的利己主义，利己与利他是可

---

① 侯惠勤. 新中国主流意识形态建设的基本经验（下）——访中国社会科学院马克思主义研究院党委书记侯惠勤教授［J］. 思想理论教育导刊，2009（9）：18.
② 中共中央宣传部. 习近平总书记系列重要讲话读本（2016年版）［M］. 北京：人民出版社，2016：186-211.

以一致的，利己不损人的行为是合理的。甚至有人提出了与过去的价值观完全相反的观点。比如，有人提出"只有自我才是绝对的"，"如今社会上的人们是为私利而活着，离开了私利，人们恐怕就会像没有油的汽车一样发动不起来"。① 这次大讨论也预示着传统道德共识的终结和新的道德共识的发轫。在社会变革时期，新旧道德观念的交织、冲突，一些社会领域不可避免出现的道德真空，这给世界观、人生观和价值观形成关键时期的青年学生造成前所未有的心理冲击。

因此，为了适应改革开放后社会变革带来的一系列伦理价值的深刻变化，高校思想政治教育更加注重道德教育内容的层次性和广泛性。其一是把公民道德教育纳入高校道德教育目标之中。党的16号文件明确提出大学生思想政治教育中"以基本道德规范为基础，深入进行公民道德教育"。② 公民道德教育的提出适应公民社会的时代发展要求，强调把大学生培养成"合格公民"的重要性和优先性，说明党和国家政策在道德教育的层次作出调整。其二是要求把社会主义核心价值体系、社会主义核心价值观作为高校德育的重要内容。社会主义核心价值体系、社会主义核心价值观的教育任务的提出皆指向核心价值层面，转向"大众型"的道德建设，有利于道德共识的形成。

（3）必须创新教育方式，增强共识培育的吸引力

社会急剧变革下，大学生的行为规范、生活方式、价值观念、是非标准也发生剧烈变化。如何高校道德教育依然以不变应万变，延续改革开放前理想化、政治化、运动化的教育方式，"假、大、空""高、大、上"，无法真正启迪青年的心灵。"蛇口风波"中青年工作专家的报告、演讲没有达到预期的效果，表明传统的思想政治工作从形式到内容都受到严峻的挑战。与其说"蛇口风波"中教育家遭遇青年一代的挑战，不如说是传统观念和现代意识相互撞击的开始。新环境下成长的一代青年利益观

---

① 张庆. 20世纪中国人生观论争 [M]. 广州：广东高等教育出版社，2000：267-268.
② 胡锦涛. 切实加强和改进大学生思想政治教育工作. 十六大以来重要文献选编（中）[M]. 北京：中央文献出版社，2006：649.

念、权利观念、民主观念逐步增强，强烈渴望贴近实际的平等对话，而不是空洞的传经送道。老办法无法解决新问题，老观念无法解释新思想。高校道德教育忽视对传统工作方式、思维方式的批判再认识，就无法消除社会变革对道德教育的消极影响，难以达成教育主体间的共识。

改革开放以来，高校道德教育为改变以前封闭式、单一化、简单式的教育形式进行积极探索，校园文化建设、社会实践、志愿服务、心理疏导等一些教育新形式应运而生。特别是青年志愿服务活动蓬勃发展，成为大学生道德共识培育的有效载体。20 世纪 90 年代，大学生积极响应团中央弘扬"奉献、友爱、互助、进步"志愿精神的号召，逐渐成为青年志愿者团队中极具活力的群体。志愿服务具有价值导向、价值凝聚、价值外化的作用，通过参加志愿者行动，大学生可以将自己与社会融为一体，把服务他人与教育自我有机结合起来，增强大学生的社会责任感、奉献精神和公民意识。志愿者精神符合现代的道德规范，有利于建构符合当今社会主流价值观的道德共识。改革开放以来，大学生志愿服务取得了许多成功的做法和经验，进一步增强了其育人功能。大中专学生志愿者暑期文化科技卫生"三下乡活动"、大学生志愿服务西部计划以及北京奥运会、上海世博会、广东亚运会、广西东盟博览会等大型盛会上都活跃着大学生志愿者的身影。

2. 改革开放以来大学生道德共识培育的困境日益凸显

改革开放带来的思想大解放和社会环境变化使大学生伦理道德观念发生深刻变革，大学生道德共识培育的难度也逐步加大。

一方面是思想大解放使道德主体意识凸显。"文化大革命"后，邓小平提出了要完整准确地理解毛泽东思想，批判和否定"两个凡事"，解除束缚人民的精神枷锁，为我党实现思想路线上的拨乱反正指明了方向。1978 年 5 月，光明日报上发表的《实践是检验真理的唯一标准》一文引发了一场轰轰烈烈的关于"真理标准"大讨论是当代中国思想解放运动的一次重要飞跃，也为改革开放做了思想理论准备。1978 年 12 月，中国共产党第十一届三中全会确定了"解放思想、开动脑筋、实事求是、团结一致向前看"的思想路线，对人民的道德状态产生了影响。这一时期的大学生走出了"文革"时期的思想僵化、禁锢的状态，开始实事求是地反思过去和现在的道德，大胆讨论一些与过去政治宣传、文化教育所不同的思想观点，也为道德变迁和道德分歧提供了基础和主观条件。

另一方面是大学生的生活环境日趋复杂化。1992年社会主义市场经济体制确立以后，"市场经济""全球化""信息网络化"等关键词也逐渐成为这个时代的标志。在社会主义市场经济体制下，大学生获得反映时代要求的新道德观念，自主意识、竞争观念、法制观念、效益观念也进一步增强。然而，市场经济是竞争性经济，强调"自由竞争"和"交换法则"，激起个人追逐自我利益的意识和欲望，容易导致个人道德选择的个人主义、拜金主义的极端倾向，在一定程度上削弱社会主导价值观的导向功能。20世纪90年代以来，随着生产、资本、人才等要素在全球的流通，社会交往、信息文化也进入全球化模式。我国积极拥抱全球化浪潮，加入世界贸易组织，提出"一带一路"战略设想，倡导人类命运共同体，跨国文化交流更加频繁，为我国吸收世界文明的合理养分提供了良好的机会。同时，西方社会生活中已经出现的低俗、黄色、暴力、拜金、自由化等社会问题也污染着国人的精神世界，侵蚀着我国的主流价值观念。随着计算机、网络信息技术的迅猛发展，中国逐渐成为一个名副其实的网络大国。大学生作为一个庞大的网民群体，借助网络无时无刻都在接受着每一个角落传递的思想和道德观念。网络通过丰富的信息量和全新的交互方式不断改变着大学生的思想道德、价值观念和教育理念。网络交往的虚拟化、隐蔽性、开放性造成道德行为的监督、管理方式难度加大。市场化、全球化、网络化的现代社会使大学生道德生活更加多元、复杂，也构成了高校道德教育复杂的时代境遇。

总之，改革开放后道德教育环境的复杂化、利益主体的独立化、社会文化的多元化、社会交往的广泛化，使改革开放前提倡的"高标准""政治型"的道德共识逐渐失去现实土壤。当代大学生中培育何种"道德共识"以及如何"有效培育"成为亟待解决的问题。

第二节　当代大学生道德共识的现状考察

当代大学生的主要群体是"90后"甚至"00后",他们是高校培育道德共识的目标指向。该选题调查本应包含两个层面,一是大学生道德共识现状,二是高校道德共识培育状况。但因后者目前在高校还未形成对道德共识的理念或意识,对此的"培育"还无从谈起。这也是本选题要解决的问题所在。因此本文的问卷主要是围绕第一层面进行。

一、调查资料来源和调查对象分析

（一）调查资料来源

根据研究需要,笔者设计了《当代大学生道德共识状况调查问卷》（见附录）。把福州市区7所大专院校（福建师范大学、福建农林大学、福州大学、福建医科大学、闽江学院、福建工程学院、福州职业技术学院）的在校大学生作为问卷对象,涉及文史、理工、体育艺术类等不同学科类型,并且尽量考虑样本的代表性,共发放调查问卷1000份,收回有效问卷922份,有效回收率为92.2%。

（二）调查对象分析

根据统计结果,调查对象的性别、学历、年级、政治面貌、户口、所学专业类型等基本情况如下：

从表3-1可以看出,被调查对象中男女比例大致相当,女略高于男。本研究界定的大学生为在校专科生、本科生、硕士研究生,他们受教育程度较高,对自己伦理道德状况的自觉性、敏感性相对也比较高。由于招生比例的差异,本科生相对于大专生和研究生占较大的比例。由于本调查是通过辅导员和思政课老师发放的,思政课主要集中在低年级,因此在调查比例中低年级比高年级高。从大学生群体特征来考虑的,政治面貌、所学专业类型是大学生差异性较大的因素,在表中也有所体现。

考虑到被调查对象的生活环境对大学生的日常道德生活状态有一定的影响,因此对大学生的户口类型做了分类。

表3-1 调查对象的基本情况

项目	分类	人数	比例（%）
性别	男性	432	46.9
	女性	489	53.1
学历	专科学生	92	10.0
	本课学生	735	79.7
	研究生	95	10.3
年级	大一	322	35.1
	大二	368	40.0
	大三	126	13.7
	大四	102	11.2
政治面貌	中共党员（包括预备党员）	89	9.7
	共青团员	827	90.0
	群众	3	0.3
户口类型	非农业户口	409	44.6
	农业户口	508	55.4
专业类型	文史类	360	39.2
	理工类	406	44.2
	体育艺术类	129	14.0
	其他	24	2.6

注：性别的缺失值为1人；学历的缺失值为2人；年级的缺失值为4人；政治面貌的缺失值为3人；户口类型的缺失值为5人；专业类型的缺失值为3人。

二、当代大学生道德共识的调查内容分析

要考察当代大学生的道德共识状况,还是要到大学生的实际道德生活中去把握,去寻找信息。大学生对道德价值的根本看法和态度都会在一定程度上反映出大学生道德共识的状况。因此本调查主要围绕大学生的道德价值取向、道德价值认同、道德共识培育的效果三个方面展开。

第三章 我国大学生道德共识培育的历史和现状考察

（一）当代大学生道德价值取向的调查分析

道德价值是价值一般的特殊表现，是指行为、品质等所具有的道德方面的价值，即行为之所以是道德的根据。① 由于不同个体，不同阶层和利益集团在社会关系所处的经济地位、社会地位的不同，会催生不同的道德价值意识，产生不同的关于自己行为之"应当"，从而造成人们道德价值取向的多样性，甚至道德价值取向间的矛盾和对立，从而影响道德共识的形成。道德价值取向在一定的道德境遇中，指导个体道德行为的选择。本调查根据道德价值所涉及几个重要的关系，即个人与他人、个人与集体（社会）、个人与自然、道德与利益的关系进行分类调查。

1. 个人与他人的道德价值取向

当被问及"您认为在当今社会中，多数人遵循的原则是什么"时，9.9%的大学生选择"克己奉公，为他人着想"，28.8%的大学生选择"我为人人，人人为我"，49.8%的大学生选择"主观为自己，客观为别人"，11.5%的大学生选择"只要利己，不顾他人"。从调查结果来看，过半的大学生在行为选择时把个人利益作为出发点。当被问及"处理人与人之间的关系，您的通常做法是什么时"，选择"己立立人，己达达人"的占11.9%，选择"己所不欲，勿施于人"的占76.9%，选择"各自打扫门前雪，休管他人瓦上霜"的占8.6%，选择"拆别人的屋，盖自己的房"的占2.6%，见图3-1。由此可以看出，大部分大学生在处理人际关系时，能够尊重他人，推己及人，但只有少部分能做到"立人""达人"即尽己之力帮助别人，体现出道德责任感的缺失。当问及对"汶川地震的生死关头，一位教师丢下教室里的学生，自己逃出教室的事件"的评价时，25.3%的大学生认为这是一种可耻的行为，应该受到道德谴责；44%的大学生认为这是一种自私的行为，但是可以理解；7.7%的大学生认为这是一种出于自保的合理行为；22.9%的大学生认为这是一种本能的行为，不能用道德评价。当个人利益和他人利益没有发生冲突时，

---

① 朱贻庭，等. 当代中国道德价值导向[M]. 上海：华东师范大学出版社，1994：22.

儒家的"己所不欲，勿施于人"的道德金律被大多数学生认可的；当个人利益和他人利益发生冲突时，很大一部分大学生的选择是保全个人利益，表现出对他人的一种道德冷漠。综上，可以看出当代大学生处理个人与他人之间的关系带有明显的个人优先的功利倾向。

图3-1 大学处理人与人之间的关系的道德价值取向

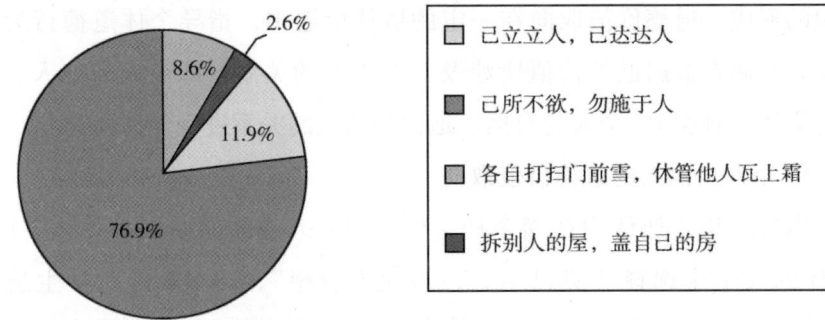

2. 个人与集体（社会）的道德价值取向

当学生们需要面对"学校通知您暑期参加国庆游行训练，而此时你已经买了回家的车票"的问题时，41.6%选择个人服从大局，愉快地退票并积极参加训练，23.8%选择看看其他同学怎么安排，随大流，29.5%选择跟学校解释家里有急事，5.1%选择不关自己的事，不打招呼，直接回家。关于"个人奋斗的成功比集体的共同发展重要"的看法，8.8%的大学生表示完全同意，44.6%的大学生表示基本同意，40.4%的大学生表示基本不同意，6.2%的大学生表示完全不同意。当被问及对"个人的事再大也是小事，国家的事再小也是大事"的看法时，14.1%完全同意，52.6%基本同意，27.3%基本不同意，6%完全不同意，见图3-2。从调查结果可以看出，大学生道德价值取向总体上是以社会取向为主，但是持个人本位的价值取向的大学生也占比较可观的比率，说明集体主义原则被一部分大学生忽略了。

图 3-2 大学生对"个人的事再大也是小事，国家的事再小也是大事"观点的看法

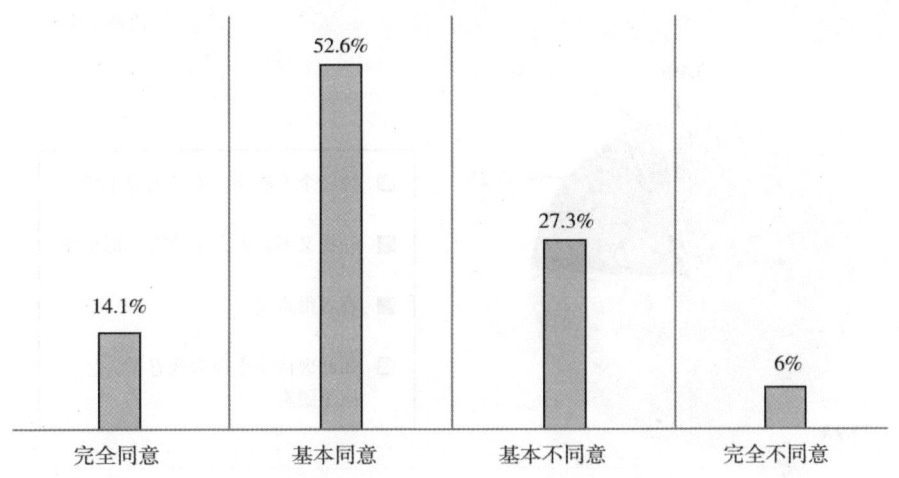

3. 个人与自然的道德价值取向

当被问及"一组虐猫图片被各网站广泛转载，您认为"，3.4%的大学生认为纯属个人趣味，不必大惊小怪，3.5%的大学生认为动物又不是人，不值得大惊小怪，17.2%的大学生感觉看着很难受，75.9%的大学生认为如此虐待小生命太残忍了，应予谴责，见图 3-3。在一次关于"在人与自然关系方面，您认为下列哪些反映了当代大学生核心价值观的状况？"的问卷调查中，61.0%的大学生选择"人类应该保护环境，维护生态平衡"，34.32%的大学生选择"人类不应该为了眼前的利益而牺牲生态环境"，2.6%的大学生选择"人类为了自身的利益，应最大限度地开放自然"，2.04%的大学生选择"人类在自然界面前是渺小的，人类是自然界的奴隶"[①]。个别访谈中，有部分同学认为当代大学生虽然在意识上树立了人与自然和谐发展的理念，但是在行动上并没有完全做到，校园里乱丢垃圾，践踏花草，使用一次性筷子、快餐盒、塑料袋的现象随处可见。从问卷调查、个别访谈和第二手资料的情况看，当代大学生在处理个人与自然地关系上，认知上当能够坚持尊重自然，和谐共处的理念，但是在行动上还是有一定的差距，知行尚未统一。

---

① 杨业华. 当代中国大学生核心价值观研究 [M]. 北京：人民出版社，2011：64.

图3-3 大学生对"一组虐猫图片被各网站广泛转载"的看法

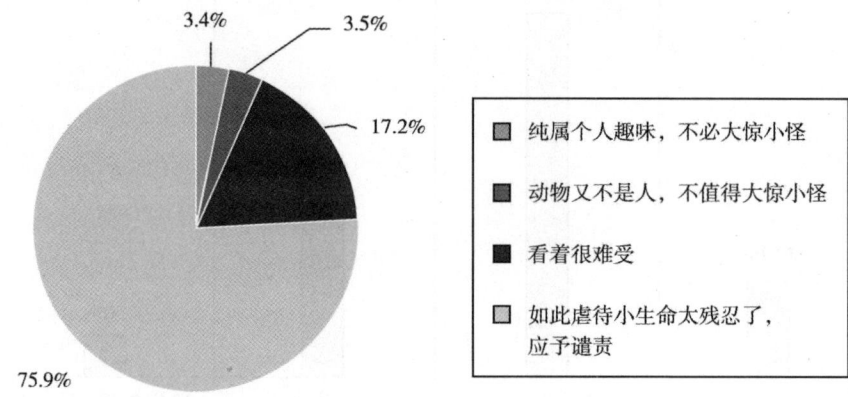

4. 道德与利益关系的价值取向

道德行为与物质利益的关系也就是义利关系。当被问及道德的本质时，6.8%的大学生认为道德是人们为实现某种目的的工具，13.8%的大学生认为道德的本质是对人性的束缚，79.4%的大学生认为道德是人之为人的根本要求。调查结果从一定程度反映部分大学生没有认清道德的本质，表现出工具理性对价值理性的挤压。当被问及"君子喻于义，小人喻于利"的观点的看法时，还有11.5%的大学生表示基本不同意，1.9%的大学生表示完全不同意。关于"有钱能使鬼推磨"是否符合社会主义市场经济的社会现实的看法，19.8%的大学生认为完全同意，42.4%的大学生认为基本同意，30.8%的大学生认为基本不同意，只有7%的大学生认为完全不同意，如图3-4。在关于"如果信守诺言让我吃亏，背弃诺言也无妨"的问卷调查中，有3.5%的大学生完全同意，有14.4%的大学生基本同意。当被问及对于"有能力的人比有道德的人更值得钦佩"的看法时，6.2%的大学生表示完全同意，21%的大学生表示基本同意，58.8%的大学生表示基本不同意，只有14%的大学生表示完全不同意。综上可以看出，部分大学生在义利观上出现明显的偏差，道义在他们心中的地位下降，让位于能力、利益、金钱。在一些学生眼里，事不关己高高挂起，只有有利于自己的事情才值得去做。当义利发生冲出时，甚至选择背信弃义，完全不顾别人的利益。

图3-4　大学生对"有钱能使鬼推磨"是否符合社会主义市场经济的社会现实的看法

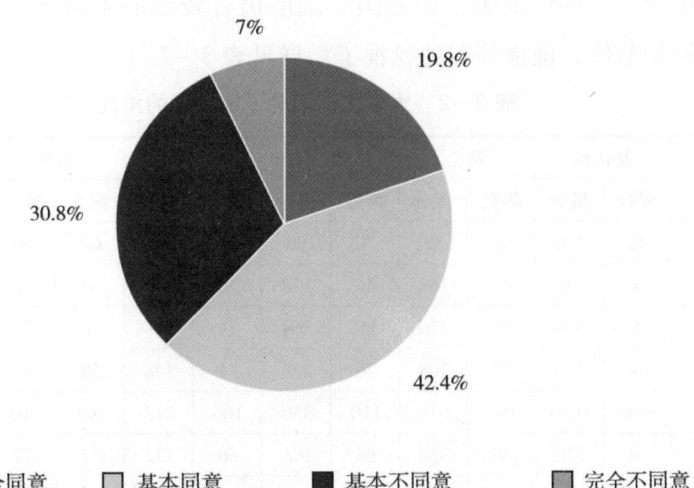

（二）当代大学生道德价值观认同的调查分析

道德认同是行为主体在道德认知或者道德情感上对某一对象的一致性，是社会规范内化和道德价值移入的关键环节。在社会的内部变迁和全球化的外部冲击下，中国社会原有的道德价值体系受到了前所未有的冲击。这种冲击也深刻地影响到大学生的思想和行为。当代大学生追求何种道德生活，崇尚何种道德信条，接受何种道德规范，选择何种道德行为，这些问题只能从调查中分析获取。

1. 大学生认同的道德价值观

关于大学生道德价值观认同意向调查，笔者首先在《思想道德修养和法律基础》的课堂上向学生提问：您最认同的道德品质是什么？通过开放式的回答，获取了14个回答频率较高的德目：敬业、勤劳、孝顺、正直、爱国、忠诚、正义、友善、谦虚、关怀、诚信、尊重、节俭、责任。在问卷调查的第21题中，通过排序的方式，大学生选出的认同度较高的5个道德品质是：诚信、爱国、尊重、责任、孝顺；认同度较低的5个道德品质是正义、敬业、谦虚、关怀、节俭。其中认同度遥遥领先的是诚信,远远落后的是节俭。从调查结果中,可以发现大学生对道德的认同有国家、社会层面的考虑,也有个人成长的需要,反映了当代大学生价值观的多元化趋势明显。可以看到,由于社会的变迁带来的伦理秩序的重构,一些传统美德如爱国、诚信仍有较强的生命力,而另一些传统美德如节俭、谦虚等却被忽视了。详见表3-2。

表3-2 大学生认同的道德品质的排列

项目	最认同		第二		第三		第四		第五		总得分
	频数	得分	频数	得分	频数	得分	频数	得分	频数	得分	
敬业	48	240	8	32	30	90	27	54	60	60	476(11)
勤劳	26	130	42	168	46	138	70	140	62	62	638(9)
孝顺	70	350	80	320	88	264	74	148	76	76	1158(5)
正直	66	330	52	208	76	228	74	148	58	58	972(8)
爱国	328	1640	162	648	110	330	106	212	102	102	2930(2)
忠诚	54	270	80	320	66	198	66	132	72	72	992(7)
正义	40	200	30	120	44	132	28	56	46	46	554(10)
友善	28	140	82	328	90	270	92	184	94	94	1016(6)
谦虚	28	140	34	136	16	48	24	48	56	56	428(12)
关怀	4	20	22	88	28	84	32	64	30	30	286(13)
诚信	326	1930	170	680	108	324	108	216	60	60	3210(1)
尊重	116	580	136	544	134	402	128	256	124	124	1906(3)
节俭	0	0	14	56	4	12	14	28	14	14	110(14)
责任	60	300	82	328	126	378	116	232	102	102	1340(4)

注:本表以总得分的高低作为排序。排名第一、第二、第三、第四、第五的分值分别为5、4、3、2、1;每个项目的总得分=以第一名出现的频数×5+第二名出现的频数×4+第三名出现的频数×3+第四名出现的频数×2+第五名出现的频数×1。资料来源于本文附件1问卷调查第21题。

2. 大学生重视的伦理关系

个人与家庭、社会、国家的关系组成了我国伦理关系的基本内容。有学者调查得出当代中国社会最具根本的三种伦理关系在人们心中的比重分别是血缘关系占40.1%、个人与社会的关系占28.1%、个人与国家的关系占 15.5%。① 社会、国家作为家庭的载体，但是其伦理地位远不如家庭。在本次问卷调查中，问及"你认为最重要的伦理关系"时，位于前 5 位的伦理关系是父子、兄弟姐妹、夫妻、朋友、师生。同样可以看出，家庭血缘关系在伦理关系中仍占有稳定的地位。与传统的"五伦"相比，夫妻关系的伦理地位上升，具有"群臣关系"的师生、上下级、组织的伦理地位下降了，取而代之的是"同学""朋友"的关系。大学生对朋辈关系的重视，对上下级关系的忽视从某种程度反映出他们对平等、和谐人际关系的期待。详见表 3-3。

表 3-3 大学生重视的伦理关系的排序

	最重要		第二		第三		第四		第五		总得分
	频数	得分	频数	得分	频数	得分	频数	得分	频数	得分	
父子	730	3650	92	368	14	42	12	24	22	22	4160（1）
兄弟姐妹	16	80	420	1680	264	792	60	120	18	18	2690（3）
同事	18	90	8	32	20	60	48	96	122	122	400（7）
师生	4	20	16	64	42	126	86	172	260	260	642（6）
朋友	8	40	42	168	208	624	470	940	82	82	1854（4）
同学	20	100	28	112	48	144	78	156	154	154	666（5）
夫妻	102	510	284	1136	280	840	86	172	42	42	2700（2）
上下级	10	50	12	48	22	66	30	60	80	80	304（8）
组织	6	30	8	32	22	66	42	84	140	140	352（9）

注：本表以总得分的高低作为排序。排名第一、第二、第三、第四、第五的分值分别为 5、4、3、2、1；每个项目的总得分＝以第一名出现的频数×5＋第二名出现的频数×4＋第三名出现的频数×3＋第四名出现的频数×2＋第五名出现的频数×1。资料来源于本文附件 1 问卷调查第 24 题。

3. 大学生最满意的道德群体

从"大学生最满意的道德群体"问卷调查中，位于前 5 个的群体是大学生、教师、农民、未成年人、白领。可以看出，大学生对自己的道德状况比较自信和满意。大学生所受的道德教育更加系统化，他们的道德认知水平一般高于其他群体的水平，相对的道德行为水准也会高于其

---

① 樊浩. 中国伦理道德报告 [M]. 北京：中国社会科学出版社，2011：12.

他群体。大学生最不满意的三个道德群体分别是：政府官员、演艺娱乐界、弱势群体。作为社会管理阶层的政府官员腐败事件频发，站在舆论风口浪尖的演艺娱乐界被认为"贵圈太乱"，因而被大学生认为是道德最不满意的两大群体。这两个群体是现代媒体中曝光度最高的活跃群体，他们的道德失范事件会被最大限度地传播、辐射，从而污浊了社会风气，解构大学生原来笃定的道德认同。而处于社会最底层的弱势群体，本身就是社会权力分配不公平、社会结构不协调的产物，如失业群体、贫困群体。他们如果在物质利益得不到满足的情况下，对自己的道德行为约束就不会高，从而作出触犯道德和法律底线的行为。详见表3-4。

表3-4　大学生最满意的道德群体的排序

	最满意		第二		第三		第四		第五		总得分
	频数	得分	频数	得分	频数	得分	频数	得分	频数	得分	
工人	80	400	95	380	65	195	66	132	92	92	1199（6）
农民	149	745	105	420	94	282	76	152	82	82	1681（3）
白领	57	285	99	396	137	411	180	360	92	92	1544（5）
教师	240	1200	135	540	149	447	126	252	100	100	2539（2）
政府官员	25	125	23	92	50	150	56	112	68	68	547（9）
演艺娱乐界	19	95	26	104	15	45	32	64	46	46	354（10）
企业群体	54	270	76	304	91	273	104	208	94	94	1149（7）
大学生	170	850	230	920	158	474	126	252	98	98	2594（1）
未成年人	93	465	101	404	138	414	98	196	138	138	1617（4）
弱势群体	30	150	29	116	24	72	56	112	102	102	552（8）

注：本表以总得分的高低作为排序。排名第一、第二、第三、第四、第五的分值分别为5，4，3，2，1；每个项目的总得分＝以第一名出现的频数×5＋第二名出现的频数×4＋第三名出现的频数×3＋第四名出现的频数×2＋第五名出现的频数×1。资料来源于本文附件1问卷调查第25题。

（三）道德共识培育的效果分析

从学校道德教育的成效来看，实际效果与所付出的劳动却不相称。在问卷调查20题中，当被问到"你认为当前高校的大学生道德教育状况"时，9%认为学校很重视，措施很有效，效果很满意；12.1%认为学校很重视，措施比较有效，有一定效果；52.1%认为学校比较重视，但是形式大于内容，效果一般；28.8%认为学校不太重视，教育方法陈旧，实效性低下。在没有参照物的情况下，大部分学生认为社会各方面都比较重视道德教育，但是与知识教育相比，86%的大学生认为高校还有重知识教育轻道德教育的倾向。如在问卷调查中，大学生关于"现在学校教育中普遍重视知识教育而不是道德教育"的看法中，有28.9%的人完全同意，57.1%的人基本同意，12.1%的人基本不同意，1.9%的人完全不同意。道德教育效果一般或低下似乎成为大部分学生的共识。道德教育本身就是一项长期性、复杂性的工程，总会存在某些低效的领域。我们需要改变的是根据实际情况和时代要求，重新定位功能，科学设定目标，改良教育方式方法等来提高道德教育的效力。

找出影响道德共识培育效果的因素，才能有针对性地加以改善。在问卷调查第22题，大学生对哪些因素对道德共识形成影响较大的排序中，他们认为家庭、社会风气、学校环境、班级风气、朋友的影响最大，详见表3-5。这里我们可以看出，对大学生道德共识影响较大的因素都集中在环境熏陶上。环境的潜移默化是无声的、无时无刻存在，但力量却是最大、最持久的。家庭、社会风气、学校环境、朋友、班级风气中正能量或负能量都能对大学生的道德取向产生影响。在问卷调查第23题，关于最有效的道德教育方式的选择中，他们认为家长身教、社会实践、榜样示范、课外阅读、校风校训熏陶的效力最大，详见表3-6。从这里，我们可以看出隐形的教育方式的效力远远高于显性的教育方式。隐性的教育方式通过潜移默化的方式，使大学生在宽松的、自由的、真实的情境中体验，感悟到某种道理，发挥自觉性和主动性，有利于道德的自我建构。可见，挖掘大学生喜闻乐见的，契合大学生特点的隐性教育载体是提高教育效果的关键点。

表 3-5　影响大学生道德共识的形成的因素排序

	影响最大		第二		第三		第四		第五		总得分
	频数	得分	频数	得分	频数	得分	频数	得分	频数	得分	
社会风气	254	1205	184	676	80	222	144	278	110	110	2491（2）
学校环境	70	310	234	884	184	534	160	306	64	64	2098（3）
班级风气	62	290	92	348	208	588	134	258	76	76	1560（5）
网络	26	120	62	244	114	327	168	326	192	192	1209（6）
朋友	56	275	176	656	166	474	124	238	152	152	1795（4）
老师	8	40	32	128	94	264	56	102	96	96	630（7）
家庭	454	2160	132	496	72	201	72	134	54	54	3045（1）
影视	24	110	26	92	12	30	30	50	42	42	324（8）
明星	10	50	22	80	22	57	26	42	32	32	261（9）
书报	0	0	6	20	6	12	26	42	56	56	130（11）
市场	4	20	6	20	14	33	18	26	4	4	103（12）
政府	2	10	12	44	10	21	24	40	30	30	145（10）

注：本表以总得分的高低作为排序。排名第一、第二、第三、第四、第五的分值分别为5、4、3、2、1；每个项目的总得分＝以第一名出现的频数×5＋第二名出现的频数×4＋第三名出现的频数×3＋第四名出现的频数×2＋第五名出现的频数×1。资料来源于本文附件1问卷调查第22题。

表 3-6　道德教育方式的有效性排序

	最有效		第二		第三		第四		第五		总得分
	频数	得分	频数	得分	频数	得分	频数	得分	频数	得分	
教师教授	60	300	60	240	64	192	98	196	162	162	1090（6）
班会	20	100	44	176	52	156	84	168	52	52	652（7）
家长身教	461	2305	180	720	90	270	64	128	40	40	3463（1）
游戏	20	100	38	152	42	126	76	152	106	106	636（8）
课外阅读	50	250	76	304	155	465	184	368	178	178	1565（4）
榜样示范	76	380	218	872	251	753	156	312	98	98	2415（3）
社会实践	207	1035	246	984	179	537	127	254	90	90	2900（2）
校风校训熏陶	28	140	60	240	89	267	133	266	196	196	1109（5）

注：本表以总得分的高低作为排序。排名第一、第二、第三、第四、第五的分值分别为5、4、3、2、1；每个项目的总得分＝以第一名出现的频数×5＋第二名出现的频数×4＋第三名出现的频数×3＋第四名出现的频数×2＋第五名出现的频数×1。资料来源于本文附件1问卷调查第23题。

三、当代大学生道德共识存在的问题

通过问卷考察和资料分析,虽然无法用定量方法对当代大学生道德共识度和共识状况加以精确反映,但透过高校道德现存问题,可以看到道德共识困境的真实存在和道德共识培育的必要性。

(一)道德价值理念中多元与一元的差异

综观本次调查,我们不难觉察过去由国家或社会提倡的一元化、绝对化的道德价值范式对大学生已经逐渐失去原有的约束力和权威性。在社会转型期,社会价值体系发生紊乱,大学生道德价值观也处于多元变化之中。道德价值观多元化即在共时态上,社会同时存在多种复合的道德价值观念因素①:有传统道德价值观和现代道德价值观,有西方道德价值观和本土道德价值观,也有积极的道德价值观和消极的道德价值观,有主流道德价值观和非主流道德价值观。笔者通过开放式调查获得 14 个"大学生比较认同的道德品质":敬业、勤劳、孝顺、正直、爱国、忠诚、正义、友善、谦虚、关怀、诚信、责任、节俭、尊重,可见大部分大学生崇尚积极的正面的价值观。但在调查问卷中大学生对于个人与他人、个人与集体(社会)、个人与自然、道义和利益关系的看法,又可以看出大学生道德价值取向已经存在不同程度的分化。例如,大学生在处理个人与他人的关系时,有毫不利己、专门利人,我为人人、人人为我、利己不损人、损人利己、道德冷漠等不同道德价值选择的表现。

化解当前大学生道德分化的关键是处理好道德价值观的"多元化"与主流价值观"一元性"的矛盾。这种矛盾是可以调节的,那就是在多元中需找共识,寻找和谐共处的伦理基础。道德共识培育的提出就是为了引导大学生走出价值选择的困惑,形成基本的道德规范共识。可以说学校一旦忽视道德共识的引导,大学生的道德观如同浮萍一般左右摇晃,容易以自我为核心,以自身的好恶为准绳,以自身利益来评判道德的正确与否。

---

① 李金. 现阶段我国价值取向多元化的成因及对策[J]. 黑河学刊,2009(6):3.

（二）道德价值认同中个体本位与群体取向的矛盾

现代社会的一大特征就是人性的解放和个体意识的凸显，我们已经从"以人的依赖关系中"解放出来，成为"以物的依赖为基础"独立、平等的社会经济主体。国家和社会为大学生提供了完善自我，实现个人价值的大舞台，然而国家、集体在一些大学生心中却显得不那么重要。结合本次调查数据可以看出，当代大学生在个人与集体关系上的道德价值取向呈现多元化态势，他们既重视集体利益，又重视个人利益，在处理二者的关系上，大多数能够以集体利益为重，但也呈现出复杂性。

个人本位的道德观将瓦解国家、社会的凝聚力，对国家、社会的危害是显而易见的。持个人本位价值取向的大学生在生活中想问题、做事情以个人利益作为出发点，强调国家、集体的对个人利益的满足。极端个人主义者甚至为实现个人利益不惜牺牲集体、国家以及他人的利益。个人本位的道德观不但使个人与他人关系冷漠、紧张，也使人和自然的关系陷入对立。他们持"人类中心主义"，为满足自身利益和眼前利益，对大自然疯狂掠夺，恣意妄为。个人主义是资产阶级道德的根本原则，显然与我国倡导的集体主义原则、社会主义核心价值观不一致，也将阻碍社会主义道德建设的进程。

当代青年学生不再普遍认同一个标准，不再盲目顺从统一的价值导向，他们关心自己的权益实现，也会审视集体利益是否正当，很难用"集体主义"或"个人主义"来明确区分，用"个人价值"和"社会价值"并重更为恰当。就如笔者对10名大学生的个别访谈中，问及"在日常生活中，在处理个人和集体的关系中，是坚持个人主义，还是坚持集体主义？"有6位同学表示，很难说清楚，有时候集体主义表现得强一点，有时候个人主义表现得强一点。部分大学生道德价值观"个体本位"与主流价值观"群体取向"的矛盾是客观存在的现实，当代大学生也陷入了"群己"关系的矛盾之中，回应这一道德困境，以社会核心价值为依据，在遵循基本道德共识的基础上实现利己和利他的合一，以期达到个体与共同体关系的重新平衡。

(三) 道德判断中"善"与"恶"的模糊

当代大学生正处于人生观与价值观形成的关键时期，易产生道德认知迷茫，模糊"善恶""荣辱"的边界。从本次调研以及相关资料可得出当代大学生不同程度存在善恶偏差、耻感淡化的危险。在问卷调查第18题，关于对复旦大学投毒案被告林森浩在采访里说"不计后果伤害别人不是我的底线，我不知道自己的底线是什么"的回答，有23%的大学生认为很正常，很多学生都不了解自己的想法。如在问卷调查第13题，关于"考试时，如果您发现您前面座位上的同学作弊，您将会如何"的回答，只有6.4%的大学生会向监考老师揭发，31%的大学生表示内心看不起他，但不会表现出来，高达60%的学生是持事不关己，不管不问的态度，还有0.6%的少数同学认为别人作弊，我也作弊。另外，还有74.2%的大学生认同"现代社会，老实人吃亏"的观念。

校园里流行着"不挂科，不补考的大学是不完整"的怪论。现实中，我们也经常看到一些学生把"上课迟到""逃课""挂科"作为"张扬个性"的一种表现，把遵守纪律、认真钻研的学生认为是古板、胆小、没个性的"书呆子"。一些学生认为穿着朴素、生活节俭是"土老帽"，把任意挥霍父母的血汗钱比吃穿认为是"时髦、气派"。过去感到羞耻的"丑恶"现象，在部分大学生的心中已经变得无足轻重，甚至以恶为善。传统社会的善恶、荣辱界限分明，清晰易辨，但是现代多元复杂的社会现象让涉世未深的当代大学生以为在善恶、荣辱之间有许多"灰色地带"的假象。他们认为有能力的人比有道德的人更值得钦佩，把唯利是图、损人利己狡辩为"人的本性"的合理行为。模糊了"善""恶"的边界的危害是直接导致道德的虚无，价值的失落，精神家园的毁灭。大学生道德共识培育以社会主流价值为导向，帮助大学生明辨是非，修身自律，防微杜渐。

（四）道德选择中"义"与"利"的冲突

大学生的义利观是道德品质的重要组成部分，也是他们面临道义和利益冲突时行为选择的向导。在市场竞争的压力下，当代大学生面临更

多元与融合：当代大学生道德共识培育研究

加复杂的利益关系。他们有理想追求，也重视物质生活质量。选择专业是选择有兴趣但冷门的专业，还是选择热门有"钱途"的专业？毕业就业是选择到祖国最需要人才的偏远地方服务，还是有利于自己发展的发达城市工作？当学生干部、入党动机是更好为同学、人民服务，还是为了有利于就业和个人前途？虽然痛恨贪污腐败、走后门等不良社会之风，但如果有机会得利，是否也会选择走歪门邪道？

中国传统道德崇尚"先义后利"，反对"重利轻义"。市场经济大环境下，"义"和"利"获得了同样的合理地位，有的大学生经不住"利"的诱惑，突破了"义"的底线。见利忘义，不择手段不仅是道德沦丧的开始，还是法律底线的失守。哈尔滨某大学航天专业硕士研究生常某某抵挡不住金钱的诱惑，向境外组织提供危害国家安全的情报而被捕；河南郑州职业技术学院大一学生因贩卖国家二级保护动物鹰隼而获刑；大学生为买名牌衣服、买名牌手机、买彩票等非理性消费而身陷校园借贷平台的骗局，有的女大学生不惜用"裸条"进行抵押。在问卷调查中，有62.2%的学生赞同"有钱能使鬼推磨"符合社会主义市场经济的现实这一观点，夸大了"利"的作用，忽略了从长远看"义"对"利"的必然约束力。但如果贬低"利"的地位，让所有的大学生都见义忘利，见义勇为也是不现实的。市场经济下，对大学生的道德要求关键在于引导他们如何兼顾"义"和"利"，意识到"见利忘义"的不可取、不道德，在此基础上逐步提高要求。

（五）道德习性中"知"与"行"的分离

当代大学生接受从幼儿园、小学、中学到大学生系统的正规学校道德教育，他们在道德认知上基本是良好的。但是，凡是涉及日常生活中具体的道德行为，就会出现偏差。他们崇尚助人为乐、舍己为人，却缺乏从我做起的道德责任感，如在一项关于"如何看待一个高级职员在救一个落水乞丐而身亡"的调查中，44.2%的大学生认为佩服但不会去做。① 当问及是否会帮助陌生人，只有22.4%的大学生表示经常帮助陌生人，有1.7%的大学生从来不帮助陌生人。② 他们有集体主义的价值取向，但在行动上更看重个人利益和实惠。如在笔者的问卷调查中，有64.6%的大学生完全同意或基本同意"个人奋斗的成功比集体的共同发展重要"的观点。他们认同诚信价值，但考试作弊、恶意拖欠学费的现象在大学生中并不少见。如在调查中，有60.4%的学生完全同意或基本同意"如果信守承诺让我吃亏，背信弃义也无妨"。他们有社会公德意识，但在校园里"课桌文化""长明灯""长留水"却随处可见。

道德贵在践行，如今学校里不乏"道德理论家"，缺乏的是"道德实践家"。大学生对道德理论的高度认知，对自身道德行为的低约束，反映出传统高校道德教育在某些范围上的失效。有学者指出当今道德教育"只是把古今中外的美德与规范统统收集起来，装入一个袋子，上课时拿出来欣赏一番，下课就把它装到袋子里去了，教师花了精力，学生无动于衷。杜威批评这种从行为中抽象出来而孤立讲述的道德学科，就像离开肉体的形骸，也好似不要学生跳入水池而光给他讲游泳术一样地迂腐可笑"。③ 大学生在道德实践中的知行分离使道德教育流于形式，不能形成真正意义上的道德共识。大学生道德共识培育关键在于探索大学生群体必须遵循的合理的、基本的道德要求，注重普遍约束力，要求人人可知，人人践行。

---

① 樊浩. 中国伦理道德报告 [M]. 北京：中国社会科学出版社，2012：583.
② 樊浩. 中国伦理道德报告 [M]. 北京：中国社会科学出版社，2012：582.
③ 顾小萍. 高职生需要什么样的德育课堂教学 [J]. 成功（教育版），2013（11）：237.

第四章
影响当代大学生道德共识度的因素分析

当代大学生生长在一个更加多变、复杂的世界里面,感受着多元文化的交汇与碰撞,影响大学生道德共识培育效果的因素是多方面的,既有社会转型期社会整体价值观走向多样化和复杂化的影响,也有高等道德教育直面现代性转型的问题。本章从宏观方面到微观方面,从主观因素到客观因素,力求全面分析影响我国当代大学生道德共识度的因素。辩证思维告诉我们任何事情都具有两面性,因而这些影响因素有积极方面也有消极方面。为了找到问题的源头,本文主要分析消极方面的影响。

第一节 影响当代大学生道德共识度的环境因素审视

道德的存在方式是历史的、具体的。道德共识也一定是植根于特定社会的经济、政治、文化、舆论等综合构成的现实环境之中的。社会经济、政治、文化的变迁必然改变并影响道德教育效果以及大学生道德共识的形成。

一、市场化下利益分化对大学生道德共识度的影响

经济基础决定上层建筑。马克思指出:"财产的任何一种社会形式都

有各自'道德'与之相适应。①"恩格斯指出："在现代社会中，人们只能得出这样的结论：人们自觉地或不自觉地归根到底总是从他们阶级地位所依据的实际关系中——从他们进行生产交换的经济关系中，吸取自己的伦理观念。②"在马克思、恩格斯看来，经济是道德的决定因素。道德本质上受一定社会的经济关系所制约。社会道德状况的变迁从根本上源于经济体制的转轨。随着社会主义市场经济体制的建立和完善，我国社会生活中的多元利益分化和多元价值冲突，对大学生道德共识影响是最根本、最深刻的。

（一）市场经济下多元利益主体与道德价值选择的多样化

中华人民共和国成立以后，我国在确立社会主义基本制度的同时，也逐步建立起高度集中的计划经济体制。但是随着国民经济的发展，高度集中的计划经济体制的弊端日益暴露出来，严重束缚生产力的发展。经过不懈努力和艰辛探索，在改革开放和经济发展的呼应下，党的十四大确立了社会主义市场经济体制。与计划经济体制相比，市场经济体制表现出明显的多样性和灵活性。市场经济改变了以往单一的所有制结构和分配方式，经济结构呈现出多元性的特点。我国开始实行"以公有制经济为主体，多种经济成分长期共存，共同发展"的所有制结构，"以按劳分配方式为主体，多种分配方式并存"的分配方式。多元的经济结构、多样的利益分配方式形成了与之相适应的多元经济利益主体。不同于计划经济时代个人高度依附于单位、国家整体利益的状况，社会主义市场经济体制下的利益主体有更大的自由去追求各自利益。市场经济条件下经济结构的多样性和利益主体的多样性，是道德价值选择由单一化向多元化转变的根源。

唯物史观认为，在道德价值中人既可以是价值主体，又可以成为价值客体。道德主体需要和客体属性的多样化，使道德价值表现出复杂多样。以什么标准去评判个人行为对他人和社会的道德意义，什么样的行

---

① 马克思，恩格斯. 马克思恩格斯文集：第3卷［M］. 北京：人民出版社，2009：214.
② 马克思，恩格斯. 马克思恩格斯文集：第9卷［M］. 北京：人民出版社，2009：99.

为满足什么样的主体需要才具有道德价值，不同的人会有不同的答案，于是就会产生不同的道德价值选择。马克思曾指出："人们为之奋斗的一切，都同他们的利益有关。①"社会经济利益是最基本的利益，直接决定着道德意识和行为选择。社会经济关系不同，利益便有不同的表现，从而影响到道德价值的选择。社会主义市场经济革除了计划经济时期生产力发展的单一化的弊端，打破传统社会的利益格局，经济结构和利益主体呈现出多元化，决定了道德价值选择的多元性。大学生各自生长在利益分配差异的家庭里，导致他们对成才的设计和期望是多视角、多方位的，使得大学生在价值观念上和价值选择的多元化。正如调查问卷中关于"有钱能使鬼推磨"符合社会主义市场经济的社会现实的看法，19.8%的大学生认为完全同意，42.4%的大学生认为基本同意，30.8%的大学生认为基本不同意，只有7%的大学生认为完全不同意。可以看出，市场经济条件下，大学生的义利观②产生了分歧。在市场经济条件下，大学生的利益意识增强，道德选择的自由度增大，容易产生道德冲突与碰撞，如功利与道义的冲突、集体和个人的冲突、效率和公平的冲突以及代际利益的冲突等，在一定程度上削弱了道德共识。

（二）市场经济的趋利性与自发性容易导致道德价值的虚无

市场经济和私有财产带来了个体的解放，人们从传统的固定的社会关系中挣脱出来，发挥出巨大的创造力，推动社会生产力前所未有的发展。但是市场经济本身所固有的趋利性、自发性和滞后性，也对道德生活产生负面影响，主要表现为助长了极端个人主义、功利主义、拜金主义在社会中的蔓延。市场经济的全面建立，使人性获得解放，个体在物质和精神上的自由度大大增强。西方思潮极端个人主义在中国有了落地生根的土壤，他们打着为"个人主义"正名的口号，认为计划经济与集体主义相适应，而市场经济条件下应该提倡且必然导致个人主义。这一认识误区反映了社会主义市场经济条件下个人和社会关系的错位。在现

---

① 马克思，恩格斯. 马克思恩格斯全集：第1卷[M]. 北京：人民出版社，1995：187.
② 义利观：如何看待道德原则和金钱、物质利益的关系.

实中表现为了个人私利,可以不择手段,无视人的良心和社会最起码的道德准则。就如本文的问卷调查中,大学生关于"如果信守诺言让我吃亏,背弃诺言也无妨"的看法,有3.5%的学生完全同意,有14.4%的学生基本同意。极端个人主义反对任何道德约束和主张,否认人与人之间的共同性和普遍性,瓦解了共享的道德秩序,从而根本否定道德的基础,必然导致道德虚无。

在市场经济的浪潮中,被工具理性统治下的人们,陷入物的、金钱的奴役之下,失去价值理性。"耻言理想、蔑视道德、拒斥传统、躲避崇高、不要规则,怎么都行"的社会思潮泛起。在物化逻辑笼罩之下,传统的伦理规范遭受猛烈冲击,旧的价值标准开始失去往昔光环,社会公德被漠视和践踏,道德冷漠现象频频出现,"什么都可以做""什么都不想做"已成为所谓道德解放的新口号。"有钱就是爷""有钱能使鬼推磨""一切向钱看"和"人为财死、鸟为食亡"的金钱逻辑大行其道。

在追逐物欲的"去道德化"浪潮中,不少大学生的道德价值取向也出现了"功利化""虚无化"的倾向。当代大学生个性意识很强,追求无拘无束的生活,希望尽快摆脱社会和家庭对他们的约束,但是由于他们辨别能力尚弱,自我控制能力较差。一些大学生在实现自我价值,张扬主体性的同时,陷入拜金主义、享乐主义、极端个人主义、道德虚无主义的泥潭。大学生在专业学习、恋爱观上,甚至就业选择上都有不同程度的功利化倾向。为了金钱利益,有大学生出卖国家安全情报;有大学生出售国家保护动物;有大学生用自己的专业知识制造假钞,等等。灵魂被物欲吞噬,人的精神价值失落。面对多元的复杂的生活世界,大学生还需要具有统摄作用的伦理价值规范来引领,才不至于迷失方向。

二、全球化下多元文化对大学生道德共识度的影响

全球化是当代世界的重要特征之一,是无法阻挡的时代浪潮。经济全球化促进资源的合理配置,科学技术的交流共享,加快发展中国家的经济发展。中国作为发展中国家也是经济全球化的受益者,但经济全球

化也影响到我国的政治和文化,对思想道德领域提出了挑战。

(一) 多元文化对主流文化的挤压

当今世界的全球化首先是经济领域的全球化,但绝不仅限于经济领域。经济全球化的推进促进了人类的普遍交往,网络信息技术的发展使跨国交流更加自由方便,势必使其触及人类生存发展方式中的文化价值层面。一方面,全球化使西方文化成为多元文化中的重要一维,为中国主流文化的建设打开了新的视野,也为中国文化的大繁荣、大发展提供养分,使中国文化走向世界,使世界走向整体性的繁荣。孔子学院如雨后春笋遍布世界各地,成为中国文化走向世界的重要窗口。随着文化产业的发展,越来越多的中国文化产品走出国门在世界市场占有一席之地。

另一方面,文化的交流碰撞不可避免地导致强势文化对弱势文化的挤压和同化。以美国为首的西方发达国家主导下的全球化,西方国家凭借着其强大的经济、资本实力以及高度垄断的跨国传播媒介通过含有文化价值的信息产品的销售实现其文化价值的全球性扩张,从而潜移默化地改变、西化着弱势民族和非西方文化,削弱他们的话语权。[①] 中西方意识形态的对立加剧了东西方两种文化之间的冲突。西方文化输出是一场无硝烟的战争,而中国作为最大的社会主义国家成为主要的战场。西方国家通过文化载体推行"西化""分化"战略在形式上更加隐蔽,并且从来没有停止过。

美国政府重要智囊团基辛格同仁公司总裁直言不讳地宣称:"美国应该确保:如果世界向统一语言方向发展,那么这种语言就应该是英语;……如果世界正形成共同的价值观,那么这些价值观就应该是符合美国人意愿的价值观。[②]"面临美国消费文化和强大媒体的冲击,我们应保持清醒头脑,取其精华,去其糟粕。成长中的青少学生更易于受到外界环境的影响,他们中的一些人表现出对西方文化的仰视和盲目崇拜,

---

① 史璞,夏冰. 后现代、全球化与多元文化 [J]. 河南师范大学学报(哲学社会科学版),2007 (1): 3.
② 李亚娣. 试论当代大学生国家文化安全意识能力培养的重要性 [J]. 兰州教育学院学报,2015 (3): 30.

对我国传统文化和社会主义先进文化的妄自菲薄和不自信。一些大学生"言必称西方",把西方文明当作人类社会唯一有永恒生命力的文明形态,宣扬"西方中心论"。四大文明古国的历史命运已经证明,中华传统文化独特的文化魅力是中华民族生生不息、繁衍进步的重要精神动力。近代中国的崛起也足已证明中国特色社会主义文化的科学性和先进性。

(二) 西方价值观对主流价值观的消解

西方文化输出的目的是实现西方价值观的扩张。西方发达国家披着文化交流的面纱,其实际目的是通过美化西方资本主义价值观念和生活方式,把西方那套所谓的价值观和体制作为普世的标准来推行,实际上是企图和平演变与自己价值观不同的国家,以分化遏制他国的发展,稳定资本主义世界,巩固自己的霸权地位。早在美苏争霸时期,美国就制定过十条反华诫令。① 美国原国务卿亨利·基辛格的《论中国》透露出美国推行普世价值的目的:"中国主张独立自主,不干涉他国内政,不向外国传播意识形态,而美国坚持通过施压和激励来实现价值观的普适性,也就是要干涉别国的内政。"②

西方发达国家宣扬的价值观念冲击着国人的心灵,尤其是缺少辨别力的青年大学生更容易沉浸于糖衣炮弹包裹下的西方价值观的渗透中。当前西方价值观的表现形式是多种多样的,如实用主义、拜金主义、自由主义、个人主义、道德相对主义、普世价值等。部分大学生在强烈的价值碰撞中失去自我,容易偏离社会主流价值观。一些大学生沉迷于好莱坞大片《蜘蛛侠》《钢铁侠》等精心设计的个人主义与英雄主义的"美国梦"之中,却对我国《铁人》《任长霞》《孔繁森》等歌颂党的好干部、人民的好公仆的主旋律电影不甚了解,淡化了国家、集体主义观念。不少大学生把金钱的盲目崇拜和恣意消费看作炫耀的资本,将消费水平的指针确定为人生价值的标准。受"道德相对主义"思潮的影响,

---

① 刘世军,郝铁川.江泽民思想研究 [M].南京:南京大学出版,2002:24.
② 教育部中国特色社会主义理论体系研究中心特约研究员.揭开西方"普世价值"的面纱 [N].人民日报,2015-11-30.

不少大学生片面强调个人是道德评判的最高尺度，导致他们道德评价与道德选择的随意化与主观化。还有不少青年大学生被西方所谓"普世价值"所迷惑，被资本主义经济繁荣所迷惑，看不清西方资本主义的本质特征，看不清西方敌对势力的真面目，容易动摇社会主义的道德信念。

西方错误价值观中个人至上、实用主义、享乐主义等价值观念与植根于当代青年大学生心中的集体主义、重义轻利、艰苦奋斗等价值观念发生了激烈较量和斗争。全球化下西方价值观念的扩张对大学生来说，容易造成统一的价值标准被"分化"，价值取向被"西化"，道德信仰被淡化，人生理想被扭曲；对整个民族来说，容易带来社会价值的认同感缺失，民族文化传承和创新不足，民族自信心弱化的危害。

三、网络化下大众传媒对大学生道德共识度的影响

进入21世纪，大众传播媒体日益发展壮大。除传统媒体外，以数字技术为基础，以网络为载体的新兴媒体迅速占领传播阵地。大学生置身于这样一个媒体发达，信息爆炸的时代，接收媒体传播的信息的同时也感染着媒体传播的价值观。大学生从各类新媒体接收的海量信息中，真伪难辨、良莠不齐，有的信息蕴含真善美，有的信息充斥着假丑恶，考验着大学生的媒体素养，也考验着大学生明辨是非善恶的能力。

（一）信息网络化减弱了"主流价值"的整合力度

新信息技术的开发、互联网多媒体的普及，开辟了全新的信息传播方式。计算机、移动设备等越来越成为大学生生活学习中的必不可少的工具和载体。信息网络化也是一把双刃剑，一方面由于它的快捷、及时、方便，强大的互动功能，使社会主义核心价值观的传播高效化，有利于核心价值观的大众化和社会化。另一方面，由于互联网信息是不受时间空间约束的多点、开放、匿名传播，使社会对个人思想行为的约束减弱，影响了"主流价值"的整合力度。

微博、微信、博客、论坛、贴吧等自媒体平台逐渐成为各种社会力量、各大利益群体表达思想和意志的场所。互联网给人们营造了越来越

丰富的话语权利，舆论信息传播日趋自主化、平民化、隐蔽化、复杂化。每个网民都可以传播或表达自己的意见和要求，其中有散播虚假信息的不法炒作者，也不乏西方敌对势力的网上代言人。同时，西方发达国家不但利用其信息技术的优势监听他国信息，还通过其控制的网络资源传播西方文化和价值观。先进的与落后的、积极的与消极的、主流的与非主流的，泥沙俱下，良莠不齐，各种价值观念出现在网络空间里，渗透到青年大学生群体中去。大学生处于世界观、人生观、价值观形成的关键时期，在纷繁复杂的选择中，在似是而非的诱惑前，容易被信息的表象特征牵着鼻子走，影响到正确道德观、价值观的建立。

网络提供极力张扬个人自由的空间，同时大大消解了我国宣传思想工作的话语垄断权，使得国家在社会舆论的监控方面难度加大。高校互联网已成为舆论斗争的主战场，我们不去占领，别人就会去占领，真理不占领，杂草便会丛生。2015 年，中共中央办公厅、国务院办公厅印发了《关于进一步加强和改进新形势下高校宣传思想工作的意见》，是指导新形势下高校宣传思想工作的纲领性文献，要求各高校要加强网络舆论引导，充分运用新型传播手段创新高校宣传思想工作，掌握网络舆论主动权。

（二）部分传媒的伦理缺失消解了道德认同的引导力量

传媒作为整合社会资源、协调社会发展的基础性力量，成为现代社会最有力的传播方式。在一项对大学生的调查中，分别有 72.0% 和 70% 人为"传播文化观念最广泛深入的方式"是电影电视和互联网。"对形成我国当前各种新型伦理关系和道德观念，哪些因素起到主要作用？""网络和媒体"以 74.2% 高居榜首。① 在阶级社会，新闻传媒往往是为一定阶级服务的舆论工作。马克思主义者把它作为人民争取和实现自身权利的重要工具，把它当作人民的武器、阵地、旗帜，"无产阶级事业机器上的齿轮和螺丝钉"。传播媒体对热点事件议题的关注吸引公众的眼球，对新

---

① 樊浩. 中国伦理道德报告 [M]. 北京：中国社会科学出版社，2012：37.

闻事件的还原是否真实影响人们的价值评判。传播媒介能够使意见相左的团体达成某种共识，实现对话。

传媒是社会的"神经"和"血管"，是传达社会价值的主要源泉。传媒话语作为一种公共道德资源总是带有某种道德立场，它以强大诱导力、渗透力和劝说力迅速传播开来，乃至主导人们道德观念、道德选择和行为方式。然而，由于当前存在着传媒商业化运作的过度扩展以及传媒从业人员的职业道德退化等问题，传媒道德话语的异化现象已经有所显现。①

其一表现为传媒公信力的缺失。一些新闻传媒用"新、奇、特"博取眼球，夸大事实，甚至杜撰素材，使报道失真，假新闻层出不穷。其二表现为传媒的娱乐泛化现象。不可否认传播媒介带愉悦大众身心的功能，但部分传媒仿佛把我们带入一个全民娱乐的时代。而这种娱乐方式，常充斥着黄色、暴力、恶搞、重口味的内容，偏离社会主流价值，这不但污化了社会空气，还会影响青少年的身心健康。从凤姐的审丑文化、郭美美的恶意炫富，到明星的绯闻八卦，各大传媒总是不惜版面、时段大肆报道。其三表现为传媒的功利化现象。一些新闻传媒为了赚取版面费和灰色收入，几乎成为少数强势群体的代言人，迎合某些企业和"成功人士"的需求，大量宣传他们的价值观念、生活方式。而反映普通百姓特别是弱势群体的生活、愿望、感情、要求和呼声的东西却少了。

总之，大众传播媒介无处不在，是社会价值系统的风向标。如果大众传媒伦理缺失会消解道德同一性的引导力量。

四、社会不正之风对大学生道德共识度的影响

当代大学生道德共识的形成和变化受多种因素的影响，其中社会风气是一个重要的因素。一定时期的社会风气总是内含着一定的道德价值观念，具有较强的外显性和熏习性，容易被大学生所感知与接受。良好

---

① 李兰芬．我国道德话语权的现状及其对策建议——基于苏州企业家的调查［J］．哲学动态，2008（9）：5.

的社会风气,可以形成一种巨大的凝聚力和向心力,使人民团结,生产发展,社会秩序良好,国家蒸蒸日上;不良社会风气,则会成为一种巨大的破坏力和离心力,使人民精神涣散,生产受阻,社会动荡。

(一) 社会不公现象瓦解道德共识的现实基础

当前社会风气是在经济发展模式转换、体制深层次改革和全方位对外开放的社会转型变革中形成的。社会转型变革不可避免涉及利益格局调整。目前,由于利益格局调整中的制度设计不合理、运作不规范而出现的诸多社会不公正现象已经侵袭到我国公民道德建设领域,深深地影响人们的道德共识。例如,贫富差距逐渐加大,经济地位的悬殊使社会成员产生严重的不公平感。有的社会成员因为社会不公待遇、生活压力进而抱怨、敌视、报复社会,产生各种各样的道德失范行为。

"防范冲击社会道德底线的事情出现"①,李克强总理在2015年7月22日的国务院常务会议上说的这句话,再次凸显了高层的"底线思维"。仓廪实而知礼节,衣食足而知荣辱。只有人们基本保障无忧,社会道德底线才能守得住。"阳光普照才温暖",只有身处公平竞争环境,社会道德底线才能守得住。社会公正是社会和谐有序的基本诉求。在伦理的视域中,公正是道德义务与道德权利的统一,道德与幸福的一致的内在要求。

目前,社会与个人之间的权利和义务还未实现真正的统一。有的失信者却成了获利者,有的救人反被讹,"英雄流血又流泪"的现象时有发生。在社会不公正现象的刺激和影响下,人们的道德认知、道德评价、道德水准出现不稳定、迷乱、失衡甚至扭曲。社会"公正"是改革的关键词之一,也是社会层面的价值需求,更是实现依法治国和以德治国的基础。

(二) 示范群体的领袖缺场使道德共识难以凝聚

道德示范群体和作为个体成员的道德榜样不同,往往同一定的职业

---

① 姜洪. 总理所说"社会道德底线"是什么 [N]. 检查日报,2015-7-27 (1).

群体、社会阶层或团体等相关联，以群体的形式出现，是其群体固有道德、稳定道德的总体反映。① 执政者、教师、社会名流对社会民众起着引导、教育和模范的作用，他们既是社会风气的引导者，也是社会风气的集中体现。故《大学》中强调："自天子以至于庶人，壹是皆以修身为本。其本乱而末治者否矣，其所厚者薄，而其所薄者厚，未之有也。"②

"官德"是风向标，直接影响民德和社会风气。孔子曰："上好礼，则民莫敢不敬；上好义，则民莫敢不服；上好信，则民莫敢不用情。"③ 官德良好，社会才能风清气正；反之，上梁不正下梁歪，官德不良，上行下效，殃及整个社会风气。在群众心目中，官员应是道德的楷模，"官德"代表社会较高层次的道德要求，对民德具有示范和引领作用。从十八大以来，以习近平同志为总书记的党中央坚持全面从严治党，开始了一场零容忍"打虎拍蝇"的反腐战役，从战果来看，仅2015年，中纪委查处37名中管干部，发布34份部级及以上干部处分通报，全国4万余人违法八项规定被处理。④ 官德是官员腐败的第一道防线。从近年发生的一系列官员腐败案件来看，少数领导干部官德缺失是主要原因。官德缺失有深厚的历史文化根源，也有着社会转型方面的原因。官德缺失后果严重，官风影响政风、政风影响民风，造成不良的社会影响。

在高等教育教学实践活动中，大学教师是大学生获取知识的导师和引路人，在大学生的心目中占有特殊重要的地位。习近平在全国高校思想政治工作会议上强调，教师是人类灵魂的工程师，承担着神圣使命。传道者自己首先要明道、信道。近年来，师德师风中存在着一些不容忽视的问题。一些教师教育学生要诚信，自己却治学不严谨，弄虚作假，剽窃他人学术成果；有的老师收受学生贿赂，对学生亲疏有别；有的老师上课对学生有所保留，应付了事，下课积极以补课敛财；有的教师表

---

① 试析传统社会的道德示范群体．温克勤［J］．天津社会科学，2013（2）：27．
② 朱熹．集注．陈成标点．四书集注［M］．岳麓书社，2004：6．
③ 朱熹．集注．陈成标点．四书集注［M］．岳麓书社，2004：161．
④ 李源．"数读"2015年中央反腐"成绩单"［DB/OL］．人民网－中国共产党新闻网，2016－01－13．http：//FANFU.PEOPLE.COM.CN/N1/2016/0113/C64371－28047862.html．

面上满口道德仁义，背地里却是生活作风不检点。育人先要律己，为师更应重德。师道长存，才能形成尊师重道之风。

在道德教育中，对大学生的道德内化发生作用的，绝不止是写进文件中的道德条例、写进教科书中的道德规约、人们嘴上说的道德口号、墙上挂的道德训示，更为重要的是教育者、周围人群对道德的实际践行所产生的示范和引导作用①。如果这些行为示范群体的道德信用散失，直接影响大学生的道德共识形成，而且会通过大学生波及社会的各个层面，产生无法估量的影响。

第二节　影响当代大学生道德共识度的教育因素审视

当代中国在不同价值交汇、撞碰与整合的过程中，出现了道德信仰危机、个体德性式微、道德共识缺失等现代性道德困境。这些既给当前我国道德教育带来了巨大的冲击，又在不断拷问着当代中国的道德教育。反思当前道德教育的弊端是培育大学生道德共识不可回避的问题。

一、传统高校道德教育的乏力

中国正经历从传统社会向现代社会的转型。高校道德教育的范式应与时代发展相适应，体现时代特征，满足时代发展提出的要求。传统道德教育失去了在单一的经济基础、高度集中的社会体制结构及其相应的社会舆论环境下的价值合理性基础，其局限性和困境日益显现出来。中国现代化进程中市场化、全球化和网络化的社会变迁及其引发的价值生态的改变强烈呼吁现代道德教育转型。② 在实践中，我国的道德教育转型

---

① 王淑芹. 道德教育低效化审视 [J]. 思想教育研究，2007 (9)：16.
② 曾盛聪. 伦理变迁与道德教育——市场化、全球化、网络化际遇中的现代性追寻 [M]. 广州：广东人民出版社，2006：23.

缓慢，在许多方面仍然沿用传统的做法，带有诸多传统的痕迹。

（一）目标过高的道德教育不利于道德共识的形成

道德目标是教育者对大学生思想道德水平的一种期待。在道德多元化的社会背景下，我国高校道德教育目标仍然受传统德育目标的影响，总体上道德教育的目标设立过高，且缺乏层次性。把德育目标设定过高、太过完美，而不真实，经不起推敲。把社会上一些精英分子的道德要求作为道德教育的整体目标。设想把所有的大学生都教育成"圣人""完人"，是无视客观条件和现实生活的一厢情愿。长此以往，大学生不但不相信与社会现实相差太远的道德信条，而且会产生对道德教育本身的逆反心理，开始习惯带着道德面具表演，只会喊口号，却连生活的基本礼貌和社会责任感都没有，难以形成真正的道德共识。

道德教育应该遵循序渐进原则，根据学生年龄和心理的发展阶段和特点，合理设置德育教育的目标。在同一年龄段的大学生群体也要照顾生命的多样性和复杂性，从履行基本道德义务的现实型道德教育到追求崇高道德的理想型道德教育，从低到高，从具体到抽象，紧密相连，层层递进。在道德价值观多元的社会，现代道德教育必须在道德目标上注重层次化，又高又大又统一的教育目标显得越发不可能，在多元中求得共识，在共识中提高层次，在现实性道德教育和超越性道德教育的辩证统一中，才能不断扩大道德共识度和共识面。

（二）脱离生活的道德教育不利于道德共识的形成

需要是人的本能，是推动个体成长发展的内在力量，是人类行为的最终目标指向。道德需要是道德主体渴望完善自己、完善人生的一种需要，是蕴含在人的社会性需要、精神性需要和发展性需要之中的一种高层次需要。我们之所以需要道德共识，也是我们需要共生共存，需要发展进步，共同追求美好生活。在传统和相对封闭及一元的社会环境下，大学生的道德生活需要比较单一，标准化道德教育的内容形成了一定的共识。随着我国社会经济的发展和进步，人们的道德生活更加开放多元，道德价值观也更加多元多样多变。传统道德教育内容的"绝对真理"性遭到质疑，教育行政部门自上而下地设置道德教育课程和教育内容，处于一种被怀疑的境地，可信性和接受性降低。目前多数高校中的道德教育依然沿用陈旧的德育教材，政治色彩太浓、内容比较空泛，偏离大学生的道德生活需要。道德教育内容脱离大学生真实生活，缺乏对大学生关注的新问题的回应，无法真正发挥出道德教育积极作用。传统道德教育"只见规则不见人"，忽视大学生在道德生活和道德教育中的主体作用，只关注社会理想性的需要，忽视大学生现实的当下需要，很难让大学生悟出对生活的热爱，对他人的关怀，对生命的尊重和对社会的责任等基本道德意识的真谛。

（三）方法单一的道德教育不利于道德共识的形成

传统道德教育是一个采用单向度的知识传授为主的教育模式。在教育过程中重理论、轻实践，重结果、轻过程，重单向灌输、轻双向互动，严重抑制受教育者的主体性和个体性，导致"当今教育从根本上偏离了它本真的意义，成为一种工具理性操作下的功利主义教育"[①]。传统道德教育中，教师作为道德真理的代言人，通常采用直接的问答式教学，采用规劝、说服、训诫、奖惩等方式向学生灌输权威性的、看似合理的道德观，而学生作为"美德之袋"，在教育过程只是认真"听讲"，被动接受，服从安排。师生关系演变成为命令与服从、机械说教与被动接受的关系，使道德教育变成一种不道德的行为。在道德多元化的社会，这种僵化、封闭的道德教育模式，要么窒息了学生的自主性和创造性，要么让学生成为一个没有道德判断力和选择能力的盲从"多面人"。

在知识经济的时代，信息化程度的不断提高，知识更新速度的加快，道德价值观日趋多元，学生的主体性日益增强均对教师的道德权威发起了严峻挑战。现代道德教育应该以培养大学生的道德选择能力为着力点，与学生平等相处，尊重学生、关爱学生，以开放的、民主的、对话的，讨论、体验、活动等方式，优化的道德教育环境，彼此分享生命体验和

---

① 鲁洁. 教育的返本归真 [J]. 华东师范大学学报，2001（4）：1.

各自的实践经验，谋求道德价值的共识，完善彼此道德人格。

（四）优秀传统道德教育断层不利于道德共识的形成

道德教育资源是高校实施道德教育的材料和养分。中华优秀传统文化积淀着中华民族代代相传的精神追求和伦理思想，是中华民族的"根"和"魂"。在五四新文化运动中，一些学者发出"打倒孔家店"的断言，许多优秀的传统文化被当成"旧文化"被质疑和抛弃，一定程度上造成人们与优秀传统道德的疏离。改革开放后，中华优秀传统文化又面临着实用主义和多元文化的挑战，在现代社会一度出现了弱化的趋势。在我国高校道德教育中也一度存在着"去传统"的危险，关于中华优秀传统文化的师资人才、课程设置少之又少，出现文化断层现象。现实中，当代大学生过度青睐的西方文化，把过西方节日作为一种时尚，却对传统文化妄自菲薄，缺乏认知和认同。一些大学生对诚信、厚仁、自强、重义、谦逊、勤俭、务实等千百年来所传承的优秀传统道德态度冷漠，缺乏认知的主动性和践行的自觉性。他们以为勤俭节约、艰苦奋斗已经过时，铺张浪费、炫富摆阔、浮华不实蔚然成风。

习近平总书记强调"不忘本来才能开辟未来，善于继承才能更好创新"[①]。优秀传统道德资源所蕴含的"仁爱、爱国、孝亲、诚信、知耻、重义、和合"等美德是当代大学生道德共识培育的活水源头。高校道德教育中传统道德文化资源的弱化和断裂，造成教育内容缺乏历史渊源，流于假、大、空的形式。2014年3月教育部颁发的《完善中华优秀传统文化教育指导纲要》为新形势下加强中华优秀传统文化教育做出了部署。共同的道德文化命脉涵养共同的道德情感，道德共识的形成需要共同的文化基础。作为传统文化的思想精华，中华传统美德理应薪火相传，熏陶、涵养大学生的精神世界。

---

① 中共中央宣传部. 习近平总书记系列重要讲话读本（2016年版）[M]. 北京：人民出版社，2016：202-203.

二、多元教育场域的部分反差

每一个大学生都是既成长在学校里，同时又生活在社会中。大学生道德品质的形成和发展是由学校内部环境和外部环境共同作用的结果，是家庭、社会和学校全员育人的努力促成的。单一的学校教育无法塑造出社会需要的完整的人，脱离社会的教育无异于空中楼阁，是虚幻而不现实的。只有当家庭、社区、各群众组织、团体和大众传媒对大学生的道德教化方向与学校道德教育目标相一致时，才能形成合力促进大学生道德共识的形成。

大学生终究要从学校的小课堂，走向社会的大"舞台"。进入大学后，大学生与社会的联系更加密切，社会教育是一种持续时间长、影响广泛的终身教育形式。一方面，社会教育可以弥补学校教育在知识教学方面存在的不足，又可以广泛地开展道德品质、价值观教育。另一方面，由于缺乏与社会环境紧密连接的教育机制，学校教育在应对社会冲击时就会显得相对脆弱。社会上某些不良风气会消解学校的道德教育成果。充斥于社会的诚信危机、享乐主义、拜金主义、奢靡之风等不良社会风气，均对学生构成了严重冲击和危害。由于社会文化活动和文化市场的监督管理体制滞后，一些媒体、电视台、杂志和网站为了谋取经济利益，过度宣传西方文化和生活方式，使不正之风广为流传。当大学生看到社会道德事实与学校教育倡导的道德价值观相背离，同时，学校教育由于缺乏与外部环境变化相配套的有效教育方案，使得出现在大学生思想上的问题和困惑未能够及时得到化解，从而使他们的道德走向分歧。

家庭教育是一切教育之源，其在整个教育体系中与学校教育、社会教育"三足鼎立"[①]。家庭教育具有亲和性、即时性、恒常性特点，这决定了它具有其他教育形式不可替代的优势。家教文化、家训家规的优良

---

① 顾明远. 教育大辞典 [M]. 上海：上海教育出版社，1998：667.

传统在我国有着悠久的历史。然而,由于时代的变化和计划生育政策的实施使中国家庭的结构发生了重大变化,出现了核心家庭、隔代家庭、留守儿童家庭、单亲家庭等,客观上使家庭教育再也无法发挥应有的效力。一方面,家庭环境中道德价值的缺失、道德关系的错位导致当前家庭道德教育乏力。受教育观念和社会大环境的影响,家庭道德教育在观念上重"智育"轻"德育",在道德教育内容选取上重"私德"轻"公德",在道德教育方式上更是以"溺爱""放任"逐渐代替传统家庭教育的"约束""训诫",家庭环境的过分宽松造成了家庭教育的低效。正如陈桂生所言,"在直系家庭转变为核心家庭后,出现了家庭教育与抚养经验的真空。"①在越来越多的隔代家庭和留守儿童中,由于父母的"不在场",对子女缺乏有效的道德影响和必要的道德约束。另一方面,学校教育缺乏与家庭教育紧密连接的教育机制,难以达成教育的合力。在中小学阶段,无论是学校还是家庭,都比较注重彼此间的互相联系和沟通,比如学校召开家长会、教师进行家访等。但是进入大学阶段,学校与家庭间的这种沟通和联系就变得很少,要么几乎不存在家庭与学校之间的沟通,要么只有发生问题的时候才进行沟通。在高校道德教育中,家庭教育在大学生道德素质塑造过程中的作用明显弱化。

割裂了社会教育、家庭教育和学校教育中的统一性,难以完成现代教育的重任。如果"学校讲集体主义,家庭讲个人主义,社会讲自私自利",再细致和周到的学校教育只能沦为"无用功"。只有发挥家庭教育、学校教育和社会教育各自的特点,构建以学校教育为中心的家庭、学校、社会教育三位一体的大教育体系才是社会和教育发展的必然趋势,也是构建大学生道德共识的必要路径。

---

① 陈桂生.教育原理[M].上海:华东师范大学出版社,2000:256.

第三节　影响当代大学生道德共识度的主体因素审视

事物的变化发展是内因和外因共同作用的结果。影响大学生道德共识度的因素除了环境的变迁、时代的遭遇、教育的弊端等客观因素，还有大学生自身存在的主观因素。多元价值观背景下，大学生道德共识的形成需要经历对话、理解、宽容、抉择、认同、信奉等复杂心理过程，需要足够的公共理性、道德选择能力去自我建构，还要以较强的道德责任感、意志力去自觉践行。然而，当代大学生在公共理性、道德选择能力、道德责任感、道德意志力等方面都有待提高，从而限制了大学生的道德共识度。

一、大学生的道德公共理性有待培养

公共理性以理性的沟通为手段，以求得共识为目的，其原则是开放、公开，其运作的结果是产生公共的伦理行为规范。① 道德公共理性是多元社会的人们实现共同生活与合作的一种重要思维和公民素质，也是一种道德能力。道德公共理性有助于公民关注社会的整体发展，在处理各种利益关系和冲突时，以有利于他人和社会作为出发点，并为他人和社会发展做出利益让步和妥协，达成各种共识，包括道德共识。如果一个政府、组织、公民缺乏道德公共理性，他们的行为取向和决策就可能是维护集团利益或个人利益，则会阻碍社会的和谐进步。广场舞大妈为了占领广场跳舞，给广场上停放的汽车车胎放气；小区居民不堪忍受广场舞扰民向广场舞大妈泼粪等行为都是缺乏公共理性的表现。当代大学生有较强的自我维权意识，但是对不侵犯别人权利的意识相对模糊，如一些

---

① 陈嘉明．个体理性与公共理性［J］．哲学研究，2008（6）：77．

多元与融合：当代大学生道德共识培育研究

大学生认为学校宿舍断电管理、公示考试作弊学生的信息侵犯了他们的权利和隐私，而对宿舍打游戏影响他人休息、图书馆占座浪费公共资源、教室打电话影响他人学习、剽窃他人学术成果侵犯著作权等行为却不以为然。当代大学生对公共生活中的道德要求有比较清晰的认识，可一旦涉及个人利益，他们有时候就会选择践踏公共利益或他人利益。

道德共识是社会共同体为了和谐幸福，安定有序的生活，基于公共理性而达成。人们有了共同的价值观念和道德追求，面对社会的诸多矛盾和利益冲突，才能达成谅解、形成共识、凝结意志和力量、协调行动步调一致地去化解。公共理性是消除分歧和冲突，维护和谐稳定的理性思维。当前一些大学生戾气还比较重，还存在一言不合就恶语相向，使用网络暴力，更有极端者怀恨在心，实施报复，伤害别的生命，如云南大学的"马加爵事件"、复旦大学的寝室投毒案。学会共同生活是21世纪教育的重要责任之一。当代大学生不仅需要竞争意识，而且需要合作、协商、包容意识。"95后""90后"大学生多为独生子女，部分家长的过分宠爱使其养成了"以自我为中心"的处事方式，容易产生团队合作意识不强、集体荣誉感较弱，人际关系紧张等道德缺陷。

二、大学生的道德选择能力有待提升

人的一生都是在不断的选择中度过的，道德选择在人的生活中更是不可避免的。人在真正意义上是一个道德人，可以说道德选择成为人存在的根本方式。罗国杰先生认为，"道德选择是一种特殊的社会选择，是人在一定的道德意识支配下，根据某种道德标准，在不同的价值准则或善恶之间所做的自觉自愿的抉择。道德选择是价值观的表现形式，它把人们内在的价值观念、道德品质等心理活动，以行为活动的形式呈现给自己或别人。"[1] 在现代社会，每个公民都有权力和自由进行道德选择。面对复杂的甚至两难的生活情境能够做出正确道德选择也是一种能力。

---

[1] 罗国杰. 伦理学 [M]. 北京：人民出版社，1989：334.

高中时父母、老师眼中的那些听话、顺从的"好孩子""好学生",有时却未必有足够的道德智慧和能力去独立面对复杂、充满诱惑的世界。大学生进入大学后,许多人生问题要自己解决,许多道德选择要自己面对,部分大学生在道德选择上失去"道德"向度,失去"善"的引导。

道德认知的模糊和不确定、道德规范的选择与运用的不稳定性等方面都影响着大学生的道德选择。例如,在个人和集体的关系上,一些大学生没有能力在个人利益和集体利益的博弈中寻求平衡,使得大学生面临个人与集体的选择时变得模糊。在个人和他们的关系上,一些大学生过于关注自我,以至于完全基于自己的生活立场做出道德选择。与传统社会相比,当代大学生置身于一个价值多元、利益多元、信息多元的社会,难免陷入不同价值观分歧、冲突的旋涡里,道德选择显得难度更大,很容易变成"自由的选择"和"去道德的选择"。去道德的选择导致着大学生的精神世界失落,心灵处于麻木禁锢状态,道德生活陷入盲从、混乱、无序、空虚的境地,不利于大学生道德人格的完善,也不利于大学生道德共识的培育。

稳定、理性、自主的道德选择能力是大学生道德人格自我建构的前提。大学阶段是个体心理发展由不成熟走向成熟的重要时期,同时也是大学生道德主体意识不断完善的关键时期。如果大学生还没有形成自己独立的道德主体意识,就容易在多元道德环境中产生从众性思维,游走在道德洼地与高地之间。因此,我们就必须设法改变传统的以灌输确定的知识为特征的道德教育方式,转而注重培养学生的道德鉴别能力、道德判断能力、道德选择能力和道德行为能力,也就是要注重对学生进行主体道德人格的教育。① 只有当学生形成了自己的主体道德人格时,他们才有可能面临多元的道德选择时不会随波逐流、迷失自我,做出有助于美好生活生成的合理道德选择。

---

① 李清聚,范迎春. 后传统社会道德教育的困境及其出路 [J]. 教育探索,2010 (5):123.

三、大学生的道德责任感还需强化

人类有丰富的情感，包括同情感、怜悯感、正义感、义务感、羞耻感、荣誉感、幸福感等。道德情感是道德品质的催化剂，道德共识情感是道德共识的动力源。培育道德共识情感，最重要的是激发大学生的道德责任感。近年来，老人摔倒了没有人扶、运货车翻了被人哄抢、见人跳楼不去救人还在起哄拍视频等社会怪象时有发生，"道德冷漠症"成了当代社会之痛。江苏一年轻教师在监考中猝死，学生却继续平静做题，难道教育要培养"冷血无知"的考试机器。有媒体报道18名复旦等校大学生在安徽黄山风景区探险时迷路，民警为救他们不幸坠崖牺牲。事后，复旦学生非但不反思与感恩，还在论坛大谈面对媒体如何公关、登山社谁来掌权，以及民警就该为纳税人服务"。① 现实生活中，一些大学生终日与计算机终端打交道，沉溺于网络社会，与人们之间的直接交往机会大幅减少，容易导致大学生责任感、同情心下降，成为孤独、冷漠的个体。

道德情感的散失，人际关系的淡漠，道德规范的失效，如果得不到及时有效的解决，必然损害正常的经济和社会秩序，影响和谐社会建设的大局。大学生不能沦为一个冷漠的道德旁观者。启发大学生的道德义务感，承担起应有的伦理责任是道德教育应有之意。大学生作为社会公民，应根据在社会关系、社会生活中所处的地位、所扮演的"角色"的客观道德要求，履行着一定的道德准则和规范。道德准则和规范是客观外在的东西，只有向道德主体注入的责任感，才能激活它，使大学生弃恶从善，拥有善心爱意，乐于扶弱济困，敢于见义勇为。

四、大学生的道德意志力还需磨炼

马克思在《新亚美利加百科全书》中写道："最可靠的心理学家们都

---

① 佘宗明. 获救大学生的冷漠何尝不是道德的退化 [DB/OL]. 华声在线，2010 - 12 - 17. http://opinion.voc.com.cn/article/201012/201012170832547276.html.

承认,人类的天性可分作认识、行为、情感,或是理智、意志和感受三种功能,与这三种功能相对应的是真善美的观念。"① 如果把这种心理本质特性和人的道德意识活动相联系,那么与之相对应的就是个体的道德认知、道德情感和道德意志。影响道德活动的因素有很多,道德意志是由道德认识、道德情感到道德行为的中介环节,是影响道德活动的重要一环。道德意志是价值判断、选择与认同的根本前提。道德意志体现着人们自觉选择的做人范式,承担自己的道德责任和道德义务,并在实践层面上得以铺陈开来。

首先,道德意志能够确立明确的道德目的。道德意志对行为活动的调控是一种主体意志的自律,而不是外在的强力压迫。它是在一定道德目标的感召下,在道德责任或道德义务甚至是道德良心的支配下,面对困难和障碍时,主体的一种自我选择、自我决策、自我约束、自我控制,并且能够做到坚持不懈、勇往直前,直到实现理想目标。② 其次,道德意志能够稳定道德选择。做一次好事不难,难的是一辈子做好事;拥有的是一次德行不难,难的是拥有终身的德行。道德意志通过它的调控功能,使人们自觉调节行为,克服困难,消除障碍,使道德行为得以坚持,实现一定的道德目标。最后,道德意志能够引导道德践行。马克思对意志这一人类特殊的心理现象,给予很高的评价,"人则使自己的生命活动本身变成自己的意志和意识的对象。"③ 可以看出,道德意志能够影响、支配和调节人的道德行为,是实施道德行为的直接动力因素。

然而,当前有些大学生道德意志相对薄弱,自制力、容忍力相对缺乏。道德意志薄弱的人表现在知行关系层面上,常常"知其当行却未行""知其当止而未止",甚至表现出知善行恶。道德意志薄弱的人面对冲突时,往往会犹豫不决,摇摆不定,不良的欲望、爱好和个人自私自利的动机常占上风,不能使自己的行动服从于集体的或国家的需要。道德意

---

① 马克思,恩格斯. 马克思恩格斯全集:第4卷 [M]. 北京:人民出版社,1972:174.
② 沈永福,张友国. 论道德意志的功能 [J]. 首都师范大学学报(社会科学版),2011(06):139.
③ 马克思,恩格斯. 马克思恩格斯全集:第3卷 [M]. 北京:人民出版社,2002:273.

志薄弱的大学生容易受不良社会风气和错误社会思潮的影响，没有明确的道德目标，常常改变道德准则和信条，容易做出触犯道德底线的失范行为。道德信念不坚定的大学生，怕承担责任，对于比较容易做到的道德善行，会有较多的大学生去做，对于一些难度较大的道德行为，则践行的概率会大大减少。磨炼大学生的道德意志从基本的修身自律做起，勿以善小而不为，勿以恶小而为之，从身边的小事做起，从自我做起。

第五章　我国当代大学生道德共识培育的国外经验借鉴

第五章
我国当代大学生道德共识培育的国外经验借鉴

20世纪以来，人类在科技和经济领域取得了辉煌的成就，但是在道德领域，无论东方还是西方都出现了前所未有的现代伦理危机，道德虚无蔓延，传统价值式微。对于这种状况，许多有识之士都深表不安。英国著名历史学家汤因比曾经忧虑地指出："迄今为止，人的伦理行为的水准一直很低，丝毫没有提高。但是，技术成就的水准却急剧上升，其发展速度比有记录可查的任何时代都快。结果是技术和伦理之间的鸿沟空前增大。这不仅是可耻的，甚至也是致命的。"并指出了问题的症结所在："即或承认价值的多样化，是否还需要一个包括多样化的共同基础的价值观呢？没有这样的一个基础，人与人之间的相互信赖和协调就建立不起来。"① 本文选取新加坡、英国、美国三个比较有代表性的国家作为考察借鉴的对象。这三个国家同中国虽然有着不同的制度、国家规模、文化背景和人口构成，对道德共识培育的提法也存在着差异，道德共识的内涵也因国而异，但实际上都在追寻一个共同的目的，消解价值共识危机，规范公民道德行为，使多元社会实现有效融合。"他山之石，可以攻玉"，对国外道德共识培育的经验加以学习借鉴提高，对于改进正处于社会转型期的我国当代大学生道德共识培育工作具有重大的意义。

---

① 侯惠勤．正确世界观人生观的磨砺　马克思主义著作精要研究［M］．南京：南京大学出版社，1996：3．

多元与融合：当代大学生道德共识培育研究

第一节 国外道德共识培育的主要经验

一、新加坡道德共识培育的主要经验

新加坡是东南亚的一个岛国，虽然国小民寡，却在建国后短短几十年步入了现代化，不但实现经济上的崛起，还创造了举世瞩目的"新加坡精神文明"，这与新加坡一直以来高度重视伦理道德建设密不可分。新加坡建立起各民族一致认同的"共同价值观"和独具特色的学校德育体系，对我国当代大学生道德共识培育有一定的借鉴作用。

（一）新加坡通过共同价值观建设凝聚道德共识

独立后的新加坡由于长期的外来殖民统治，加上复杂的种族移民，多元的文化传统，不同的宗教习俗，国内社会结构的异质性明显，社会价值观念和意识形态混乱，整个国家处于松散状态。20世纪70年代以后，随着全球化、现代化的发展，社会结构的分化、贫富差距拉大，东西方文化的冲突日趋严重，社会"道德危机"加剧，一度犯罪率升高，毒品滥用、堕胎等各种社会问题日渐增多。

如果任由这些问题发展下去，必将导致社会的分裂和对抗。倡导一种不同种族、宗教和文化的人们普遍接受的共同价值观，使他们在心理上认同一个国家、一个新加坡势在必行。经过反复讨论，政府于1991年公布了《共同价值观白皮书》，将"国家至上，社会为先；家庭为根，社会为本；关怀扶持，尊重个人；求同存异，协商共识；种族和谐，宗教宽容"作为五项共同价值观。① 五大共同价值观也是新加坡人的基本道德原则，对个人的道德养成具有基础的作用。新加坡通过凝练共同价值观，传递社会主流价值观，培育共同道德价值。

---

① 孙建青. 当代中国大学生核心价值观教育问题研究 [D]. 济南：山东大学，2014：108.

(二) 新加坡道德共识培育的主要做法

1. 政府推动，官德示范

新加坡设立了专门的"国家意识委员会"，以国家白皮书形式提出了自己的共同价值观，并在政府的主导下，引导公民个体在社会生活中理性地进行道德选择，形成新加坡自己的道德价值认同。"民无德不立，政无德不威"。首先，新加坡政府历届领导人是共同道德价值的强有力领导者、策划者和推动者。每逢重大节日，总理都发表讲话、撰写文章，弘扬新加坡精神。政府每年都会组织"全面防卫日""种族和谐日""国庆日"等重大节日的纪念活动，开展形式多样、内容丰富的公民道德教育活动，如"全国文明礼貌月""国民意识周""家庭周""敬老周""忠诚周运动"等20多个全国性的活动，将共同价值观融入国民生活，不断大众化。

其次，新加坡建立了一套完整、严格的公务员管理制度，树立勤政、廉洁、高效的政府形象，充分发扬政府、公务员的模范表率作用。新加坡在公务员录用资格审查中，非常重视品德修养的审查。录用后，政府通过发放个人品德记录本、行为跟踪、秘密调查对公务员进行全程监督和严格考核。政府还制定了《财产申报》《公务员守则和纪律条例》《反贪污法》等肃贪倡廉的法律制度，实行公务员个人财产申报制度，明确规定公务员不得经商，不能向下属借款，不准接受宴请，不准进酒吧、舞厅、红灯区等，不准穿时装或奇装异服，不准留长发等规范公务员行为准则。

2. 学校主体、家庭配合

首先，新加坡是世界上将道德教育列为学校科目并正式施教的少数国家之一。新加坡学校教育设计了从幼儿园到大学的渐进式、完整的教育体系。新加坡学校教育依托《好公民》和《公民道德教育大纲》等课程，紧紧围绕五大共同价值观，充分考虑不同年龄段学生的心理、生理特点，对低年级学生着重培养良好行为习惯，对高年级学生着重培养社会责任感，将共同价值观教育融入学校教育全过程。① 新加坡国立大学在公民教育中倡导大学生形成善于拼博、进取、创新的优秀品质。新加坡还充分发挥各科教学的"渗透作用"，比如语文教材中有很多关于华族的传统节日、礼仪风俗的文章，蕴含着忠贞爱国、敬老孝亲、感恩礼让、睦邻友好等价值观。学校还把道德教育和实践结合起来，组织学生参加各种课外活动，如参加升降国旗仪式、文明礼貌月活动，还有参观监狱、禁毒屋，参与社会公益活动等，强化学生与人为善、互助友爱、讲礼貌等良好的品德。②

其次，新加坡格外重视家庭对公民品德形成的影响作用，强调学校应与家庭建立良好的联系。家庭是社会主流价值观传承的重要渠道。家庭是子女人生的第一课堂，只有家庭和谐，才能为子女营造一个良好的成长环境，让他们健康成长。新加坡明确规定家庭的长辈、长者有义务对晚辈进行指导和教育。1993 年，为了将"家庭为根"的新加坡共同价值观在家庭层面的具体化，新加坡政府继而提出家庭价值观，其内容包括："亲爱关怀，互敬互重，孝顺尊长，忠诚承诺，和谐沟通。"并于2000 年 9 月，成立家庭教育民众委员会（Public Education Committee on Family），启动了学校家庭教育计划（School Family Education Programme），通过开设家庭生活教育课程，全面提升家长、学校职员和学生"重亲情、享天伦"的家庭观念和生活技能，进而促进新加坡社会的和谐发展。学校家庭教育计划为学生家长提供正确有效的抚育技能，帮助他们建立自信、融洽的沟通，增进亲子关系，维护和谐的婚姻并养成健康的生活方式。③

3. 法律护航、政策助力

首先，新加坡坚持德法兼治，用严密的法律保障共同行为规范。新

---

① 钟轩. 政府推动　全民参与　法治护航——新加坡共同价值观建设的启示 [N]. 人民日报，2015 – 06 – 19 (14).
② 苏玉超，黄红发. 新加坡培育和践行其"共同价值观"的经验与启示 [J]. 前沿，2014 (10)：22.
③ 霍利婷. 新加坡"学校家庭教育计划" [J]. 国外中小学教育，2008 (7)：57 – 58.

加坡是个高度法治化的国家，大到国家管理，小到公民个人行为，方方面面都有相当完备的法律法规。这些法律法规，确立了人们的行为底线，保障了共同道德价值观的落实，促进了良好行为习惯和良好社会风尚的形成。新加坡政府制定《报章与印刷出版法令》对大众传媒进行了有效控制，禁止传播与共同价值观不符合的内容，任何媒体一旦违反，必定会处以重罚。为了保障家庭价值观的实行，新加坡还颁布了《赡养父母法案》。在公共场所，各种告示、警示、规定触目可及，公众衣食住行、言行举止均有章可循。对于违反法律的，不仅会处以罚款，情节严重的甚至处以绞刑或鞭刑，有效震慑了犯罪行为。①

其次，新加坡政府将共同价值观融合到国家战略高度的指导方针中，通过公共政策、语言政策、教育政策、文化政策推动和彰显共同价值取向。如为体现"家庭为根"的理念，政府为方便已婚子女与年迈父母同住或就近居住，购买房屋时给予价格和税收优惠。如为体现"关怀扶助"，新加坡建立了公积金制度；"居者有其屋"计划；就业奖励和培训计划；保健储蓄计划、保健双全计划和保健基金计划的"三保计划"等四大保障体系。② 为体现"种族和谐"，新加坡政府还制定了双语制与多语制并行的政策。

4. 立足传统、文化涵养

20世纪70年代，为改良社会风气，抵制西方腐朽价值观的侵蚀，新加坡政府在全国开展了声势浩大的"文化再生"运动，旗帜鲜明地加强以儒家伦理为核心的东方价值观教育。早在1978年前后，新加坡将儒家八德"孝、悌、忠、信、礼、义、廉、耻"做了现代化的诠释，并将其作为新加坡的"治国之纲"和新加坡人的具体行为准则。例如，"忠"就是效忠新加坡，把国家利益放在首位。"孝"就是尊老敬贤，孝敬父母，营造和谐家庭。"仁爱"就是友善待人，尊重关心他人。1983年，新加坡

---

① 钟轩. 政府推动　全民参与　法治护航——新加坡共同价值观建设的启示[N]. 人民日报，2015年06月19日14版.
② 钟轩. 政府推动　全民参与　法治护航——新加坡共同价值观建设的启示[N]. 人民日报，2015年06月19日14版.

政府成立的东亚哲学研究所，主要任务是弘扬中国儒家文化，使之现代化。1991年，新加坡正式提出的共同价值观就融合了儒家文化以整体利益为重的集体主义精神，"修身、齐家、治国、平天下"的个人修养模式，以及"求同存异、和而不同"的文化观，与西方倡导的自由主义、个人主义价值观截然不同。[①]

为更好地在国民教育中普及儒家伦理道德思想，使儒家伦理文化进教材，进课堂，进头脑，新加坡在学校里正式开设《儒家伦理》课程。20世纪90年代后，新加坡虽没有开设《儒家伦理》课程，但在公民道德教育中仍然吸收了大量的儒家伦理思想的精华，继续影响着新一代新加坡人的整体文化素质和道德价值观。除了学校对儒家伦理及其道德价值观的教育，新加坡政府还利用各种活动和平台在全社会普及推广儒家精神。与西方国家的超前消费理念不同，新加坡弘扬儒家"俭以养德"的精神，从政府到民众都十分节约，践行绿色低碳生活理念，提倡量入为出，鼓励储蓄。新加坡还经常组织大学生参加传统节日的龙狮队、舞蹈团等活动，从中传承传统文化。新加坡各地地铁站的月台上和隧道里都贴有孔子语录的广告，在公园内塑造孔子像以供人瞻仰等，营造具有儒家色彩的社会教育氛围。

二、英国道德共识培育的主要经验

英国是一个多种族群和多元文化并存的国家，培育共同价值是凝聚社会、整合国家意识的基石。英国教育哲学家麦克劳克林（McLaughlin）提出，在一个多元化社会中，界定出社会共同的价值观念以及与公共道德和共同利益取得一致意见是非常必要的。[②]

（一）英国以共同价值教育重建青少年道德观

英国公民教育的一个重要维度就是让学生做好在多元社会中生活的

[①] 苏玉超，黄红发. 新加坡培育和践行其"共同价值观"的经验与启示 [J]. 前沿. 2014 (10)：24.

[②] 吴海荣. 多元文化背景下英国学校公民教育的内在张力 [J]. 中小学现代教育，2015 (12)：135.

第五章 我国当代大学生道德共识培育的国外经验借鉴

准备。英国1988年的教育改革法案认为："公民教育应该帮助学生形成一种个人的道德法规，并探讨价值观和信念。应当促进那些共有的价值观，例如关心他人、勤俭和努力、自尊和自律，以及像诚实和正直这类道德品质。"① 1990年英国国家课程委员会发布《课程指南3》特别指出："学生应该发展个人的道德行为准则、价值和信仰。应该促进学生的共有价值，例如关心他人、勤奋努力、自我尊重、同时发展例如诚实和真诚等道德品质。"②

然而，从2001年英国布拉德福特、博雷和欧德汉姆地区发生的种族冲突以及2005年伦敦地铁爆炸案到2011年的社会骚乱事件，无不给英国政府敲响了的警钟。英国当局也表示，英国整个社会的道德和价值体系长期以来缓慢而持续不断地沦丧是发生如此令人震惊的社会骚乱的根本原因。社会道德价值是一个社会的是非标准，是一个社会不可缺少的凝聚力。英国面临价值和道德沦丧的危险，急需加强对青年学生的学校纪律教育、道德教育、价值观教育。

2011年，卡梅伦联合政府在修订《防御战略》(*Prevent Strategy*)时将英国价值观界定为"民主、法治、个人自由，以及相互尊重和包容不同的信仰和观念"。教育大臣戈夫提出，从2014年9月起，英格兰两万多所中小学都要积极推行英国价值观教育。教育标准局也建议，所有宗教的和非宗教的公立学校与学院必须推行英国社会价值观。③

2014年11月，英国和科学部出台《将促进基本英国价值观作为学校精神、道德、社会和文化教育的一部分——给公立学校的政策建议》，除了对公立学校促进学生精神、道德、社会和文化发展的责任进行重申，还要求所有学校采取措施积极促进英国价值观，并就如何推行给出建

---

① 郭凤志. 德育文化论[D]. 哈尔滨：东北师范大学，2005：81.
② 周洲. 加强核心价值观，超越差异——应对多元文化挑战的英国公民教育[J]. 贵州教育学院学报（社会科学），2009（8）：24.
③ 左敏，李冠杰"特洛伊木马"事件与当代英国价值观建设[J]. 当代世界与社会主义. 2016（1）：124.

议。① 英国基本价值观蕴含着公民都应当遵循的社会道德规范和价值追求，把共同价值观教育纳入公民教育，以实现青少年道德观的塑造。

（二）英国道德共识培育的主要做法

1. **显性教学与隐性渗透互补**

英国学校道德共识培育除了课堂显性教学外，还注重通过形式多样的隐性教育载体间接施以价值渗透。特别是英国的高校没有设立专门的公民道德课程，学生主要通过其他专业课程教育，与导师沟通，参加社会团体活动等各种受到间接的道德教育。

（1）显性教学

2002年，英国把公民教育作为国家法定学科在学校正式实施，是11岁到16岁中学生的必修课程。2007年，课程改革委员会将英国共同价值以及英国生活方式的教育纳入法定公民课程的一部分。例如要求根据各年龄阶段学生的状况，在课程中加入关于民主的力量和优缺点、民主如何在英国运作等内容。政府对学校的教育效果进行跟踪，对不积极推行英国价值观的学校减少财政经费拨款额度。2014年时任教育大臣摩根还要求将英国价值观教育纳入幼儿课程中，从儿童2岁开始便进行价值观教育，通过"先入为主"来避免他们将来受到宗教极端分子影响。② 英国学校课程的编制者专门挖掘教师与学生都感兴趣的问题，将其与各关键学段（key stage）的价值教育内容整合起来，改编成包含一系列社会热点的特殊文本，为教师提供充足的教学素材和案例资料，进而扩展学生的讨论范围和参与机会。③ 通过课程学习和讨论，有意识地塑造学生的价值观念，进而规范自身行为。

（2）隐性渗透

其一是活动中的价值渗透。英国学校通常会组织学生参与主题明确的实践活动。小学通过慈善募捐培养学生的同情心；组织外出郊游，亲

---

① 宁莹莹. 国家政策建构中的英国价值教育实践与启示 [J]. 福建教育学院学报，2016（12）：2.
② 左敏，李冠杰. "特洛伊木马"事件与当代英国价值观建设 [J]. 当代世界与社会主义. 2016（1）：126.
③ 邱琳. 英国学校价值教育的隐性课程 [J]. 外国教育研究，2012（5）：99.

近自然的同时从小培养环境意识。中学会经常组织学生观摩法庭，参观监狱，通过公益性社团开展绿色环保宣传活动。大学则会通过各类学生团体、学生会组织各类论坛就社会教育热点、学生关注的焦点、国际性的跨文化问题进行专题讨论。英国政府要求年满19岁之前的所有青年必须提供50小时的社区服务，学校也会鼓励并组织学生参与校社区服务实践，如为老人院、残疾儿童学校提供服务，为社区中心清理垃圾，举办资源再生利用环保活动，或参与社区教堂演奏等。参与各类社区活动增强了学生的社会责任感，影响他们道德价值观念的发展。

其二是环境中的价值渗透。首先是校园文化环境的潜移默化。学校生活、学校的政策声明、校纪校风及师生关系都体现着校内成员共同的价值取向和行为模式，对生活在学校集体里的学生有潜移默化的暗示作用。英国学校相继推出了多种旨在减少强制纪律干预的教育策略，如冲突解决计划、结对指导计划、同伴调节等，可以增强学生相互尊重、关心和支持的道德责任。其次是社会大环境的情景渲染。英国要求政府机构常年悬挂国旗、提倡公民在自家花园悬挂国旗。英国伦敦的两百多所博物馆、艺术馆、名人故居、纪念馆等公共场所免费对公民开放，宣扬着英国的历史与价值观。英国还通过诸如女王登基庆典、奥运会、休战纪念日、诺曼底登陆纪念等一些重大事件的周年纪念活动，加强民族自豪感，开展爱国主义教育。

其三是身教中的价值渗透。英国教育和科学部现行的《合格教师资格标准》要求所有教师通过个人及职业行为给学生树立一个好榜样。[①] 英国大学的导师制历史悠久，可以追溯到14世纪的牛津大学。英国高校选聘导师要求品学俱佳，因为他们的品德和人生观与他们所教授的课程一样重要。导师制要求导师负责学生在校三年的教育培养，并建立密切的师生关系。学生每周至少与导师见一次面，并将自己一周内研究和撰写的论文向导师汇报，提倡自由发言，平等讨论，拉近师生距离。导师不

---

① 邱琳. 英国学校价值教育的隐性课程 [J]. 外国教育研究，2012（5）：102.

是单纯为学生解决学习上的疑惑，还关注学生思想上、心理上的烦恼。导师在言传身教，率先垂范中实现对学生价值观方面的教育和引导。

2. 传统文化和现代教育形式相融

英国的宗教教育和绅士教育有着悠久的历史，曾经是英国传统道德教育的主要形式。但是没有因为时代的变迁完全退出历史舞台，而是已经变成了英国传统文化的一部分，与现代教育形式相融，继续影响当代英国人的价值观、道德观。传统宗教教育使用一问一答式的"教理问答"和冗长乏味的"道德说教"，对学生进行道德训导。随着社会的进步与发展，传统宗教的说教方式和权威压制方式已经被逐渐摒弃，精华部分则保留下来，并被注入现代活力的因素，使其更好地与现代环境结合。例如，传统的集体礼拜主要包括唱赞美诗、做祷告、阅读《圣经》和基督教教义。现在的集体礼拜内容上却不再局限于基督教教义和《圣经》，经常会围绕各种主题展开，例如"诚实""思考每一天""新学年、新开始"等，成为英国学校的进行道德教育的重要方式。① 宗教课也改变原来枯燥的教义宣读，用有教育意义的故事充实改编《圣经》故事让学生更容易理解《圣经》所传达的基督教精神。

绅士教育是英国道德教育历史上另一个时代的主题。绅士文化被看作是融合各个阶层价值取向的英国民族精神和民族风度的一种外化。英国唯物主义哲学家 J. 洛克在《教育漫话》中提出要尽一切可能让学生了解、掌握绅士应该具备的德行、智慧、礼仪和学问，并按这些道德规范行事，成为有绅士风度和教养的人。随着社会的发展，绅士教育并没有退出历史的舞台。受传统绅士文化的影响，今天的英国道德教育仍然十分重视学生的个人仪表、文明礼仪的教育。在一些学校德育大纲上，对在家和在学校的礼节、用餐的礼节，在公共场所要举止端庄、有礼貌、服装整洁，甚至连上洗手间如何保持清洁都有详细规定。②

---

① 张嵘. 英国学校道德教育主题的嬗变 [J]. 学术论坛, 2014 (3): 72.
② 罗聘. 试析英国学校道德教育的方法和途径 [J]. 湖北社会科学, 2005 (7): 163.

三、美国道德共识培育的主要经验

美国作为资本主义现代化国家的先驱,是一个多种族聚居、多元文化交汇、多种宗教并存的国家。战后的冷战思维以及多元文化的冲击下,美国学校的道德教育走过了一段曲折的道路,曾经一度逐渐让位于学术与技能的训练进入衰落期,学校道德教育停滞引发了相当严重的后果。20世纪六七十年代的美国开始处于道德危机之中,社会问题急剧增加,极端的个人主义、享乐主义盛行,进而在青少年中频频发生早孕、吸毒、酗酒、自杀、暴力与毒品泛滥等问题。为改变这些糟糕的社会现状,重建德行共识,美国恢复了注重学生核心价值观和基本品格培养在学校道德教育中的主导性地位,开始新品格教育运动。

(一) 美国复兴新品格教育追寻德行共识

价值多元化背景下,美国道德教育经历了"保持价值中立"到"教授核心价值"的立场转变。20世纪60年代西方社会兴起的"价值澄清学派"是提倡在道德教育中保持价值中立的典型代表,认为不存在普遍的道德标准,主张进行个人相对主义道德教育。价值澄清学派通过一整套操作性强的教学方法,帮助学生掌握价值澄清的方法,自由选择道德价值观。这一教育理论尊重学生个人意愿,关注现实生活,反对强硬的灌输说教,有利于调动学生的学习兴趣。然而实践证明,这种缺乏核心价值观引领的、忽视内容的形式创新既不能帮助青少年养成良好的道德品质,也不能解决他们的道德困惑,甚至更加剧了青少年的道德堕落。因此在70年代,科尔伯格的道德认知发展模式便对价值澄清学派的弊端进行批判与反思,提出在道德教育中建立普遍的价值原则。但是这一理论也仅仅停留在主张"道德思维方式、推理方式和抽象的公正原则上的可普遍化",在具体的道德内容上仍然持多元论的立场,所以它与价值澄清学派一样没能真正解决个人价值迷茫的问题。[1]

---

[1] 余维武. 多元文化时代西方道德教育理论评析 [J]. 思想理论教育, 2006 (4): 20-21.

80年代末、90年代初开始,美国社会在批判继承科尔伯格学说的基础上,兴起了新品格教育(Character – education)。新品格教育者反对无价值立场的道德教育,提倡通过构建价值鲜明、内容具体的核心品格并在道德社群中加强实施,恢复个体对社会的责任以及尊重等传统德性共识。新品格教育运动兴起是对美国道德相对主义盛行,德行共识瓦解的道德危机的回应,也是对以往主张价值中立的道德教育模式的反思,是新时期道德教育改革的诉求。

虽然实施品格教育的必要性得到美国社会的一致认同,但是美国政府、专家以及各社会团体并未对确立和教授何种共同的道德价值和德性达成一致意见。美国是一个多文化、多种族、多宗教的社会,确立一套社会普遍认可的道德价值有较大的难度。"品格关注联"提出了品格教育的六大支柱:尊重、责任、信赖、关爱、公平和公民精神。[①] 而盖洛普的民意测验则显示,公众赞成教授诚实、民主、爱国主义、关心他人、道德勇气、黄金法则、接受异族、宗教宽容等8种价值。[②] 德克萨斯州教授的基本道德品质定为:礼貌、勇敢、自律、诚实、自尊、正义、爱国、个人的公共义务、尊重自己和他人、尊重权威、负责和坚毅。[③] 尽管美国新品格教育内容没有得到统一,但在看似多样的内容背后其实蕴藏着形散而神不散的核心道德价值,即一种最低限度的德行共识:慎思、勇敢、自律、公正、关心、尊重、负责、诚实的品格。[④]

(二) 美国道德共识培育的主要做法

20世纪80年代以来,美国新品格教育模式取得了显著的成效,逐渐成为美国学校占主导地位的新型道德教育模式,也是当今各国品格教育相对较为成功的典范,在培育方法上积累了特色的经验和做法。

---

① 陈洁. 美国品格教育运动及其对学生思想政治教育的启示 [J]. 思想政治教育研究, 2010 (6): 135.
② 冯谱. 论20世纪美国道德教育及其借鉴作用 [D]. 成都: 西南大学, . 2012: 21.
③ 郑永安, 孙敖. 美国新品格教育评析 [J]. 高校理论战线, 2011 (9): 73.
④ 郑富兴. 论美国新品格教育的"社群化"特征 [J]. 比较教育研究, 2004 (11): 6.

1. 社群化的教育环境创设

在美国新品格教育中，确定核心价值和德行之前，会邀请学生家长、社区成员共同讨论学校应该培养学生哪些具体的德行，然后形成共同认可的道德价值，并依托学校、家庭和社区里的有效因素共同贯彻这些价值和德行，使青少年在实践中理解、体验和行动，最终形成相应的品格特质。学生的品格发展需要在教育和环境交互作用下实现，因此美国新品格教育非常强调家庭、学校和社区之间要加强合作，建立伙伴关系，形成一个由家庭、学校和社区共同组成的道德社群。而且学校要在家庭和社区中起到桥梁中介作用，必须把价值教育的理念和策略传递给学校所在的社区与学生家长，尽力争取学生家长和社区人员对学校教育的支持和参与。美国新品格教育回归社群生活，使品格教育充满浓厚的生活气息，身边父母、老师、同学就是他们的品格榜样。

2. 整体性的社会支持系统

美国新品格教育不仅得到美国联邦政府和各州政府官方的政策法案推动，而且得到教育科研机构、社会团体、宗教组织等众多民间团体的广泛支持，不仅在教育领域形成了学校、家庭、社区的道德教育联盟，而且通过其强大的大众传播手段加以强化渲染。首先，美国联邦政府通过美国教育部陆续推出"蓝带学校颁奖计划""不落下一个孩子"的学校认证计划、品格教育试点合作计划，设立专项经费支持全美品格教育的实践和研究。各州政府也高度重视新品格教育的开展，美国约有 20 多个州通过了有关品格教育的立法。早在 1995 年，美国印第安那州众议院通过了一项有关培养合格公民的教育法令，并列举出 13 项重要的品格范畴，如尊重他人财产、尊重他人的宗教信仰的权利等。[①] 其次，美国的品格教育理念离不开众多品格教育研究机构的推动，比较著名的有品格教育联盟、品格教育协会、伦理与品格促进中心、第 4R 和第 5R 中心（即把尊重——Respect 和责任——Responsibility 的品格要作为教育的补充）。

---

① 谢狂飞. 美国品格教育研究 [D]. 上海：复旦大学. 2012：49.

这些研究机构不是纯理论的研究，而是致力于在理论的指导下真正推动学校教育改革实践的落实，如帮助学校和社区开展各种各样的品格教育活动，举行品格教育师资的培训、组织学术会议、出版各种有关品格教育书籍与报刊。最后，美国品格教育还通过其强大的大众传媒和信息产业在国内外传播看似合理的，实际上带有意识形态性的价值观，对内进行熏陶强化，对外进行价值输出。如渗透着美国主流价值观念的好莱坞电影凭借其强大的全球辐射力，不但潜移默化地影响着国内外观众的思维观念和价值判断，而且增强了美国青少年对本国文化的自信和优越感。

3. 隐蔽性的价值渗透

美国新品格教育要求学校教授确定的道德品格和价值观，侧重通过通识课程、学生事务管理、服务实践、校园文化等隐性力量进行隐蔽性的价值渗透。

首先，美国大学通过设置门类繁多的通识课程进行间接性的价值渗透。如哥伦比亚大学就规定，任何专业的本科学生在低年级以通识课程为主，学好文化基础课，修读《西方思想史》《美国现代文明》《现代社会》《民主问题》等人文社会学科，高年级才开始学习专业课。这些人文学科和社会科学是以人类社会为研究对象的，研究与解决人与人之间的关系问题，必然会涉及资产阶级的价值观、文化观、政治观，在学习和讨论中，以潜移默化的方式影响着大学生的思想和行为。近年来，美国大学还注意发挥自然科学学科的价值渗透功能，要求从历史、社会和伦理学的角度学习研究理科课程。

其次，美国学校将学生事务管理作为道德教育的重要方式，发挥服务育人的功能。美国学校在学生事务管理中，注重双向式的交流与沟通，尊重学生个体的尊严和价值，保护学生的权利和隐私，呈现出高度的民主化、人性化。同时，鼓励学生参与学校的管理和议事，帮助学生更好地树立"使命感、责任、合作"等良好品格。

再次，美国非常注重学生的实际道德体验，通过组织各种社会服务性活动强化对道德准则的价值认同。从初中、高中到大学，学生都可以参与不同类型的社区服务和义工活动，有技术含量低、需要大量免费劳动力的义卖募款活动、教会活动；也有需要一定知识和能力要求的社区问题治理活动，培养了学生的社会责任感、团队合作能力，学会关爱他人，尊重他人。

最后，美国还注重发挥环境育人的功能，通过打造蕴含学校倡导的共同价值的校园文化，唤起学生校园共同体的意识。如美国空军学院追求直率、无私、力求完美、尊重人的尊严、果断、责任、自我控制和激励、精神的欣赏等品性。ST 天主教学院是美国最大的天主教女子学院，以天主教修女的规范为指导，即以其力量、独立、关心弱势、社会活动为规范。基于学校的价值，学校发展荣誉规则，开展相应的活动。康涅狄格学院每年新学期开始，新生都要签署包含荣誉规则的"康涅狄格书"，让学生对自我约束、独立、公平、信任、容忍、同情、忠诚等共同价值做出承诺。①

4. 学生主体性作用的发挥

道德共识的形成除教育者外部的教育塑造外，还要依靠道德主体根据自身的认知、情感、体验进行自我建构。20 世纪 80 年代复兴的新品格教育理论保留了 20 世纪初品格教育中的合理成分，既坚持了教育者在价值引导中的主导地位，又充分尊重了学生主体建构的作用。在美国新品格教育实践中，教育者凭借对品格形成规律的洞察力，通过大量的"案例式教学"，激发学生主动对道德品格问题进行讨论、辩论、探讨，在辩论中深化明理，提高学生的道德判断能力，促进道德内化。为了营造师生主体间性的双向互动的氛围，美国品格教育大胆使用开放式的、圆周型的品格课堂模式（The Open - circle curriculum），学生的椅子是随时可以移动的，教室物理空间和师生之间情感心灵空间的交替变化也在为学生创造有情节、有故事、有悬念、有冲突的真实有效的教育情境，给抽象的品格范畴注入生活的底蕴。

---

① 唐克军，唐锋. 美国高校道德与公民教育的成功之道 [J]. 思想理论教育（上半月·综合版），2006（9）：70 - 72.

多元与融合：当代大学生道德共识培育研究

第二节 国外道德共识培育经验的启示

与传统社会相比，现代社会人们的道德价值和生活方式日趋多元、分化，没有道德共识的社会，是一个没有道德底线、无序混乱的社会。上述国家正是认识到这一问题的严重性，进而采取了一系列培育道德共识的有效措施，在一定程度上减少了价值观多元化而导致的社会道德问题，对社会转型期我国大学生道德共识培育有一定的借鉴作用。

一、官方引导，发挥政府顶层设计的作用

许多国家为应对多元价值对道德教育带来的冲击，维护社会稳定发展，巩固本阶级的统治，普遍把培育本国的道德共识放在国民教育的重要地位。新加坡以国家白皮书的形式公布"共同价值观"，形成了政府推动、官德示范、学校主体、家庭配合、法律护航、政策助力、文化涵养等多种途径共同推进的系统培育工程，极大地提高了公民的基本道德素质。随着国内种族冲突和社会骚乱问题频发，英国越发重视宣传其核心价值观，以法律的形式把英国价值观教育纳入公民教育的内容，以重建其道德体系，增加青年的道德责任感。美国联邦政府颁布了一系列法案，每年向全美数十所中小学资助大量资金支持开展品格教育。

我国政府部门也高度重视核心价值观培育和公民道德素质的提升。我国从国家、社会、公民三个层面高度凝练和倡导社会主义核心价值观，并要求把社会主义核心价值观纳入国民教育总体规划，以引领社会道德建设，巩固全党全国人民团结奋斗的共同思想基础。良好的政策制度能够释放出正确的价值导向、传递强大的价值力量。政府还要继续深化改革，及时制定和调整宏观政策、制度、法规等，打破现有的利益格局，实现利益分配的均衡，行政价值观转型，以良好的政府形象示范引领；完善各类公共场所和公众行为的管理制度，利用政府管理权力约束不良

第五章 我国当代大学生道德共识培育的国外经验借鉴

道德行为；建立广泛的惩罚、警示和扬善的机制，对于社会道德领域内的各种道德失范行为进行依法治理；要完善道德层面的社会舆论引导机制，充分发挥各类新闻媒体对社会主流道德价值的舆论宣传；有关教育部门还要把握和遵循学生成长规律，进一步完善实施细则，根据整体性和阶段性目标，优化从小学到大学层次分明、互相衔接的教育引导设计。

二、协同育人，建立整体德育机制

当代大学生生活在一个多元开放的社会里，大学生道德共识培育也应该是一个融合了各方力量的整体育人体系。外部来看，如果学校、家庭、社会在大学生道德价值引导上步调不一致。校内接受的教育不能在校外得到印证，而在校外遇到的问题又不能在校内得到有效的疏导，长此以往容易让他们产生思想道德困惑，大大降低教育效果。健康、和谐的教育环境的创设至关重要，如果在教育的某一环节上出现偏差对学生的成长发展就产生负面影响。新加坡道德共识培育非常注重家庭教育对学校教育的补充，通过成立家长委员会加强家校联系，兴办各种形式的家庭教育讲座提升父母教育的技巧。新加坡还十分重视社区精神文明建设，不仅净化社会风气，进一步加强了基层团结和国家意识。美国新品格教育实际上是一种回归社群生活的教育，它的成功很大程度上有赖于家庭、学校和社会三方齐抓共管。我国也应该构建学校教育、社会教育、家庭教育有机结合的一体化的德育网络，以家庭教育为基础，学校教育为主导，社会教育为补充，既能发挥它们各自的独特性作用，又能相互配合、相互渗透，从而形成大学生道德共识培育的合力。

就学校内部而言，如果学校的各类教育资源统筹性不够，资源分散、各自谋划，没有形成工作合力，也将大大降低教育效果。大学生道德共识培育不只是思政课教师的责任，法律、政策、人文教育等各科隐性课程的教师都要具备渗透意识；课堂教学还要与社会实践、文化活动配套，形成课堂教学、社会实践、校园文化多位一体的育人平台；学校既要履职尽责，又要建立宣传、共青团、学工处、心理辅导中心、教学、后勤保卫各部门的工作合力,使学校的教育教学、管理服务在价值导向上协调一致。

三、以情感人,重视隐性教育的价值渗透

道德共识的真正形成是一个人知情意行相统一的心理过程。道德共识培育不是简单地灌输一定的道德知识或者道德规范,道德主体的情感认同是关键环节。显性教育方式如思想政治课教学能够帮助学生较快建立系统性的道德知识体系,有助于社会道德发展的继承性和连续性,但是如果忽略隐性教育的价值渗透和引导,大学生没有真正理解和信服它们,容易使理论教育陷入教条、空洞。隐性教育的内容隐蔽,教育方式多元,强调学生的主动参与,讲究以情感人,因势利导,能产生教育的长效性。

美国、英国、新加坡等国家的学校普遍比较侧重隐性教育,通过各类隐性课程、实践活动、教育情境的整体性营造等形式进行价值影响和渗透。我国当代大学生道德共识培育要警惕教育方式的过度显性化,将显性教育与隐性教育统一起来,将教育引导和自我建构有效结合起来,做到优势互补,扬长避短。继续发挥思想政治理论课的主渠道作用的同时,还要积极利用校园活动、社会实践、志愿服务、网络思政、人文关怀、心理疏导等多元的隐性教育路径,在实践体验、情感共鸣中培育。

四、以文化人,依托本国的文化资源

文化是人的文化,人是文化的存在,没有人能够超越文化而存在。文化不仅凝聚着人类社会发展的成果,也饱含着人们的生活智慧和价值观念。随着经济全球化的深入,文化突破了国家、民族、地域的局限,相互融合也发生冲突,多元文化是当今世界很多国家的文化境遇。如何对待东方文化和西方文化,如何对待传统文化和现代文化,是每个国家需要面对的问题。新加坡在现代化进程中,仍然非常重视弘扬以儒家文化为基础的东方价值观,并赋予其现代意义,使儒家基本价值观深入到

社会各个层面，汇聚和提升国家文化软实力。

当前，我国也面临着东方文化和西方文化、传统文化与现代文化的融合和碰撞带来的冲击。习近平总书记站在国家的层面，呼吁国人要有"文化自信"。他说，文明特别是思想文化是一个国家、一个民族的灵魂。无论哪一个国家、哪一个民族，如果不珍惜自己的思想文化，丢掉了思想文化这个灵魂，这个国家、这个民族是立不起来的。① 历史悠久、博大精深的中华优秀传统文化是我国屹立于世界民族之林的根基，也是当代大学生道德共识培育的活水源头。当代大学生道德共识培育工作要按照教育部关于《完善中华优秀传统文化教育指导纲要》的精神要求，加强中华优秀传统文化教育，要以弘扬爱国主义精神为核心，以家国情怀教育、社会关爱教育和人格修养教育为重点，着力完善青少年学生的道德品质。②

五、以人为本，发挥学生的主体作用

英美等国强调在教学过程中把学生固有的或潜在的素质自内而外引发出来，充分发挥学生的主体作用。以英国学校的一节"上帝和金钱"的宗教课为例。整节课教师和学生围绕一张图片进行讨论：一个在河边钓鱼的人不幸落水，呼喊救命。另一个人从河边走过，他看着落水的人心里却在想如果救这个人自己会得到多少酬金。而这整个过程都被上帝看了在眼里。教师在教学中引导学生讨论，再把持不同观点的学生分组（分为正、反方两组），两组学生进行辩论，再分组。教师并没有用自己的观点影响学生，而是引导学生用同辈的语言来进行辩论，最后绝大部分同学达成一致：不要让钱控制了你的生活，因为当你去世的时候是不能把钱带走的；当你贫穷的时候不要泄气，如果你富有了，就应该多做善事，帮助他人。"上帝"即是我们所说的良心，就是一个人内在的自我

---

① 习近平. 在纪念孔子诞辰2565周年国际学术研讨会暨国际儒学联合会第五届会员大会开幕会上的讲话 [M]. 北京：人民出版社，2014：9.
② 盖俊竹. 高职院校完善中华优秀传统文化教育路径探究 [J]. 文教资料，2017（1）：56.

道德要求。① 在这场教学过程中,学生是认识的主体,教师则是这一活动过程的组织者和指导者。

"教师灌、学生装"的模式忽视学生作为独立生命个体的存在,忽视学生的自主性、能动性和创造性,道德教育低效甚至无效是根本性的原因。教师的教是外因,外因必须通过内因而起作用。当代大学生道德共识培育要充分考虑大学生的身心特点和现实需要,多采用对话式、自主探究式、专题辩论式、案例比较等教学方法,引导大学生对道德问题进行自主发现、自主探索和主动学习,提高大学生道德反思能力、批判能力和建构能力。

经过上述分析,国外一些国家在培育本国公民共同道德价值的方式方法上积累了一些先进的教育理念和行之有效的策略,对我国当代大学生道德共识培育有一定的启示作用。但是,西方国家宣扬的主流价值观是建立在资本主义制度上,以"个人主义"价值理念为核心,与我国倡导的社会主义核心价值观有着本质的区别。道德共识培育在美国、英国等资本主义国家发挥的作用是有限的,具有局部的价值并不具有全局的意义。美国社会时常发生的暴力犯罪、吸毒等现象,英国社会发生的青少年骚乱、打砸抢烧等现象,就是个人主义价值观泛滥而付出了惨重的代价。没有共识的差异是不和谐的,没有差异的共识是不正常的。只有尊重差异,才能最大限度地满足社会的多元诉求。多种族群、多元宗教的英国在公民道德教育中还需要更好地兼顾统一价值认同和多样性教育,以维护各民族和谐共处,提高国家凝聚力。学习借鉴国外道德共识培育的先进经验,不能照抄照搬,必须坚持从我国的实际出发,吸纳其中有益的成分。

---

① 黄艳华. 英国中学的多元道德教育 [J]. 成功(教育版), 2012 (8): 245.

第六章　当代大学生道德共识培育的主要内容

第六章
当代大学生道德共识培育的主要内容

当今社会,道德价值观多元化对原有道德共识的解构困扰着人们的道德生活,也使道德虚无、行为失范成为社会性问题。大学乃国之重器,承担着立德树人的根本任务,承载着价值重构的历史重任。社会现代转型的新态势下,当代大学生道德共识培育遇到许多新情况、新问题,面临着培育内容的重构和范式的转型。当代大学生应当培育何种道德共识以及如何培育是当前高校思想政治工作的一项重要任务。整合社会主流意识形态的道德价值观与大学生群体特殊的道德价值观的内容,用通俗易懂、精辟简洁的话语科学凝练当代大学生道德共识培育的主要内容,是高校对大学生道德共识进行有效培育的前提,也是引导大学生自觉反思建构自身的核心道德价值的要求。

第一节　当代大学生道德共识内容的建构依据

大学生道德共识不是各种现存的道德价值规范的简单相加,而必须通过科学的凝练和合理的建构,因而明确其建构依据是前提。大学生道德共识内容建构应该立足中国国情,符合社会主义核心价值观的价值理念和道德要求;贴近大学生实际,充分体现大学生的群体特征和主体需要;继承优秀传统,紧扣时代脉搏,体现传统和现代的结合,民族性和世界性的融合。

一、以社会主义核心价值观为依据

（一）大学生道德共识必须以社会主义核心价值观为价值导向和引领

马克思说："统治阶级的思想在每一时代都是占统治地位的思想。这就是说，一个阶级是社会上占统治地位的物质力量，同时也是社会上占统治地位的精神力量。"① 古今中外，任何国家和社会，不管社会形态多么不同，不管社会思想多么复杂，但在意识形态领域，占支配地位的思想总是统治阶级的思想，这是社会历史发展规律。② 社会转型期，我国的社会价值观呈现多元化态势，给人们在思想道德领域中的选择和判断带来了难题，甚至会成为西方国家对我国"西化""分化"的锐利武器。任何政权的垮台，必定以思想文化的坍塌为前奏。任何一个国家、一个民族如果没有一种占主导地位的价值指引，人们就会感到焦虑、麻木、无所适从，直接影响人们的精神状态和投身社会建设的热情。

社会主义核心价值观是当代中国价值的最大公约数，是社会总的价值追求，是衡量和判断事物的终极价值标准。富强、民主、文明、和谐是国家的基本价值目标，自由、平等、公正、法治是社会的总体价值取向，爱国、敬业、诚信、友善是公民的个人价值准则。社会主义核心价值观囊括国家、社会、公民三个层面，它们相对独立，又相互联系、内在统一。社会主义核心价值观作为主导和统治地位的价值观，它解决的是方向问题、原则问题，是大学生道德共识培育权威性的价值根据。以社会主义核心价值观作为价值导向和引领，才能使大学生在追求个人"小利"的时候，不违背"国家发展、民族复兴、社会和谐、人民幸福"之"大义"，积极投身中国特色社会主义现代化建设。

---

① 马克思，恩格斯. 马克思恩格斯选集：第 1 卷 [M]. 北京：人民出版社，2012：178.
② 中共中央宣传部理论局. 六个"为什么"——对几个重大问题的回答：连载一 [DB/OL]. 人民网，2009 - 6 - 1. http://theory.people.com.cn/GB/41038/9385785.html.

（二）大学生道德共识是社会主义核心价值观在大学生群体的体现和延展

既然大学生道德共识必须以社会主义核心价值观为价值导向和引领，那么为什么不直接将核心价值观移植为大学生道德共识的内容呢？这就是我们继而要探讨的问题所在。笔者认为，建构当代大学生道德共识不是脱离社会主义核心价值观的"另起炉灶"，而是社会主义核心价值观在当代大学生中的细化、小化、实化，是社会主义核心价值观的普遍性与大学生群体的特殊性的有机结合。体现了唯物辩证法普遍性与特殊性、共性与个性的关系。

矛盾普遍性与特殊性、共性与个性是辩证统一的关系，它们既是客观事物固有的规律，也是科学的认识方法。我们认识事物的时候，必须把这两方面辩证地统一起来，既要从特殊性中概括出普遍性，从个性中总结出共性；又要在普遍性的指导下去研究特殊性，用共性去指导研究个性。社会主义核心价值观经历了一个长期的酝酿、积淀、形成的过程，集中体现社会主义意识形态中的思想精华，统摄绝大多数社会成员的价值诉求，对社会各个阶层不同群体具有普遍的、共性的指导意义。但是社会中各个阶层不同群体的生活实践、利益需求、社会角色、个体素质又有所不同，在具体的培育和践行过程中必然要求有自己的个性特点。

首先，大学生是一个特殊的过渡群体，相对于少年儿童，他们已经习得了基本的道德观念；相对于走上社会的成年人，大学生群体处于道德人格养成的关键阶段，自主性与独立性还不够稳定，他们的道德价值观呈现出易变性和可塑性并存的特点。其次，大学生群体是社会的高知群体，与社会其他群体相比他们道德价值意识具有先导性、多样性、复杂性交织的特点。大学生置身知识的海洋，有较强烈的求知欲和探索精神，能敏锐地触感时代前沿的新思潮，使当代大学生的头脑不再禁锢于某一特定的主导思想。当代大学生群体处在价值多元化时代经纬中，也使大学生群体的道德价值观更加复杂化、多元化。最后，大学生是中国特色社会主义事业的建设者和接班人，肩负着人才强国的伟大历史使命，他们对自身的道德企望和社会对他们的道德要求均比一般社会成员要高。大学生道德共识是社会主义核心价值观在大学生群体的体现和延展。凝练当代大学生道德共识有利于将社会主义核心价值观与自身成长发展统一起来，成为他们学习、生活、成才的重要组成部分，使之更加"接地气"。根据矛盾的普遍性和特殊性辩证关系的原理，大学生道德共识培育的内容必须将社会主义核心价值观的普遍要求同大学生群体的特殊要求相结合，凝练出更切合大学生实际的道德价值共识，使之通俗易懂、更易理解和接受，更能解决大学生在现代多元社会的道德冲突问题。

（三）大学生道德共识必须体现社会主义核心价值观的全部内容和精神实质

每个时代都有每个时代的精神和价值观念，不同时代大学生道德共识培育的内容也不同。"三纲五常"是我国长达几千年的封建社会倡导的基本道德原则和规范，是那个时代道德教化的主要内容。当代大学生道德共识培育内容必须体现社会主义核心价值观的全部内容和精神实质，但不是说社会主义核心价值观的12个词与大学生道德共识一一对应。大学生道德共识的内容要直接而紧密地联系着社会主义核心价值观的基本内容和精神实质，表征着社会主义核心价值观在大学生群体中的具体化、特殊化、道德化，引领和主导当代大学生道德共识的建构。当代大学生道德共识培育在内容上要回应社会主义核心价值观在国家、社会、个人层面的道德诉求。例如"富强、民主、文明、和谐"的国家价值目标，落实在大学生身上，则需要大学生能够报效祖国，服务人民，有责任，有担当。实现"自由、平等、公正、法治"的社会价值目标，转换成对大学生的要求，则需要培育遵纪守法、尊重规则、平等待人的现代公民意识。"爱国、敬业、诚信、友善"是公民基本的道德要求，覆盖社会道德生活的各个领域，是大学生道德共识培育必然体现的内容。

中央文件《关于培育和践行社会主义核心价值观的意见》要求"广泛开展道德实践活动""加强道德建设""推动社会主义核心价值观不断转化为社会群体意识和人们自觉行动"，说明培育和践行社会主义核心价值观的一条重要渠道就是要转化为道德形态，通过道德价值规范的调节作用发挥它应有的导向功能。当代大学生道德共识培育通过突出社会主义核心价值观的道德价值内容，将其融入大学生的实际生活中，有助于解决社会主义核心价值观的践行问题。

二、以国家对大学生的培养要求为依据

高校思想政治工作关系到高校培养什么样的人、如何培养人以及为谁培养人这个根本问题。国家以及教育行政部门颁布的相关法令、法规和制度是推动的高校思想政治工作的制度性力量。这些相关政策文件不仅围绕"立德树人"这一的根本任务，还提出了明确的目标和细致的规范，是凝练大学生道德共识培育内容的重要依据。

党的十八大报告指出"坚持教育为社会主义现代化建设服务、为人民服务，把立德树人作为教育的根本任务，培养德智体美全面发展的社会主义建设者和接班人。"在党的十八届三中全会报告中，"坚持立德树人"同样成为深化教育综合改革诸多举措的基石。2004年8月的《中央16号文件》是自中华人民共和国成立以来第一个专门针对大学生的道德教育政策文件，明确提出高校要在大学生中开展"以基本道德规范为基础，深入进行公民道德教育。要认真贯彻《公民道德建设实施纲要》以为人民服务为核心、以集体主义为原则、以诚实守信为重点，广泛开展社会公德、职业道德和家庭美德教育，引导大学生自觉遵守爱国守法、明礼诚信、团结友善、勤俭自强、敬业奉献的基本道德规范。① 2010年颁布的《国家中长期教育改革和发展规划纲要（2010—2020年）》中明确指出要"坚持德育为先。立德树人，把社会主义核心价值体系融入国民教育全过程。……加强以爱国主义为核心的民族精神和以改革创新为核心的时代精神教育；加强社会主义荣辱观教育，培养学生团结互助、诚实守信、遵纪守法、艰苦奋斗的良好品质。加强公民意识教育，树立社

---

① 胡锦涛. 切实加强和改进大学生思想政治教育工作. 十六大以来重要文献选编（中）[M]. 北京：中央文献出版社，2006：649.

会主义民主法治、自由平等、公平正义理念，培养社会主义合格公民。"要求高校教育"牢固确立人才培养在高校工作中的中心地位，着力培养信念执着、品德优良、知识丰富、本领过硬的高素质专门人才和拔尖创新人才。"①

2017年2月，中共中央、国务院印发的《关于加强和改进新形势下高校思想政治工作的意见》强调要培育和践行社会主义核心价值观，把社会主义核心价值观体现到教书育人全过程，引导师生树立正确的世界观、人生观、价值观。② 2017年4月，中共中央、国务院印发了《中长期青年发展规划（2016－2025年）》，提出青年思想道德发展目标是"广大青年积极践行社会主义核心价值观，……思想道德水平和文明素质进一步提高，为实现中国梦而奋斗的共同思想道德基础更加巩固。"具体要求"引导青年勤学、修德、明辨、笃实，使社会主义核心价值观内化为青年的坚定信念，外化为青年的自觉行动。大力弘扬以爱国主义为核心的民族精神和以改革创新为核心的时代精神，……引导青年大力弘扬社会公德、职业道德、家庭美德，培养良好个人品德，积极倡导和培育诚信品格，争当'向上向善好青年'，在引领社会文明风尚中发挥积极作用。"③当代大学生道德共识培育的内容要紧扣国家对于大学生人才培育的具体目标和要求，培养社会主义合格公民、建设者和接班人。

三、以大学生的角色特点和需求为依据

大学生处于人生的关键阶段，是社会的先进群体，国家的宝贵人才，他们对自身的道德期望和社会对他们的道德要求均比一般社会成员要高。大学生道德共识的内容既要体现一般公民的要求，也应体现大学生特殊群体的要求。

---

① 《国家中长期教育改革和发展规划纲要（2010—2020年）》[N]．人民日报，2010－7－30．
② 中共中央国务院印发《关于加强和改进新形势下高校思想政治工作的意见》[DB/OL]．中国政府网，2017－2－27．http：//www.gov.cn/zhengce/2017－02/27/content_ 5171481. htm．
③ 中共中央 国务院印发《中长期青年发展规划（2016—2025年）》[N]．人民日报，2017－04－14．

（一）凸显大学生群体的角色特点

道德共识的形成归根结底取决于该群体自身存在和发展的客观要求。社会诸群体道德共识有共性也有个性，大学生在学习生活中也会形成具有群体特色的道德共识。凝练大学生道德共识的内容是构建的一个过程，也是价值主体自觉的反思、概括、阐释自身道德观念的过程。道德共识的形成归根到底是人们根据自身生存、生活、发展的需要，在长期社会物质生产和精神生产的实践活动中所形成的关于道德的根本观点和一致看法，具有鲜明的主体性特征。大学生群体的主体特征是大学生区别于其他社会群体的重要依据，表现在他们扮演的特殊社会角色，起到的特殊社会作用，必须具备的相应行为模式、生活模式。"大学生的角色主要是学习者，而且必须是一个有未来职业角色的学习者，大学生需要学会学习、学会生活（甚至是学习谋生、独立、恋爱）、学会工作（尝试各种社会工作、社团工作或社会实践活动）、学会交往、学会思想道德素质的提升、学会身心健康的调整等角色任务。"① 在承担这些角色任务的过程中，他们的日常行为方式将遵循一定共同的道德价值标准。

（二）贴近大学生的现实需求

大学生道德共识培育的内容，应该关照大学生群体的道德诉求，满足绝大多数大学生的需求，贴近大学生生活的实际，将道德的崇高性扎根和融化于日常生活之中。大学生道德共识培育除了要回应大学生群体的自身利益需要，还要符合社会大环境的客观要求，任何群体都不是孤立于社会而存在的，不能背离社会总体的发展要求。生活在特定时代背景中的大学生，他们的日常伦理生活总是带有时代的特征。伴随着多层次全方位的改革开放，经济全球化、市场经济、信息网络化、社会文化多元化以及高等教育大众化等特殊的时代元素混凝而成了当代大学生群体思想道德孕育发展的社会土壤。

经济基础是道德发展的原动力，道德总是从经济关系中提取自己的

---

① 刘恩恩. 大学生角色定位研究的理论基础探析 [J]. 福建论坛（社科教育版），2010（6）：94.

观念。当代大学生道德共识的培育内容必须适应传统的计划经济体制向社会主义市场经济体制转型的过程中带来的道德价值标准的变迁。例如，诚实守信是市场经济最基本最起码的道德要求，是大学生道德共识培育的重点内容。法律为道德提供制度保证，道德为法律提供价值基础。道德和法律在内容上相协调，相衔接，在作用上互相补充，互相促进。随着我国全面依法治国进程的加快，社会主义道德建设也要与之相适应。例如，公平正义是社会主义核心价值观社会层面的价值追求，也是中国特色社会主义法制建设的核心价值，当代大学生道德共识培育在内容上要回应这一价值理念。

随着信息科技的发展，新媒体作为一种全新的媒体形式，给大学生的生活带来了全新的变化与挑战。新媒体时代的到来也给大学生道德教育带来了很多新问题，如大学生沉溺网络、迷失自我，网络责任意识下降，网络诚信品质式微，网络语言约束不强，侵权现象频现，网络色情泛滥等。大学生在虚拟世界网络并非可以为所欲为，网络道德也应该成为大学生道德共识培育不可回避的内容。21世纪，生态环境问题日益成为影响整个人类生存和发展的全球性问题，生态危机的产生根源于人与自然关系的异化。当代大学生是推动生态文明建设的主力军，引导大学生敬畏自然、尊重生命，树立正确的生态道德观，加强生态道德教育势在必行。随着拜金主义、消费主义思潮在大学校园的泛滥，一些大学生出现了超前消费、过度消费、炫富消费、享乐消费等不理性的行为。当代大学生是一个特殊的消费群体，他们没有经济来源，却有旺盛的消费需求，引导大学生科学消费、合理消费是道德共识培育需要回应的内容。

四、以东西方文化中的先进价值元素为借鉴

在全球化和多元化的时代背景下，凝聚大学生道德共识还应充分吸收东西方文化中的先进价值元素。

（一）以中华传统美德为精神资源

习近平总书记曾经说过："如果我们的人民不能坚持在我国大地上形

成和发展起来的道德价值，而不加区分、盲目地成为西方道德价值的应声虫，那就真正要提出我们的国家和民族会不会失去自己的精神独立性的问题了。如果没有自己的精神独立性，那政治、思想、文化、制度等方面的独立性就会被釜底抽薪。"① 我国拥有数千年悠久璀璨的历史，积淀了厚重的道德文化。博大精深的中华传统文化，为大学生道德共识培育内容的凝练提供了肥沃的土壤。这些文化潜移默化地熏陶、感染着每一位中华民族的同胞，形成了我们所特有的价值追求和道德气质，深刻影响着我们的道德心理和道德行为。从古代先贤的智慧中汲取力量，从丰厚的传统文化中吸取养料，不但可以赋予当代大学生道德共识培育内容旺盛的生命力和感召力，还有助于传承中华传统文化的优秀基因。如"己所不欲，勿施于人。"《论语·卫灵公》②；"大学之道，在明明德，在亲民，在止于至善。"《礼记·大学》③；"博学之，审问之，慎思之，明辨之，笃行之。"《礼记·中庸》④ 这些来自《四书五经》的经典名句，凝聚着中华民族普遍认同和广泛接受的价值取向和道德规范，不会因为时代的变迁而过时，对完善大学的道德品质，提高人格修养有着重要价值。

（二）以国外优秀道德价值为重要参考

资本主义发达国家比我国更早面临多元社会带来的道德共识的危机，他们在理论和实践中不断探索、发展本国的核心道德价值观，以提高国家的精神文明和文化软实力。各国核心道德价值观中有很多优良的道德价值观念具有的共性内涵，是建构当代中国的大学生道德共识的必要参考。麦金太尔（A. MacIntyre）认为，公正、仁慈、善良、诚实、尊重、责任、信任等是人类的核心价值共识。⑤ 联合国儿童基金会（United Na-

---

① 中共中央文献研究室. 习近平关于全面深化改革论述摘编 [M]. 北京：中央文献出版社，2014：88.
② 朱熹. 四书集注 [M]. 长沙：岳麓书社出版社，2007：188.
③ 朱熹. 四书集注 [M]. 长沙：岳麓书社出版社，2007：6.
④ 朱熹. 四书集注 [M]. 长沙：岳麓书社出版社，2007：36.
⑤ 麦金太尔，*A. After Virtue: A Study of Moral Theory* [M]. 宋继杰，译. 南京：译林出版社，2003：124.

tions International Children's Emergency Fund）提出了青少年应有的 12 种价值取向：合作、自由、幸福、诚实、谦卑、爱心、和平、尊重、责任、朴素、容忍、团结。①美国新品格教育内容没有得到统一，但在看似多种多样的内容背后其实蕴藏着形散而神不散的核心道德价值，即一种最低限度的共识：慎思、勇敢、自律、公正、关心、尊重、负责、诚实的品格。新加坡也发布了《共同价值观白皮书》，将本国价值共识概括为"国家至上，社会为先；家庭为根，社会为本；社会关怀，尊重个人；协商共识，避免冲突；种族和谐，宗教宽容"。②总之，国外现代化进程中出现的有利于社会进步和人民幸福的优秀价值元素，也可以被凝练我国当代大学生道德共识所批判吸收。

第二节　当代大学生道德共识培育的内容凝练

当代大学生道德共识培育的内容建构是本文的重点，也是难点。在深入分析当代大学生道德共识内容的建构依据的基础上，结合笔者对在榕（福州）高校大学生开展的关于大学生道德共识的相关调查，兼顾社会要求和群体特点，兼顾自上而下和自下而上的原则，紧扣当代大学生群体生活实践中面对的两个主要领域，把当代大学生道德共识培育的主要内容分两个层面：一是处理个人与社会（含国家、集体、他人）的关系层面；二是个人自身成长、成才的层面。并通过总结提炼，把当代大学生道德共识培育的内容概括为"爱国、守法、责任、尊重、诚信、友善的为人之德；勤学、修德、明辨、笃实、敬业、创新的为学之道"。

一、为人之德：爱国、守法、责任、尊重、诚信、友善

习近平总书记告诫当代大学生，"一个人只有明大德、守公德、严私

---

① 冯建军，提秀雷. 多元价值时代需要怎样的道德教育 [J]. 人民教育，2009 (11)：2-5.
② 卢艳兰，等. 新加坡共同价值观教育评介 [J]. 南昌航空大学学报：社会科学版，2010 (4)：100-105.

德，其才方能用得其所。修德，既要立意高远，又要立足平实。要立志报效祖国、服务人民，这是大德，养大德者方可成大业。"① 爱国、守法、责任、尊重、诚信、友善既体现了社会主义核心价值观的道德价值要求，涵盖了大德、公德、私德，又体现了对大学生群体的更高的要求，是当代大学生为人处世的根本要求和应该达成的道德共识。

（一）爱国

"爱国"是调节个人与国家相互关系的最基本的道德规范，也是社会主义核心价值观在个人层面的直接体现。"爱国"也是人类共同的价值追求，几乎所有国家都把"爱国"教育放在道德教育的首要位置。爱国是具体的而不是抽象的。爱国体现在爱祖国的大好河山、爱骨肉同胞、爱祖国的灿烂文化，也体现在爱社会主义、爱中华人民共和国、拥护共产党的领导。爱国不能停留在口号上需要付诸实际行动。爱国是热爱自己的国家，并尽力为国家承担责任和作出贡献，但不是说一定要做轰轰烈烈的大事，或一定要战死沙场为国捐躯，在自己的工作岗位上兢兢业业、默默奉献就是爱国，尽自己所能做对国家有利的事情也是爱国。爱国是情感和理智的有机统一。理性的爱国是文明爱国、守法爱国，不是冲动和暴力，不能以牺牲国内正常社会秩序为代价。2012年，日本对钓鱼岛的所谓"国有化"，严重伤害了中国人民的爱国情感，引发了一股全民同仇敌忾的抗日浪潮，后来却出现打、砸、抢等暴力行为，破坏了国民的财产。2008年，北京奥运火炬传递在法国巴黎受阻事件引发了中国部分民众开展"抵制家乐福"的抗议活动，而家乐福的员工大部分是中国人，销售的产品大部分是国产的。这些活动的参与者中不乏一些拥有一腔单纯的爱国热血的大学生，由于对国家的历史和现状缺乏全面的认识，很容易被一些别有用心的人所蒙骗，进而成为他们利用的工具。

在现实中还有一些大学生的爱国思想与爱国实践不相统一。哈尔滨某大学研究生贪图钱财出卖国家情报，震惊了国人。我国处于社会转型

---

① 习近平. 青年要自觉践行社会主义核心价值观——在北京大学师生座谈会上的讲话 [M]. 北京：人民出版社，2014：10.

期，社会各个阶层的矛盾冲突较为明显，住房、教育、医疗、养老、就业等民生问题还比较突出。国外反华势力通过互联网乘机编造丑化党和国家形象的谣言，宣扬挑战社会主流价值的观念，容易造成大学生对爱国的认知与情感的困惑。随着经济全球化的浪潮，很多中国人出国留学、工作，甚至加入他国国籍，西方发达国家一些别有用心的人乘机宣称，"民族国家的时代已经过去"，爱国主义已经过时。美国中央情报局前雇员爱德华·斯诺登曝光美国的秘密情报监视项目的事件，也给大学生带来疑惑，他究竟是"爱国者"还是"叛国者"。爱国需要维护本民族和国家的利益，同时，一个真正的爱国者也必须维护他国的利益。① 培育当代大学生爱国的道德共识要引导大学生正确认识新时期爱国主义的时代内涵和特征，要将大学生的爱国热情引导和凝聚到建设中国特色社会主义伟大事业上来。

（二）守法

"守法"契合了社会主义核心价值观在社会层面的价值取向，要建立"自由、平等、公正、法治"为价值准则的社会需要"守法"的公民。"守法"也是我国公民基本道德规范中仅次于爱国的一个道德要求。在这里，守法不仅是一个法律规范，还是一个道德规范。关于"守法"具有道德内涵，梁治平教授曾指出："我们的法律并不是西方人惯常理解的那种，毋宁说'它们不是法律，而是压制法律的东西'。它是执行道德的工具，是附加了刑罚的礼。"② 罗国杰先生也指出："法律意义上的'守法'，主要是出于对法律的畏惧，害怕违法将遭到法律惩戒的严重后果，因此主要是被迫的甚至不情愿的。道德意义上的'守法'，则主要是出于对法律的敬仰，出于道德良心与法律的契合，这种守法主要是行为的积极主动和自觉自愿。"③ 社会主义荣辱观也强调要"以遵纪守法为荣，以违法乱纪为耻"。"守法"是当代大学生的基本义务。把"守法"作为大

---

① 杨宏伟，张智. 究爱国主义之理　寻爱国教育之路——"当代中国爱国主义理论与实践学术研讨会"综述 [J]. 教学与研究. 2016（8）：111.
② 梁治平. 梁治平自选集 [M]. 桂林：广西师范大学出版社，1997：242.
③ 罗国杰. 建设与社会主义市场经济相适应的思想道德体系 [M]. 北京出版社 2011：150.

学生道德共识培育的内容，是适应全面依法治国的需要，是构建社会主义和谐社会的需要。遵纪守法的大学生，能够恪守与履行法定的义务、积极主张法定的权利，是一个正义、理性、有责任感的好公民。

任何一个人都不能离开社会而独立生存，社会是处于社会关系中的人的社会。人们为了更好地在社会中生活，需要制定和遵守共同的法律和道德规则。大学生出售国家保护动物鹰隼被判刑、复旦大学研究生投毒案、药家鑫杀人案、某高校两大学生合伙造假币300多万元以及大量的大学生考试作弊、论文剽窃等行为都是由于大学生践踏法律和道德底线带来的后果。"守法"首先要培养大学生的社会规则意识。广义的社会规则意识是公民认同各种社会规则规范，如风俗习惯、道德规范、法律、宗教规范等，并自觉服从与遵守这些社会规则，形成内在的自主自律意识。①

对于大学生来说，守法意识还表现在遵守校规校纪。校内公共空间是大学生活动最频繁的地方。然而我们经常看见一些大学生在公共场所大声喧哗、乱扔垃圾、践踏草坪。一些大学生无视课堂纪律，旷课、迟到、上课玩手机等现象常有发生。一些大学生情侣将公共空间私人化，在教室或草坪表现得过于亲昵。一些大学生经常在食堂、图书馆占座，给自己方便，却侵犯他人的利益。一些大学生肆意违反校规校纪，打架斗殴现象、违反宿舍管理规定等时有发生，考试作弊现象屡禁不止。"全民守法"是新时期我国全面依法治国的"新十六字方针"的重要内容，是实现法治的重要条件。大学生"守法"意识不能全部依赖于自发形成，离不开长期的教育引导。

（三）责任

"责任"虽然在社会主义核心价值观中没有直接对应，但责任作为伦理学的重要范畴，对于大学生这一特殊群体有着特别重要的意义。当代美国著名哲学家忧那思（H. Jonas）曾指出，"当代伦理学的核心问题就

---

① 徐博闻. 公民的规则意识，法治秩序与和谐社会 [J]. 经济研究导刊, 2009（25）: 206.

是责任问题"①。2005年,在《公民道德建设实施纲要》印发四周年、第三个"公民道德宣传日"到来之际,人民日报发表文章指出,责任是道德建设的基本元素。官德、师德、医德、商德、艺德、社会公德、职业道德、家庭美德,都以责任为基础,为前提。② 责任源于人类生存和生活的需要。马克思说:"作为确定的人,现实的人,你就有规定、就有使命、就有任务,至于你是否意识到这一点,那是无所谓的。"③ 任何人都有责任,时代赋予大学生比一般公民更大的责任,因为大学生是宝贵的人才,肩负着国家的未来,民族的希望,家庭的期望。早在1998年10月,联合国科教文组织就把"培养高素质的毕业生和负责任的公民"作为高等教育的目标。2017年2月,中共中央国务院印发《关于加强和改进新形势下高校思想政治工作的意见》也强调"要培育和践行社会主义核心价值观……,加强国家意识、法治意识、社会责任意识教育"④。党的十九大报告再一次提出加强思想道德建设,要"强化社会责任意识"。⑤

　　法律意义上的责任,是一个勇于承担违法行为的后果,是一种事后的负责;道德范畴的责任,是一个人勇于承担自己的角色义务,是一种事前的担当。这里的责任特指道德范畴的责任,它是大学生道德素质的核心要素,对大学生的其他道德行为起着基础性的作用。对于大学生来说,责任道德是对国家、社会、家庭、他人、自己等方面的责任感和负责精神。因为一份责任,周恩来总理为中华之崛起而读书;因为一份责任,"两弹一星"元勋邓稼先隐姓埋名奉献科学;因为一份责任,耶鲁大学毕业的秦玥飞回到祖国服务偏远农村;因为一份责任,感动中国人物洪战辉带着没有血缘关系的妹妹上大学。因此,责任是许多道德行为的原动力。

---

① 甘绍平. 伦理的智慧 [M]. 北京:中国发展出版社,2000.
② 任仲平. 论责任 [N]. 人民日报. 2005 - 09 - 19 (1).
③ 马克思,恩格斯. 马思恩格斯全集:第3卷 [M]. 北京:人民出版社. 1960:329.
④ 中共中央国务院印发《关于加强和改进新形势下高校思想政治工作的意见》[DB/OL]. 中国政府网,2017 - 2 - 27. http://www.gov.cn/zhengce/2017 - 02/27/content_ 5171481.htm.
⑤ 习近平. 决胜全面建成小康社会 夺取新时代中国特色社会主义伟大胜利——在中国共产党第十九次代表大会上的报告 [M]. 北京:人民出版社,2017:43.

当前在多种因素的冲击和影响下，部分大学生的社会责任感日渐淡化。一些大学生由于对自己肩负的历史使命和社会责任缺乏正确的认识，缺乏对社会应有的主人翁责任意识，表现出一些与自己的角色义务格格不入的行为。国家兴亡，匹夫有责，爱国情感很大程度上也来自于高度的责任感。有些大学生的家庭责任感也趋于淡化，有的只懂得享受家庭的爱与照顾，却不愿为家庭有所付出，毕业后甚至还成为啃老一族。有些大学生对自己、对学习也不负责任，他们忘记了求学的初心，有的沉溺于网络游戏，有的流连于花前月下，有的虚荣心膨胀陷入无穷尽的物质世界中，学习上只求60分万岁，多一分浪费。有些大学生对他人缺乏责任感，他们习惯以自我为中心，对个人利益过度敏感，容易出现忽视他人的感受，忽视他人的利益，甚至漠视他人的生命的行为。高校需要发挥全面育人的功能，使当代大学生在"责任"道德上达成共识，真正树立起对民族、对国家、对社会、对职业、对家庭、对自己的责任意识，并转化为忠于祖国、服务社会、关心他人、保护环境、完善自我的责任行为。

（四）尊重

"尊重"虽然在社会主义核心价值观中没有直接对应，但是它体现了社会主义核心价值观的精神实质。"自由、平等、公正、法治"是我国在社会层面的价值诉求，也是现代社会健康发展的支柱。"尊重"是社会主义核心价值观中"平等"的内在要求。早在两千多年前，孔子就说过："己所不欲，勿施于人。"（《论语·颜渊》），提倡恕道之道，应该尊重别人，不要把自己不想要的东西强加给别人。但是，我国封建社会的等级制本质决定了传统伦理中只有绝对的服从，而没有真正意义的尊重。尊重只有在相互承认其人格尊严的交往关系中才能得以真正实现。现代社会中，尊重不仅强调人与人双方地位的平等，也包括人与自然界的平等。我们提倡的"尊重"是以平等为前提的，平等的尊重、独立的尊重、有礼貌的尊重，是一种新型人际互动的尊重。每个人如果要得到尊重，就必须尊重他人，承认他人的尊严，而不以工具化的方式利用他人，这样才能形成一个和谐的公民社会。归纳起来，尊重是对自己、他人、社会或者有关抽象物，如意见、权力的认可和重视。

1. 自尊自爱

尊重自我，也就是自尊。自尊从伦理学含义上来说是指人在道德生活中对自己的存在、利益、权利、主体性、价值、人格、尊严的尊重、维护、自豪和荣誉感。① 美国已故宗教领袖戈登·兴格莱（Gordon B. Hinckley）说"自尊是所有人培养道德的开始。"一个有自尊的人才会时刻维护民族尊严，一个人懂得爱自己才可能爱自己的国家。来自内心的自尊使人依循基本的做人原则，有所为，有所不为。

首先，培养大学生珍爱生命，尊重生命价值的意识。进入21世纪，升学、就业、感情等问题给大学生们带来的压力越来越大。近年来，我国高校在校大学生自杀人数逐年上升。"身体发肤，受之父母"，每个人的生命都是独一无二的，任何人都没有权利去轻视任何个体的生命。要让大学生以乐观的心态去欣赏生命，以谨慎的态度去尊重生命，努力做到珍爱生命、珍惜健康、养成健康的生活习惯。珍爱自己的生命还要有健康的生活方式，不抽烟，不酗酒，不赌博，不经常熬夜，不接触黄色文化，不使自己养成不良的生活习惯。②

其次，培养大学生自觉维护自己的人格尊严。自尊自爱是健全人格必须具备的道德心理品质。自尊是独立人格的心理防线，是对自己崇尚的价值、原则和道德标准的坚守。缺乏自尊心的人是没有原则、见风使舵，可以为了利益出卖灵魂和人格。还有研究指出大学生的自尊与学习倦怠呈显著负相关，即大学生的自尊水平越高，学习倦怠程度越低，这可能是因为高自尊的大学生往往从积极的方面看待自己、面对困难，相信自己有能力积极地解决问题，并在不断地克服困难、解决问题的过程中获得自信，因此不容易产生学习倦怠感；低自尊的大学生往往没有足够的自信，在学习中感情脆弱，遇到挫折就容易沮丧、焦虑、抑郁等，

---

① 肖群忠. 论自爱 [J]. 道德与文明，2004（4）：17.
② 肖群忠. 论自爱 [J]. 道德与文明，2004（4）：18.

认为自己没有能力应对困难,经常体验到负面的情感,因此容易产生学习倦怠。①

2. 尊重他人

尊重他人是一种道德修养,也是一种道德需要。理解和尊重别人是大学生学会与他人共同生活、文明交往的需要。每个个体都不可能脱离他人而在这个世界上孤立地存在。尊重他人就是要把他人看作自己一样需要自尊。尊重他人是自尊的需要,也是自我完善的需要。"尊重他人"在不同的人际关系、不同场合也有不同的表现形式。对待"熟人"的尊重,常常伴随着敬重、真诚、关爱和分担;而针对"陌生人",由于缺乏彼此了解,至少应做到不伤害别人、友善待人。

对于大学生来说,尊重他人主要表现在对待老师、父母、长辈等要孝敬。李志国在其专著《尊重》中论及尊重是由传统文化当中的"敬"演变而来②。尊师重教一直是中华民族的优良传统。近年来,尊师的气氛在高校校园里慢慢地淡化。一些调查显示在校大学生中有相当一部分的人连自己的任课老师的姓名都不知道,有的同学甚至瞧不起老师。课后遇见老师,不但没有亲切的问候,反而冷漠躲开。在一些学生眼里,学生和老师的关系早已不是传统的师道尊严,而是"我交学费,你来上课"的利益关系。师生之间缺乏情感纽带不利于教育效果的实现和教育管理的实施。华东政法大学一名大四女生因上课迟到受到老师正常履行教学管理的批评,就心怀不满,用沸水泼向该老师以报复,理由是"老师诅咒我考不上研,我要让老师看不见明天的阳光。"所谓"师者父母也",这种对教师态度的冷漠,直接折射出我国大学生孝德教育的缺失。百善孝为先。孝亲,首先必须要尊重父母,对父母的关心和教诲要耐心聆听,不要粗暴拒绝或置之不理。在大学阶段没有能力在物质生活方面回馈父母,至少注重对父母的精神赡养。现在有部分大学生缺少家庭责任感,

---

① 王小新,苗晶磊.大学生学业自我效能感、自尊与学习倦怠关系研究[J].东北师大学报(哲学社会科学版),2011(1):196.
② 李志国.尊重[M].沈阳:辽宁大学出版社,2010:14.

疏于与父母的沟通，不为父母分忧解难，不向父母汇报在校的学习、生活情况。还有部分学生不顾及家庭经济条件，追求高消费，盲目攀比。

同时，大学生对待同辈朋友、同学等应该平等尊重。尊重他人，维护他人尊严也是我们的责任。尊重他人的名誉、隐私；尊重别人的思想、劳动成果；尊重他人人身自由和生命权等都是我们应尽的道德义务。尊重别人的人格尊严，不流言蜚语议人长短；尊重别人的意见，不鄙视他人也不强加于人；尊重他人的利益，不能把个人利益凌驾于他人利益之上。

3. 尊重自然

在人类发展史上，我们经历了由"敬畏自然的原始文明""依赖自然的农业文明"到"征服自然的工业文明"时代。工业文明的出现使得人类和自然的关系发生了根本性的改变，人类掠夺式开发资源，大量的工业废物的排放，造成了水污染、空气污染、土地沙漠化、全球变暖、冰川融化、沙尘暴等生态环境的持续性破坏，威胁到人类的健康生存。人类中心论遭遇了自然界的"报复"。如何实现可持续发展是全人类的共同课题。马克思认为："人本身是自然界的产物，是在自己所处的环境中并且和这个环境一起发展起来的。"① 恩格斯在《自然辩证法》中指出："我们统治自然界，我们决不像征服者统治异族人那样支配自然界，决不像站在自然界之外的人似地去支配自然界——相反，我们连同我们的肉、血和头脑都是属于自然界和存在于自然界之中的。"② 马克思和恩格斯在著作里都说明了人是自然的产物，是自然界的一部分，人类与自然界的相互关系是相互依赖，共同发展的。

唯有尊重自然、顺应自然、保护自然，遵从天人合一，和谐共生的关系，才能破解生态难题，实现中华民族的永续发展。党的十八大报告提出"加强生态文明宣传教育，增强全民节约意识、环保意识、生态意

---

① 马克思，恩格斯. 马克思恩格斯全集：第26卷[M]. 北京：人民出版社，2014：39.
② 马克思，恩格斯. 马克思恩格斯全集：第26卷[M]. 北京：人民出版社，2014：769.

识，形成合理消费的社会风尚，营造爱护生态环境的良好风气。"① 标志着生态文明时代的开始。党的十九大报告再次强调，"人与自然是生命共同体"，"生态文明建设功在当代，利在千秋"。② 当代大学生肩负着建设美丽中国的重任，迫切需要在生态伦理上达成共识，积极参与生态文明建设。在意识上要提高他们的生态文明素养，增强保护家园，保护地球的社会责任感；在学习中要鼓励他们研发先进科学技术，力所能及地推广高新技术产业和无污染、低污染项目；在生活中要倡导低碳生活，绿色出行，避免过度消费和不理智消费，养成简约适度的生活习惯。

（五）诚信

重承诺、守信义是中华民族的优秀道德传统，是立国之本，社会之基，为人之要。在当今时代，"诚信"更是作为社会主义核心价值观的重要组成部分加以倡导和弘扬。《关于加强和改进新形势下高校思想政治工作的意见》要求高校以诚信建设为重点，提升师生道德素养。诚实守信作为基本的行为规范，谋求社会共同体的和谐相处，人与人之间的共同发展，不仅符合人和社会自由全面发展的要求，还是社会主义市场经济的基本伦理。然而，在功利的驱动下，社会生活的各个领域，企业、个人、社会组织和权力机构以及整个社会都在有意、无意地损害着诚信资源，各种不讲诚信、不讲信用的黑幕丑闻不断。③

目前发生在大学生身上的很多失信行为都足以说明大学生诚信缺失问题越来越突出：作业抄袭、考试作弊、上课代点名、说谎编造理由请假逃课等学业不诚信；论文抄袭，找写手花钱买论文的学术不诚信；不守时常失约。交友不真诚等交往不诚信；在校恶意拖欠学费、开假贫困证明，毕业后恶意不按时还助学贷款的经济不诚信；简历注水、奖状造

---

① 胡锦涛．坚定不移沿着中国特色社会主义道路前进 为全面建成小康社会而奋斗[N]．人民日报，2012-11-18：4．
② 习近平．决胜全面建成小康社会 夺取新时代中国特色社会主义伟大胜利——在中国共产党第十九次代表大会上的报告[M]．北京：人民出版社，2017：52．
③ 姜萍．中职生诚信缺失的原因及对策[J]．广西师范学院学报（哲学社会科学版），2010(6)：25．

假等就业不诚信。部分大学生的诚信道德认知还比较模糊混乱，有些人片面地认为"诚信是一种理想化美德，现实生活中做不到，讲诚信者往往吃亏"；一些人用"我是想讲诚信，但是别人不讲诚信，我只好也不讲了"来逃避责任；面对不同的利益纠结，还有一些人对失信行为"不以为耻，反以为荣"。部分大学生在诚信问题上还表现为知行分离，如在问卷调查中大部分学生对诚信道德在内心是认同的，但当关系到自己的个人利益，如考试、评奖、毕业、求职等，便放松对自己的要求，坚守诚信的道德意志力不强。

当代大学生是国家的未来建设者和接班人，大学生诚信道德的缺失将从根本上降低一个民族的凝聚力。加强诚信教育是个系统工程，需要诚信政府的示范、科学制度的保障、舆论监督的参与诚信价值观的培育，特别是尽快完善相关法律法规，加快社会征信体系的构建，加大对失信者的严惩。2016年12月16日，教育部颁布了新修订的《普通高等学校学生管理规定》中明确规定在高校开展诚信教育，建立对失信行为的约束和惩戒机制。大学阶段是开展诚信价值观教育的关键阶段，积极引导大学生自觉建立道德防线，把诚实守信作为自己道德良知的红色警戒线。著名教育学家陶行知先生曾说过，"千教万教，教人求真；千学万学，学做真人"。当代大学生应该把钻研知识上的求真精神和做人做事方面的求真精神结合起来，做实事求是、言行表里如一的人。

（六）友善

友善不仅是公民基本道德规范的要求，更是社会主义核心价值观的基本内容之一，不仅是个人人际交往的准则，更是社会和谐稳定的基石。大学生应该把友善作为日常学习、生活和交往中的一项基本的道德准则。仁爱友善是中华民族的优良传统美德。孔子强调"己所不欲，勿施于人"。孟子曾曰："与人为善，善莫大焉"。以"仁爱友善"为出发点，古人追求人际和谐、天人合一、亲仁善邻、协和万邦。当代社会处于政治、经济、文化的全面转型中，各种权益诉求冲突增多，同时现代社会人际交往从熟人空间向陌生人空间拓展，人际关系变得冷漠，这都表明更加需要友善道德价值观来协调和化解各种怨气和矛盾，温暖现代人的心灵。社会主义市场经济条件下，个体之间的交往变得更加物质利益化，社会上还存在一些冲击友善实施的以怨报德的行为，如扶老人遭讹诈、让座不感谢、资助不感恩、慈善受质疑、诚实受欺骗、好心没好报等。大学生当中还存在一些不友善的行为，如由于缺乏理解和包容，导致舍友、同学之间的人际关系恶化，甚至做出伤害他人触犯法律底线的极端行为；如由于缺乏网络自律，利用互联网的隐蔽性和陌生化曝光别人的隐私，对他人恶言相对的网络暴力行为。

大学生的友善道德共识包括善待自己、善待他人、善待社会、善待自然等，蕴含着理解宽容、求同存异、团结互助、关爱自然等正面的价值观。在大学生生活的群体中，同学们来自于不同地域、不同家庭背景，具有不同性格、不同的爱好，对同一事物会有不同的理解。学校应该积极培养大学生真诚友善、宽容大度的性格，积极大力开展敬老、公益、爱心、环保、帮困等活动，启迪和培养大学生心善的天性。"友善"是心存善念和行做善事的结合，应该严于律己，勿以善小而不为，勿以恶小而为之。

二、为学之道：勤学、修德、明辨、笃实、敬业、创新

人生在世，无外乎两件事——做人和做事。对于不同群体，所做的事有所侧重，教育者重点在为师；从政者重点是为政；大学生则重点是为学。学习是大学生在大学阶段的主要任务。2014年5月4日，习近平总书记与北京大学师生座谈时，对广大青年学子树立和培育社会主义核心价值观提出四点要求，即"勤学、修德、明辨和笃实"。可见，对于大学生群体应该有什么样的价值观，习总书记给予明确的引导和鼓励。同时，2017年4月中共中央国务院印发《中长期青年发展规划（2016—2025年）》专门指出："在青年中培育和践行社会主义核心价值观。引导青年勤学、修德、明辨、笃实，使社会主义核心价值观内化为青年的坚

定信念，外化为青年的自觉行动。"① "勤学、修德、明辨、笃实"体现了当代大学生身上最需要的品质，也是社会主义核心价值观在青年群体中的具体化。"创新"是时代精神的核心，国家经济转型升级也急需创新型人才，大学生群体是最具有创新能力和潜力的群体，理应奏响这一时代最强音。"敬业"是社会主义核心价值观的重要组成部分，对于大学生来说，不仅要对未来职业兢兢业业，也要对专业学习专心致志。

（一）勤学

"业精于勤，荒于嬉""书山有路勤为径，学海无涯苦作舟"，要下得苦功夫，才能求得真学问。从古至今，任何有所建树成就的人都是勤奋好学之人。习近平总书记15岁时，在上山下乡的艰苦环境下，仍然以"一物不知，深以为耻"的精神追求要求自己。在科技发展日新月异的今天，大学生报效祖国，服务人民需要真才实学，需要用先进的文化和技术武装自己。大学生阶段是集中精力学习，系统地建立自己的基础知识和专业知识的重要时期。

但是，如今的大学校园里却弥漫着一种不良的学习风气。课堂上，很少学生能坚持认真听完一节完整的课，打手机游戏、逃课的学生也大有人在。他们肯花时间琢磨各种赚钱的兼职方式或谈恋爱花前月下，却不肯静下心做一份作业。在大学生中还有"读书无用"的错误认知，认为大学学习只是为了混一张文凭，以便将来找份好工作，"必修课选逃，选修课必逃"成为高校学子挂在嘴边的口头禅，"60分万岁，多一分浪费"成了部分学生的学习要求。大学里有教书育人的老师，有浩瀚的图书资料和先进的仪器设备，但是大学生的勤学之风渐弱。勤学是一种学习态度，也是一种道德品质。大学生道德共识培育，需要引导大学生把主要精力放在学习上，用"中国梦"激发大学生勤学的动力和动机，帮助他们既有勤学的态度，又掌握勤学的技巧，做一个无愧于国家的栋梁之才。

---

① 中共中央国务院印发《中长期青年发展规划（2016—2025年）》[N]. 人民日报，2017-04-14.

（二）修德

培育当代大学生的"修德"意识，旨在帮助大学生摆正德才的位置，修业先修德。自古以来，修德就是"大学"的优良传统。传统儒家经典《大学》中的第一句就是"大学之道，在明明德，在亲民，在止于至善"①。强调了以明德修身为本的地位。2017年2月中共中央、国务院印发的《关于加强和改进新形势下高校思想政治工作的意见》中指出："要加强社会公德、职业道德、家庭美德、个人品德教育，提升师生道德素养。"② 强调了个人品德与社会公德、职业道德、家庭美德同等重要的位置。道德之于个人、之于社会，都具有基础性意义，做人做事第一位的是崇德修身。

大学之道即成人之道，修身就是修其根本，根本就是可以使你立身处世的品性。司马光认为才能是品德的支撑，品德是才能的统帅。当代大学生肩负着实现中华民族伟大复兴的历史重任，需要以"修身、齐家、治国、平天下"为己任。但是，一些大学生在修业时忽视了修身，错置德才的位置，这是很危险的。在本文的问卷调查中有27.2%的大学生认为"有能力的人比有道德的人更值得钦佩"。在一些大学生眼里只有成功人士和失败者之分，模糊了君子和小人的界限。有的大学生考试作弊被通报批评，最关心的是毕业后能不能参加公务员考试，而不是自己道德上有了瑕疵需要修正。

（三）明辨

明辨是非是完整人格的体现，是优良道德品质的表现。在这个价值观多元化的时代，学会分析思考，善于明辨是非，善于决断选择是当代大学生必须具备的素质。大学生遇事能明辨不惑、恪守底线、坚持正义，不信谣、不传谣，不做不利于团结稳定的事，对于维护社会的和谐、凝聚中国力量乃至于伟大中国梦的实现具有积极意义。现如今社会上多种

---

① 朱熹. 四书集注［M］. 长沙：岳麓书社出版社，2007：6.
② 中共中央国务院印发《关于加强和改进新形势下高校思想政治工作的意见》［DB/OL］. 中国政府网，2017-2-27. http://www.gov.cn/zhengce/2017-02/27/content_5171481.htm.

思潮激荡，多种文化元素的冲击，加上网络技术的推波助澜，各种声音交错、不同意见交叠，大学生能否坚持政治上的大是大非，坚守为人处世的基本原则，离不开教育引导。高校要把握网络意识形态的领导权、话语权、主动权，引导广大青年学生认清社会和国家发展的本质，在形形色色的社会思潮以及社会现象的诱惑面前保持清醒的头脑，坚定立场，提高制度自信、理论自信、道路自信。

处在人生转折点的青年学生，还会遇到学业、情感、职业等各方面的难题和选择，需要他们提高明辨是非的能力，也需要思想上的教育和引导。在笔者的问卷调查中，一些学生的道德判断模糊了"善"与"恶"的边界，这将直接导致道德的虚无，价值的失落。一些没有独立经济能力的学生陷入校园贷款的连环债务危机之中，是贷款公司不规范的追利行为造成的，也是部分大学生风险识别能力差、消费欲望膨胀的后果。价值观多元化的社会更需要大学生坚持主流价值，明辨是非、区别善恶、分清美丑。

（四）笃实

笃实是当代大学生为学的必修内容。"笃"有忠贞不渝、一心一意、坚持不懈之意。"实"有求真务实、实事求是、符合客观情况之意。对于大学生来说，笃实是求真务实、勤奋严谨，是脚踏实地、躬行实践。《礼记·中庸》中说："博学之，审问之，慎思之，明辨之，笃行之。"[①] 古人把笃行作为为学的最后阶段，强调所学最终有所落实，做到"知行合一"。习近平总书记关于笃实有很多非常生动的论述，比如关于"空谈误国，实干兴邦"，"踏踏实实做人，扎扎实实做事""踏石留印，抓铁有痕"，以及钉钉子精神等。[②]

大学生出现各种各样的学习懈怠问题，究其深层原因很大程度上是由于缺乏求真务实、躬行实践的精神。人类的所有实践活动都是人类认

[①] 朱熹. 四书集注 [M]. 长沙：岳麓书社出版社，2007：36.
[②] 宣飞霞. 勤学、修德、明辨、笃实"八字真经"如何修炼？[J]. 中国共青团，2015（5）：45.

识世界、改造世界的过程。人们在认识世界和改造世界的实践中只有求真务实，实事求是，按客观规律办事，才能推动人类社会的发展。缺乏求实精神，部分大学生才会在学业和工作中不求甚解、投机取巧、见异思迁、急功近利、知行分离，眼高手低。马克思说过："在科学上没有平坦的大道，只有不畏劳苦沿着陡峭山路攀登的人，才有希望达到光辉的顶点。"

（五）敬业

敬业乐群、敬忠职守是中华民族优秀的传统美德，是推动中华民族五千年文明进步的道德内驱。孔子把能否做到"修己以敬"作为君子的道德标准之一。朱熹说："敬者，主一无适之谓。"即要"专心致志以事其业"。大禹治水三过家门而不入；诸葛亮一生鞠躬尽瘁，死而后已，是古代敬业精神的真实写照。敬业实干是立业兴邦的前提。社会主义荣辱观明确提出"以辛勤劳动为荣、以好逸恶劳为耻"。"敬业"从职业道德和公民基本道德规范，上升为社会主义核心价值观。这也说明，实现中国梦的进程中，更需要广大人民群众发挥敬业精神为中国特色社会主义事业添砖加瓦。大学生是实现中国梦的中坚力量，应该更加奋发有为、干事创业。

培育大学生"敬业"精神，不仅要对未来职业的兢兢业业，也要对专业学习专心致志。有些学生功利主义思想倾向严重，认为"老黄牛"式的螺丝钉精神已经过时了。在笔者的调查中，81.2%的大学生完全同意或基本同意"学习成绩再好，也不如人脉关系重要"；78.3%的大学生完全同意或基本同意"现代社会，老实人比较吃亏"。在现实生活中，没有"敬学"精神的大学生在学期间厌学、浮躁，学业不精，专业技能薄弱；没有"敬业"精神的应届毕业生眼高手低，挑肥拣瘦，工作态度懈怠、应付。敬业精神是大学生深入职场的必备要素。据《中国青年报》报道：重庆理念科技产业有限公司招聘了 21 名大学生，但在随后不到 4 个月内就开除了其中的 20 名本科生，仅仅留下了一名大专生，原因是这些大学生自身素质和道德修养不能胜任公司的"人才需求"。① 这些大学生不是因为专业技能不能胜任,而是工作态度出了问题,有的睡懒觉,上班迟到,工作时间上网聊天;有的犯错误不承认和不能及时补救;有的以自我为中心,不顾其他同事的感受和公司的利益。

马克思告诫年轻人选择职业"如果我们选择了最能为人类谋福利的职业,那么,我们就不会被它的重担所压倒,因为这是为全人类所做的牺牲"。一个人只有热爱自己的岗位,才会充满热情地全身心投入到工作中,把每一项任务都能够用心地完成。21世纪是一个人才辈出、竞争压力空前的时代,也是一个各尽其能、各显其才,人人都有人生出彩机会的时代,培养大学生的敬业精神是道德教育的重要内容。党的十九大报告中强调要"建设知识型、技能型、创新型劳动者大军,弘扬劳模精神和工匠精神,营造劳动光荣的社会风尚和精益求精的敬业风气"②。敬业之于大学生应该有更高的要求,弘扬劳模精神和工匠精神,发挥自己最大的职业潜能,开拓进取,成就事业。

(六) 创新

党的十八届五中全会首次提出坚持创新、协调、绿色、开放、共享的五大发展理念,为中国"十三五"乃至更长时期的发展破解难题,发挥优势指明了方向。党的十九大报告,再次强调"创新是引领发展的第一动力,是建设现代化经济体系的战略支撑"③。实现创新驱动发展,建设创新型国家,创新性人才是关键。大学生是社会未来各行各业的骨干,是推动国家未来科技发展的主要力量。我们需要培养一大批具备批判精神、创新精神和开放精神的大学生发挥人力资源的优势。改革创新是时代精神的核心,是时代赋予当代大学生的要求。中国特色社会主义事业

---

① 李蕙羽. 大学生"软实力"与就业竞争力的提升 [J]. 中国青年政治学院学报, 2009 (3): 30.
② 习近平. 决胜全面建成小康社会 夺取新时代中国特色社会主义伟大胜利——在中国共产党第十九次代表大会上的报告 [M]. 北京: 人民出版社, 2017: 31.
③ 习近平. 决胜全面建成小康社会 夺取新时代中国特色社会主义伟大胜利——在中国共产党第十九次代表大会上的报告 [M]. 北京: 人民出版社, 2017. 31.

是一项前无古人，后无来者的创新性事业。李克强总理在不同场合积极呼吁"大众创业、万众创新"，号召在全国上下形成"大众创业""草根创业"的新浪潮，形成"万众创新""人人创新"的新势态。创新是创业是前提，创业需要创新性人才的驱动。李克强总理说大学生是推进大众创业万众创新生力军。

当代大学生聪明，视野开阔，基础知识扎实，接受新事物快，但对科学研究的创新力和好奇心不足，难以在枯燥的研究中持之以恒地探索真理。工具性知识的重要性被大学生普遍认可，价值理性也是支撑大学生成长成才的重要精神力量。在知识经济、人才爆炸的时代背景下，知识的更新周期大大缩短，大学生应该树立创新学习的理念，采取创造性学习方法，积极追求创造性的学习收获。创新是在勤学、修德、明辨、笃实的基础上，进行创造性思维和学习，不唯书，不唯上，敢为人先，追求真理，开拓进取。训练大学生的创新思维，鼓励他们积极参与技术创新和文化创意活动，参加"挑战杯""大学生创新创业大赛"等创新创业实训活动，为大学生的创新创业做知识和技能的储备是必要的。当代大学生是否具有创新精神，关系着我国科学、技术、文化的竞争力问题。

多元与融合：当代大学生道德共识培育研究

第七章
当代大学生道德共识培育的原则、路径、方法

大学生道德共识培育不仅是一个理论问题，更是一个实践问题，不仅要解决培育什么样的道德共识的问题，更要解决如何有效培育道德共识的问题。道德共识培育的路径和方法应该充分考虑当代大学生所置身的时代背景和实际需要。当前，高校道德教育的对象和环境变得更加复杂，大学生道德共识培育工作应该与时俱进，适应德育新环境和大学生的新需求，探索育人的科学原则，继承发扬传统道德教育路径、方法的同时不断探索新路径、新方法。

第一节 当代大学生道德共识培育的基本原则

当代大学生道德共识培育工作应该坚持立德树人根本导向，把握科学育人基本规律，遵循学生成长规律，把握社会需要和个人需要的辩证统一、多元共生与一元主导的辩证统一、道德权利与道德义务的辩证统一的基本原则。

一、社会需要和个人需要的辩证统一

需要是人的本性，是客观的存在，是社会发展的动因。马克思指出：

第七章 当代大学生道德共识培育的原则、路径、方法

"如果观念需要，他就会心甘情愿地抛弃其他所有的一切；他准备把生死置之度外，准备献出自己的财富和生命，只要观念而且仅仅只要观念得以实现。"① 然而，"人的本质不是单纯个人所固有的抽象物，在其现实性上，它是一切社会关系的总和。"② 人的社会性存在方式，规定了社会上没有抽象的人，他们总是处于一定社会关系之中。人的需要不同于动物的需要，只靠大自然的恩赐，而是以人类复杂思想活动参与社会实践的过程中获得满足。这样人在满足自身需要的同时必然会形成个人与社会的关系，因此人身上绝没有纯粹属于个人自身而不属于社会的需要。人的社会性存在特征表明人的需要与社会需要统一于社会实践和发展之中。如果忽略社会需要，单纯强调人的需要，最终将导向一种畸形的人类发展。但是如果脱离人的需要单纯强调社会需要，必然陷入空洞的抽象。

"一切活的东西之所以区别于僵死的东西，就是因为它本身本质中包含矛盾的本原。"③ 在现实中，个人需要和社会需要往往不可能是同步的，常常不同程度地发生着矛盾和冲突。道德共识培育致力于构建以最佳方式满足人的根本需要、增进社会的最大利益的道德原则，是个体和社会的共同需要，是实现人的社会学价值的中介。社会主义核心价值观具有兼顾社会需要和个人需要的理论品质和实践设计。以社会主义核心价值观引领大学生道德共识培育，必须立足于社会发展需要与个人发展需要的辩证统一的基础。

一方面，要立足于个人的现实需要，促进人的全面发展。我们不能把"道德主体"当作社会改造的工具，用权威的社会道德"他律"强制，或用"统一道德标准件"去要求每个人。在大学生道德共识培育过程中，不只是一元的道德灌输，而是引导他们自主构建、自主选择、自主判断，是一个积极、理性、能动的过程。另一方面，要坚持社会主流价值的指导地位，服从和服务于社会发展。如果道德教育的目标仅仅是为了个体

---

① 马克思，恩格斯. 马克思恩格斯全集：第2卷 [M]. 北京：人民出版社. 2005：393.
② 马克思，恩格斯. 马克思恩格斯选集：第1卷 [M]. 北京：人民出版社. 2012：135.
③ 别林斯基. 别林斯基选集：第五卷 [M]. 辛未艾，译. 上海：上海译文出版社. 2006：57.

自身价值观的澄清，忽视社会发展的整体需要，实际上是在否定道德教育，容易滑向道德虚无主义。特别是当前我国正处于社会转型期，个人利益与社会利益、个人需求与社会需求之间还存在着许多不和谐的因素，更需要道德共识加以平衡和调节。

二、多元共生与一元主导的辩证统一

在党的十六届六中全会《决定》中指出以社会主义核心价值体系引领社会思潮，必须贯彻"尊重差异、包容多样"这一重要方针。"尊重差异、包容多样"是马克思关于多样统一性原理在实践中的创造性应用。多元的社会必须是多元共识的社会。没有共识的差异和没有差异的共识都是不和谐的状态。只有尊重差异，才能最大限度地满足社会的多元诉求。当代大学生道德共识培育若不允许不同的声音，不同选择、不同价值的存在，是一种不现实的道德专制。

一方面，要坚持多元发展中的主导性。我国正处于社会转型期，社会结构深刻变动，利益格局深刻调整，各种社会思潮相互激荡，不同的价值取向共存，伦理规则的约束受到了强烈的挑战。价值观念多样化和道德意识多样化使大学生道德共识培育处于前所未有的困境之中。价值观多元化既给大学生提供了价值、道德自由选择的空间，又给他们带来了价值、道德选择的困惑和冲突。不少人经不起文化冲击的考验和腐朽文化的诱惑，道德价值取向发生了严重偏差甚至扭曲，在思想领域内产生怀疑情绪和信仰危机，逐渐淡化否定主流文化，偏离抛弃社会主流道德价值，进而产生严重的道德危机。大学生道德教育必须在社会主义核心价值观的引领下，牢牢掌握意识形态领域的领导权、主动权、话语权。尊重大学生的多元道德生活和道德选择，必须在形成基本的道德共识的前提下。

另一方面，要尊重一元指导下的多样性。改革开放前，我国意识形态领域的主导方向比较单一、明确，道德教育的主导性居于统领地位，大学生道德共识比较容易形成。因此，传统的道德教育往往是一种从主体到客体的单向关系，忽视大学生作为道德主体的自由意识。在实施方式上常常表现为单一的政治说教和课堂灌输等方法。改革开放后，道德教育面临着的格局是适应多元化社会的要求。如果延续传统社会的道德教育方式，过分强调主导性而排斥多样性，不仅使道德教育变得抽象、单调，而且无法解释多元化社会的现实，陷入与实践相脱离的教条主义倾向。我们坚持一元主导前提下的多样性，必须将"多样性"加以区分，一个是社会上客观存在的"多样化"，一个是我们党倡导的"多样化"。前者是先进与落后并存、精华和糟粕交织的多样化；而后者的多样化特指努力改造落后的多样化，坚决抵制腐朽的多样化，坚持发展先进的多样化。

总之，脱离主导性的多样性，会将大学生道德教育"边缘化""市场化""相对化"，从而丧失道德共识。脱离多样性的主导性，会将大学生道德教育"教条化""理论化""形式化"，实际上是一种低效的教育，最终也导致道德主导性的散失。大学生道德共识培育强调多元共生与一元主导的辩证统一，在发展多元中坚持主导，在坚持主导下发展多元，使他们的道德价值观从多元走向共识，从分歧走向融合。

三、道德权利与道德义务的辩证统一

道德义务，是指"生活在某一社会中的人所时常感受到的对社会、对他人的一种职责、任务和使命"①。道德权力包括两个层面：一个层面指向自己，是一定社会的物质生活条件所制约的道德行为自由，关于"我能做什么"的问题；另一层面指向他人，是以社会舆论、传统习俗和社会公理为支撑的道德约束力和批判力，关于"你不能做什么"的问题。譬如，生产"毒奶粉"的三鹿企业不仅受到了法律的制裁，也受到广大社会舆论的道德批判。一个公正合理的社会，在一定的道德共同体中道德主体的道德义务和道德权利是统一的，如尊重他人也应受他人尊重，

---

① 罗国杰. 伦理学 [M]. 北京：人民出版社，1989：221.

欺骗社会和他人的人就应该付出代价等。理论界对道德权利和道德义务的关系还存在争议，有人认为二者是对立分离的，有人认为二者是辩证统一的。马克思的名言"没有无义务的权利，也没有无权利的义务"，准确地表达了马克思主义创始人的道德理想。虽然道德权利和道德义务不能像法律权利和法律义务那样被法律规定和认可，但笔者认为，道德权利与道德义务的关系交织在现实的经济、法律、道德和其他社会关系之中。现实存在的社会关系不允许我们把它们分离开来。道德权利与道德义务是道德体系中不可或缺的部分，二者不仅同时并存，而且相互对应，互为前提：有义务必有权利，有权利必定履行义务。道德权利与道德义务之间是辩证统一的，是和谐社会不可或缺的道义力量。学生道德共识培育旨在促进大学生的全面发展，学会尊重他人的道德权利，履行自己的道德义务，才能完成道德完整人格的塑造。

道德权利和道德义务的失衡使人的意识与自身行为分裂，人的欲望和生活需求分裂，导致道德与人性的背离，需求异化、价值紊乱，人格遭受破坏。例如，封建统治阶级总是通过各种手段把"三纲五常""三从四德"等维护剥削制度的伦理观念强加于人，成为人们精神的枷锁，禁锢人们的头脑及行为，没有真正意义上的"道德权利"可言。"道德的本质要求是行善去恶、扬善抑恶，而最基本的、最低度的善是公正；在马克思主义伦理学看来，公正或社会公正就是要实现社会成员的权利和义务的统一"① 大学生作为特殊的伦理群体，在道德生活中应该享有道德自由和权利，也应履行对于国家、社会、他人应尽的道德义务。只有把道德权利和道德义务统一起来，大学生的道德生活才是健全的，道德共识培育才是可以预期的。社会主义道德观与一切旧道德观的重要区别是将道德权利和道德义务的辩证统一起来。

大学生的道德教育应包括道德权利教育和道德义务教育。然而在我国大学生道德教育中，由于对道德权利和义务的关系理解的静止和片面

---

① 程立显. 伦理学与社会公正［M］. 北京：北京大学出版社，2002.

化的"本位式"思想而陷入怪圈。其一,重义务轻权利的道德义务本位。缺乏道德权利的道德教育是不道德的,这种"不道德的道德"的实践结果,无非是重复宋儒的"以礼杀人"。① 其二,重权利轻义务的道德权利本位。随着社会主义市场经济的建立与发展,人们的主体意识普遍增强,个人利益得以充分凸显。只强调享有道德权利而忽视道德义务,那么大学生将缺乏社会责任感和义务感,放纵自己的行为,甚至为了个人利益不择手段,走到了要权利不要义务的极端。大学生的道德权利和道德义务处于一种失衡状态中,必将导致人与人关系的异化,影响道德共识的形成,阻碍社会和谐、文明发展。大学生道德共识培育必须以社会主义核心价值观引领,遵循道德权利与道德义务的辩证统一原则,根据具体的历史条件、社会背景和道德情境,构建以共同责任和义务为基础,人与人之间和谐相处的社会。

第二节 当代大学生道德共识培育的路径探索

路径的本意指道路,喻指到达某种目标的途径或办事的门路、办法等,也可指人的行径、世道等。② 路径的选择之所以重要,是因为一个错误的路径选择不但不会使我们朝着正确的方向前进,反而离既定目标越来越远,而有效的路径选择往往有事半功倍的效果。道德共识培育的不同路径之间可以互相补充、印证、强化、重复,也可能由于信息的不一致产生矛盾和冲突,譬如"学校五天不如周末两天""学校45分钟不如社会一刻钟"之类消极现象。③ 高校道德教育路径如果缺乏整体性规划和协同性必然不利于大学生道德共识培育效果的形成。随着时代的变迁,大学生的伦理生活变得复杂,获得信息的渠道更加多元,认知方式、思

---

① 余维武. 道德权利与道德教育 [J]. 教育理论与实践,2008 (7):35-36.
② 阮智富,郭忠新. 现代汉语大词典(下)[M]. 上海:上海辞书出版社,2009:3077-3078.
③ 杨建义. 大学生思想政治教育路径研究 [D]. 福州:福建师范大学,2008:44.

维方式也随之改变，一些传统道德教育路径显示出局限性，变得低效。当代大学生道德共识培育路径要克服传统路径选择的弊端，在完善、发展传统路径的基础上，注重开发、利用新兴路径，通过价值引导与自主建构、线上教育与线下教育、学校教育与社会教育、理论教育与实践教育、显性教育与隐性教育等多元路径，提高培育工作的针对性、实效性。

一、价值引导与自主建构相结合，重视自我教育路径

道德教育活动与人的其他实践活动相比所具有的特殊性，即参与道德教育活动的双方是具有平等的权利与义务的人。受传统道德教育观念的影响，对教师主体地位的过分强调，造成长期以来在"我国的道德教育实践中，教师与学生形成了类似于上下级之间的关系。教师居高临下地对学生进行道德说教，学生只有被动接受，两者之间地位的巨大差距造成了在沟通上的隔阂"①。大学生道德共识培育并不否定教育者的主导地位，教育者应积极发挥"传道、授业、解惑"的功能，用渊博的知识、开阔的眼界、师者的风范去启发、引导学生，但不是代替他们去理解、选择、体验。当代大学生道德共识培育强调将教师的价值引导与学生的自主建构相结合，同时发挥教师的主导性和学生的主动性。

（一）价值引导与自主建构相结合的必要性

脱离价值引导的自主建构，消解了教师的主导作用，容易造成道德教育的"虚无化"，道德共识难以达成。脱离自主建构的价值引导，忽视学生的主体地位，培育不出具有独立人格和反思能力的大学生，培育效果也会大打折扣。当代大学生道德共识培育要处理好价值引导和自主建构的关系，着力于将道德教育主客体间关系由威权压服转向平等对话、由单向教化转向双向共识的转变。

一方面，我国正处于社会转型期，社会结构深刻变动，利益格局深刻调整，各种社会思潮相互激荡，不同的价值取向共存，道德实践容易

---

① 冯芸. 道德教育主客体关系辨析 [J]. 齐鲁学刊, 2013 (1): 85.

陷入相对主义的危机。

另一方面，大学生的价值观正处于形成的关键时期，多变性和可塑性并存，先导性和复杂性交织，社会上新旧价值观的冲突不可避免地影响到其道德价值体系的建构。大学生道德共识的形成有客观的必然性，但这并非一个自然而然的过程，需要社会、家庭和学校的共同努力。在缺乏积极正确价值引导的情况下，不少人经不起文化冲击的考验和腐朽文化的诱惑，道德价值取向发生了严重偏差甚至扭曲，在思想领域内产生怀疑情绪和信仰危机，偏离抛弃社会主流道德价值，进而产生严重的道德危机。为了社会的稳定，为了大学生自身的生存发展，学校教育不但要进行正面价值引导，还要积极化解各种价值观的冲突，发挥教育者的思想政治优势，牢牢掌握意识形态领域的领导权、主动权、话语权。

在价值多元的转型期，学校在实施价值引导的过程中不是让学生机械地接受这些社会主流价值观，而是帮助大学生提高道德自觉去识别、选择合理的道德价值，处理好个人价值取向与社会主流价值取向的关系。道德共识的内生性决定了它的形成不是外在强推的，而是一种自愿的普遍认同。大学生道德共识培育应该遵循这一特性，积极发挥大学生自主建构的主观能动性。"爱国、责任、守法、诚信、尊重、友善的为人之德；勤学、修德、明辨、笃实、创新、敬业的为学之德"只有被大学生的认同和内化，才能真正发挥行为规范和引导作用。大学生的自主建构能够激发践行道德的内需动力，是将"道德共识"转化为日常行为准则的主体条件。个体行为仅仅出于外在的他律要求，并未自愿意识到行为的必要性，这种德行是不稳定的；当个体意识到伦理要求的合理性，并将其自觉内化成自我需要，依靠自身的道德责任感行诸于外，我们称之为"德行"。正所谓，做一次好事容易，难的是一辈子做好事。实施一次德行比较容易，难的是拥有一辈子的德行。德行是自我教育、自我修养的表现。

（二）有效引导和启发大学生进行自我教育

没有自我教育就没有真正的教育，教育最终目的是不教育。自我教育途径是大学生群体在外部教育引导的前提下，以自身的主体素质和习得的知识为基础，并根据自身的价值需求，在实践过程中不断地自我反省、自我监督、自我控制、自我调节、自我评价，力求完善自我，达到预期目标的方式。

首先，要提高大学生自我教育的自觉性。对于大一新生，要尽快帮助他们适应大学生活，实现高中生向大学生的角色转变。远离父母和家庭，大学生获得了更多的自由时间，更大的自主支配权，同时也要意识到作为成年人要为自己的人生负责，为自己的行为负责，形成主人翁意识。在管理的过程中，学校可以建立一套民主的学生参与学校教育教学管理的制度，使学生能够以适当方式参与学校管理，既可以使学生对与学生权益相关事务享有知情权、参与权和监督权，又激发学生参与各类活动的积极性。充分利用学生会、学生自律委员会和学生社团等学生组织，开展丰富多彩的校园文化活动，为大学生"自我教育、自我管理、自我服务"提供广阔平台和实践机会。

其次，要提高大学生自我教育的能力。大学生道德共识的自我建构必须以大学生主体地位的确立、主体能力的提升为前提。大学生道德共识培育中，具有主体性道德人格的个人经过自愿的相互讨论、争辩，对某一具有相互分化、冲突意见的社会道德问题，寻找到某种相互共享的价值理念。因此，在教育的过程中，要积极运用具有启发性的教育方法，如对话法、探究法，营造平等、宽容、自由的教学氛围，引导大学生对道德问题进行独立思考和主动学习，提高大学生道德反思能力、批判能力和建构能力。

最后，要引导大学生掌握自我教育的科学方法。加强优秀传统文化教育，学习古人行之有效的修养方法，并在生活中积极践行。其一，自主学习、学思并重。"学而不思则罔，思而不学则殆。"[①] 大学阶段，大学生自由支配的时间增多，学习的自主性大大增强，自愿学习，自主学习，

---

① 朱熹. 四书集注 [M]. 长沙：岳麓书社出版社，2007：65.

主动思考才能明辨善恶。其二，自觉反省、见贤思齐。要教育大学生在日常生活中严于律己，常思己过，有则改之。子曰："三人行，必有我师焉。择其善者而从之，其不善者而改之。"① 其三，慎独自律、防微杜渐。自律能力首先体现为理性，对本能、欲望、情感的控制和调和。② 一些大学生抱怨社会冷漠，世风日下，却纵容自己放松道德要求。宽以待人，严以律己是防止大学生陷入道德虚无的清醒剂。网络时代，特别需要提高大学生网络自律意识，培养自省自警的慎独精神，能使他们自觉抵制低俗信息，远离低级趣味，建立起自我保护的防火墙。其四，持之以恒，积善成德。学生文明修身从我做起，从小事做起，要教育引导学生从乘车、买饭时自觉排队，上课关闭手机，时时爱护学校环境，乐于帮助和奉献他人等身边的小事做起，让文明成为一种习惯。

二、线上与线下相结合，创新网络化培育路径

互联网为新时期的高校道德教育带来了前所未有的挑战。"90后"大学生是在网络的包围中成长的一代，网络深深地融合在他们的学习工作和交往方式中。在学习生活中，一些大学生碰到问题不问老师，问"度娘"；遇到困难不求助班集体，而在微信朋友圈中诉说。甚至有人说，几堂思政课抵不上一个微信段子。例如网络上流行的一拜年段子：元旦快到了，提钱祝大家元旦快乐，愿你的生活无忧很有钱，事业成功会挣钱，顿顿大餐不要钱，休闲娱乐不差钱，总之就是生活美好，一路向钱。段子中，金钱仿佛成为人们唯一的追求，倡导一切向钱看，很容易误导大学生陷入拜金主义，把金钱作为衡量人生价值的唯一标准。可见，当代大学生道德共识培育面临着更加复杂的教育场域，既包括植根于有形物质世界的现实环境，又包括依托于无形网络的虚拟环境，发挥线上和线下两种教育功能十分必要。线下教育即可理解为发生在现实环境中的学校、家庭、社区等场域，教育者以真实身份通过面对面交谈，言传身教

---

① 朱熹. 四书集注[M]. 长沙：岳麓书社出版社，2007：112.
② 王东莉. 从有序到自由——论德性人格的层次[J]. 汉江论坛，2012（10）：84.

所进行的一系列教育活动。线上教育指利用互联网等虚拟媒介提供教育服务，仅用虚拟身份而实现的一系列宣传教育活动。

（一）线上线下教育有机融合，提高道德教育的吸引力

共青团北京市委联合课题组的数据证明：有74.67%的大学生的闲暇时间主要用来上网，70.3%的大学生平均每天用来上网的时间超过两个小时。①调查中，大学生上网的时间中大部分不是用来学习，而是用来玩游戏、混论坛、刷微博微信、追电视剧等娱乐。有些学生不仅在闲暇时间上网，在课堂上也是低头看手机一族。思政理论课作为大学生道德共识培育的主渠道，普遍存在"低头多"和"抬头少""课堂大"和"效率低"的问题。有的学校采取上交手机、安装信号屏蔽机等"堵"的强制措施，只是"治标不治本"，课堂"低头"的窘况也并未得到根本改变。大学生在以教师灌输为主导的大课堂中找不到归属感，于是寄托于"人手一机"的网络世界里。中共中央办公厅、国务院办公厅印发《关于进一步加强和改进新形势下高校宣传思想工作的意见》强调高校要建设学生真心喜爱、终身受益的高校思想政治理论课。②习近平总书记在2016年全国高校思想政治工作会议讲话中提到的，新形势下高校思想政治工作涉及方方面面，……要运用新媒体新技术使工作活起来。③高校思政课的教学内容枯燥、教学形式单一、教学管理困难、优质师资缺乏等一直是影响其实效性的重要因素。探索高校思政课与APP手机应用、教育教学平台、微博、微信公众号、QQ群等"互联网+"平台的深度融合，使高校思政课教学内容更加丰富，教学形式更加多元，教学管理更加优化和优质师资有效整合，既有利于巩固课堂教学这个主渠道，又主动占领网络思想政治教育这一新阵地。

---

① 王钟的. 对大学生"宅文化"不妨多些宽容［N］. 中国青年报，2015-04-29（04）.
② 中共中央办公厅、国务院办公厅印发《关于进一步加强和改进新形势下高校宣传思想工作的意见》. 新华网，2015-1-19. http://education.news.cn/2015-01/19/c_1114051345.htm.
③ 立德树人，为民族复兴提供人才支撑——学习贯彻习近平总书记在全国高校思想政治工作会议重要讲话［DB/OL］. 新华网，2016-12-8. http://news.xinhuanet.com/politics/2016-12/08/c_1120083340.htm.

一些高校积极探索互联网+课堂教学模式，把线下和线上教育引导有机结合起来，使互联网成为课堂教育的有效工具。清华大学在线教育办公室和学堂在线共同研发的学堂在线"雨课堂"APP，是一种集课前推送、课上实时答题、多屏互动、答疑弹幕、大数据分析等功能的软件。在真实的课堂上，学生可以通过微信扫码进入"雨课堂"，教师也能邀请其他人进入线上课堂，线上线下同时进行。在线上，学生也可以实时发出弹幕，对教师教学提问或反馈，教师可以实时提出问题，"雨课堂"APP当场统计正确率、答案分布情况，可以让教师及时了解每个学生对知识点的掌握情况。① 这一翻转课堂的模式把学生的手机变成教学工具，全面提升课堂教学体验，让师生互动更多、教学更为便捷，充分调动学生的积极性和兴趣。某高校通过建立微信公众学习平台，起发起了"最·悦读"读书思政课笔记评选活动，鼓励学生通过微博、微信晒出课程笔记、阅读书籍笔记，并分享心得，大大提高学生听课的积极性。许多高校着力于建设思政理论课精品课程中心、文明校园专题网站等，实现资源共享，延伸阅读资料，提高课堂教学的质量。

除了课堂教学外，线下的其他道德教育活动如社会实践、志愿活动、各类主题活动都可以加强线上线下的结合。为了将社会主义核心价值观的宣传教育落细落实，团中央曾经组织了"青年好声音——我为核心价值观代言"线上线下多渠道的活动，取得较大的社会反响。在线下，团中央组织各行各业青年代表，结合自身成长经历畅谈对社会主义核心价值观的认识体会，并参观全国各地青少年写下的"价值观体"展示墙，现场题写自己的"价值观体"。在线上，共青团微博发起的"青年好声音——我为核心价值观代言"活动，鼓励青少年网友以"我是……，爱国/敬业/诚信/友善就是……我为核心价值观代言！"的格式，写下对社会主义核心价值观的认识，主动做社会主义核心价值观的"青春代言人"。"当代雷锋"郭明义、中国残疾人艺术团团长邰丽华、青年歌唱家

---

① 赵秀红. 慕课改变你，你改变课堂［N］. 中国教育报，2016–06–17.

王宏伟、奥运冠军仲满和董栋等也通过微博和视频参加了活动，极大地提高了活动的吸引力和影响力。① 某高校的"倡导文明旅游行动"志愿服务队，利用暑期分赴各地，文明背包行，在行走中拣拾垃圾，弘扬和践行文明旅游。同时，他们在网上发出"带你文明游"微倡议，并分享自己文明之旅的美图、心得，曝光身边不文明现象，通过线上的广泛传播，释放文明正能量。中国人民大学开设了"别笑 我是思修课"的微博账号，开展了"爱国随手拍"、"道德那些事"和"这就是幸福"系列线上活动，学生们参与度空前高涨，不断刷新微博的点击量。线下实践、线上宣传，不但使宣传教育更加生活化、形象化，极大地调动了大学生参与的积极性，也容易使大学生对道德观念的"内化于心，外化于行"。

（二）优化网络化载体建设，加强网络舆论场的引导力

在虚拟世界里，海量信息、数据和知识在这里汇聚，东西方文化、思想、观念在这里互相撞击，往往容易引起大学生思想观念的混乱。此外，网络交往的隐蔽性、虚拟性、开放性从一定程度上助长了大学生道德选择的自由度，不仅引发了网络道德问题，还增加了道德教育的难度。以美国为首的西方国家一直通过多种形式如网络游戏、影视、论坛、课程等向中国渗透，宣传与社会主流价值观和意识形态相悖的言论和信息，在中国网民中培植个人主义、道德虚无主义、自由主义、无政府主义等，弱化网民的国家认同和政治认同。② 互联网已经成为意识形态交锋的主战场，新媒体已经成为影响学生思想道德的第三课堂。大学生喜欢探索新世界，接受新事物的能力强，但是他们阅历少，分辨能力不足，容易被表面现象所迷惑。如果缺乏有效的引导，任由西方社会错误价值观在互联网上的泛滥，将不利于我国主流价值观、道德观的有效传播。我国对网络化道德教育路径的研究工作起步晚，协同性、一体化的生态系统尚未完全建立。

高校意识形态工作主战场已经转移到互联网，加强网络舆论场的引

---

① 我是青年，我为社会主义核心价值观代言［N］. 中国青年报，2014-4-28（2）.
② 杨军. 互联网已成意识形态交锋的主战场［N］. 中国社会科学报，2014-4-17（A07）.

导力势在必行。搭建正面舆论传播平台，加强网络化教育团队建设，占领网络主阵地，传播文明正能量。一方面，主动建设，优化网络化教育载体建设。各大高校为了适应网络化潮流，也投入不少人力、物力、财力去完善校园网络信息系统的硬件和软件建设。但是不少高校打造的校园网、BBS论坛信息滞后，大学生的使用频率明显低于新浪网、腾讯网、百度贴吧等社会网站；不少高校的官方微博、微信定位模糊不能吸引学生的关注，使用黏度不高；不少高校的网络教学平台由于建设和重视不够，没有真正发挥出师生间信息共享和交流的作用；一些高校的党建、团建等红色主题网站由于内容形式单一，更是无法吸引学生主动点击学习，最后成为一个摆设。高校各自为战，分散的各类校园网站难以吸引学生，以上这些难题得不到破解，网络思政教育就难以真正展开。教育部实施打造的"易班"大系统，集资源优势、技术优势、服务优势于一体，契合了新时期高校网络思政工作的需求，从探索、推广到全面覆盖，很快就得到了各大高校师生的响应，成为吸引大学生学习、共享、互动的网络主阵地。它依托即时通信、相册、资料库、题库、微社区、轻博客、"快搭"平台、"易班云"等平台提供教育信息化一站式服务的同时，宣传社会主义主流意识、主流文化，对各种错误思潮及其观点进行批判，对大学生的思想道德起到隐性的引领作用。① 另外，大学生在微信、微博等社交媒介中仍然有大量的用户，影响力也不容小觑。除了易班之外，高校官方微信公众号、官方微博也应成为大学传递信息、服务学生、引领思想、凝聚情感的重要渠道。高校网络教育载体建设应该是多元的、发展的、动态的，不能孤立在线下教育载体之外，要打破平台壁垒，融合有效资源，加强信息传播联动、舆情事件联对，打造以网络新媒体为核心的宣传教育平台。

另一方面，主动参与，优化网络化教育团队建设。创新网络思政工作，有效引领网络舆论，还需要思政工作者转变传统教育观念，树立与

---

① 边慧敏，王小林，张力. 依托易班创新开展新时期网络思政教育 [M]. 北京：中国高等教育出版社，2015（24）：21.

信息时代相适应的数字化、网络化思维方式，保证投入网络思政工作的时间和热情。例如，福建师范大学团委以阳光向上的"小葵"作为官方微博的形象代言人，通过完善学校、学院，到年级、班级、社团层层覆盖的"五微五阵地"微博体系，在"微服务"中，打造校园"微文化"。"亲，还记得习大大的中国梦吗？今天下午，'中国梦·我的梦'主题教育活动正式启动，活动期间，'我的中国梦'征文、朗诵比赛和'师大一日'摄影大赛……满满的活动数不过来啦。校党委林和平副书记还启动了#中国梦我的梦#微博线上活动，团委妹子将跟大家一起畅谈梦想，快来参加吧！"这是其中的一条微博，一改往日官方的、强硬的单向通知，微博用接地气、贴近学生特点的网络流行语，在服务学生、传递信息的同时不失人文关怀、思想交流。校党委书记也改变了往日高高在上的领导形象，主动在互联网上贴近青年学生、关心青年学生，平等交流。校园网络意见领袖在扮演着"教师"角色，在大学生中有很强的号召力。谁来充当这个校园网络意见领袖，关系着校园热点、主流思想的动向，关系着网络舆情的监控。高校党政领导、学生辅导员、思政课教师、宣传部门、学生干部、学生党员等应该积极打开自媒体这扇窗，培养自己的网络意见领袖，营造师生互动的良好氛围，通过网络建立虚拟空间的信任关系。高校教师应积极主动加入学生的网络空间，及时了解学生的思想动态，参与社会热点的引导，疏导大学生对社会问题认识中负面情绪，避免学生迷失在网络谣言、虚假新闻中。例如，不少大学生由于对"彭宇案"真相的误读，从而发出"扶不起，躲得起"的声音。高校主流媒介应该积极回应许多大学生关心的"魏则西事件""雷洋事件"等社会热点问题，适当引导学生理性看待社会转型期凸显的一些社会现实问题，正视解决和化解社会复杂矛盾的长期性，推动形成文明和谐、理性包容、健康向上的网上舆论磁场。某高校在校园网、易班、微信、微博等新媒体上，围绕文明校园创建，策划推出"我眼中的文明校园""文明校园随手拍""做低碳生活达人""做志愿服务达人"等网络文明传播活动取得了较好的成效。我们还可以将主流道德观念转换成通俗易懂、易于接受的网络语言，编成小段子、做成图片，通过微信、微博、微电影等方式传播出去，吸引大学生关注。

三、校内与校外相结合，拓展社会化培育路径

人的社会存在决定了道德教育的最终目的是使大学生实现道德社会化，更好地融入社会、服务社会，实现人与社会的和谐发展。大学生道德社会化的重要目标就是形成道德共识。实际上，如今的大学与社会间已经没有"围墙"了，大学生社会化的时间从迈入社会之前早就开始了，社会舆论环境和社会风气无时无刻不在影响大学生的思想道德走向。打破高校道德教育"孤立无援"的局面，依靠社会力量，拓展道德教育社会化路径是大学生道德共识培育的必要一环。

（一）发挥大众媒介对社会舆论的正确引导

大众传播媒介是大学生获取社会信息的主要途径，成为影响大学生道德共识形成的重要社会力量。大众传媒既包括报刊、广播、电视、电影等传统媒体，也包括网络媒体、手机媒体、数字电视等新的媒体形态。大众传播不仅是现代社会的"故事讲解员"，而且是缓和社会矛盾与冲突的"熔炉"，它还是维护现存制度的"文化武器"。因此，大众传播在形成现代社会的"共识"方面，已远远超越了传统社会中教育和宗教的作用[1]。大众传媒在全社会范围内广泛"培育"共同的价值观、道德观，大学生作为受众之一也深受影响。

一方面，舆论引导正确能够强化正当行为，抑制非正当行为，引导大学生的思想道德观念和行为方式向积极的、符合社会要求的方向转变，进而形成一定的道德共识。比如，广播、电视、报刊、网络等大众媒体对汶川抗震救灾感人事迹的全方位报道，对北京奥运会志愿者的出色表现和优秀事迹的跟踪报道，是爱国主义、集体主义道德的良好诠释和正面引导。另一方面，舆论引导错误将对大学生的道德观念和行为方式形

---

[1] 周庆山. 传播学概论 [M]. 北京：北京大学出版社，2004：234-235.

成错误的示范，损害大学生的道德共识情感。当前社会中不少内容格调低下的广告、歌曲、电视、电影，通过媒体得到广泛传播。如广告语"黄金搭档送老师、送亲友、送领导"可能助长送礼的歪风邪气；网络歌曲《等咱有了钱》《我爱人民币》等不但玷污音乐艺术，还会污染学生的心灵。

大众媒体作为舆论信息的"把关人""引导者"，控制着公共舆论的走向，应以社会主义核心价值观引领社会思潮、舆论，寻求共识以破解社会各界的不同声音，引导社会舆论朝着正确的方向发展，利国利党利民。大学生作为大众媒体的受众，应该提高媒体信息素养，应提高独立思考能力，不盲从，不信谣、不传谣。

（二）发挥社区的独特道德教育功能

"社区"一词最初是由德国社会学家滕尼斯应用到社会学的研究中，他在其著作《共同体与社会》中定义为"由具有共同的习俗和价值观念的同质人口组成的，关系密切的社会团体或共同体"。① 社区教育是对未来社会起重大作用的一种教育形态，它承担社会发展中的道德教化与社会稳定的管理功能。② 美国和日本等学校道德教育的良好效果就是得益于众多的社区机构的支持。例如，美国设立社区学院，与高等教育接轨，从国家政策和法律层面鼓励学生义务服务社会。我国传统教育以家庭和学校为主，社区教育的探索起步比较晚。社区是联系群众最密切的基层组织，社会服务是体验生活最直接的方式，在道德教育中发挥着独特的优势。近年来，大学生公益社团、志愿组织与社区的联系日益密切，他们开展为社区儿童尤其是留守儿童结对子免费学习辅导，为社区衣物回收、免费体检、公益讲座等公益性活动。学校还可以依托地理优势，就近建立社区大学生实践基地、志愿服务基地，采取修学分的方式把社区服务纳入实践教学计划，建立长效机制。

---

① 马晓东. 关于新世纪社区教育功能的探讨 [J]. 长白学刊，2000（5）：92.
② 杜亚男. 中美社区教育比较及对道德教育的启示 [J]. 改革与开放，2016（13）：46.

四、理论与实践相结合，倡导生活化培育路径

有计划的系统理论教育是我国高校道德教育的主要传统和优势，发挥着不可替代的作用。近年来，道德教育改革在加大实践教学的比重、搭建道德实践的平台方面取得了一定的成效。在道德教育中坚持理论认知与实践养成相结合已经达成普遍共识。大学生道德共识培育旨在帮助大学生"学会共同生活"，决定了无论是理论教育还是实践教育，都要贴近生活、贴近实际、贴近学生，解决大学生在多元社会、多样人生中遇到的现实问题和困惑。

（一）提高道德理论教育解读生活的能力

知善方能行善，古人修身也是从格物致知开始。道德认知是对何为道德，为何需要道德，需要什么样的道德等问题的澄清。在我国，课堂教学仍然是大学生获得理论认知的主要途径，即通过对学生的理论传授，使其形成相应的理论素养，并与学生的发展需要及发展水平相适应。高校形成了以思政理论课为主渠道的，其他专业课程为辅助的课堂教学路径。高校思政理论课作为大学生的必修课，系统传授马克思伦理观、社会主义核心价值观等基础知识的主渠道。其他各类课程都有自己需要应对的伦理和道德问题，是传授道德理论知识的重要补充。除了有计划、有步骤的课程教学外，各类不定期举行的道德讲堂、伦理学术讲座、各类思想道德教育的动员、表彰会议都可以不失时机地灌输道德知识、规则。

然而，笔者看到一个大学毕业生在论坛里发出如下感慨：大学里思想道德课程真没有用，毕业后最基本的社交礼仪不会，基本的应酬不会。为了在企业与老板、同事、客户面前打造知书达理的形象，还要去买书自学演讲与口才、商务礼仪。至于坐车让座、扶老人过马路、等红灯过马路、排队办事等，那就要看实际情况，再决定做不做了。帖子后面还有一大批网友跟帖认同。虽然这种现象是否带有普遍性还有待商榷，我们也有必要对课堂理论教育进行反思。高校课堂上谈的比较多的是宏大

道德范畴，譬如理想信念、中国精神、人生价值、集体主义、为人民服务，对于日常生活道德、基本道德规范的内容涉及得比较少。道德理论教育要拉近教学内容与学生生活的距离，将鲜活的生活案例融入枯燥的理论规则中，便于学以致用，而不是用来考试，获得学分后忘却的功利行为。在理论教育方式上要改变以往偏于知识传递和记诵的积弊，努力创设德育情景，引领学生采用课堂辩论、调查研究、小组讨论、角色扮演、反思探究等方法，化被动学习为主动探索，将个体生活经验和课堂道德知识对接，从而获得情感共鸣和道德认同。如在《思想道德修养与法律基础》的授课过程中，可以布置一些贴近大学生生活的道德问题作为探究主题，如"如何经营我的朋友圈""平凡人的人生价值如何体现？""有钱可以任性吗？""父母在，远游否？"让学生组成学习小组，选择感兴趣的主题，并对该选题进行深入的现实调查、分析思考、交流探讨，在查找资料、总结提炼、课堂分享的互动过程中增强认同、减少分歧，充分体现大学生道德主体的地位，促进道德意识的自我建构。

（二）提高道德实践教育融入生活的程度

道德教育目标的实现有赖于将学生的道德知识转化为道德行为。"在怀疑与信仰，不确定的东西和确定的东西之间，有一个中介，这就是行动。只有通过行动，不确定的东西才能变成现实。"① 实践是个体稳定的道德素质形成的必不可少的重要条件。当前高校道德实践教育的主要形式是组织大学生参加各类有组织的教育活动实践，如志愿服务活动、社会实践活动、参观考察活动、学习先进活动、纪念日主体活动等。教育活动实践具有目的性、组织性、参与性和趣味性等特点。但是当前道德教育实践活动中形式主义泛滥，功利化明显，重形式轻内容，重结果轻过程，重趣味性轻思想性，限制了实践育人功效的发挥。一些学校把参加志愿服务的小时数转化成德育加分值，以至于学生关注的是服务的次数和长短，而忽视服务奉献的内容，形式的创新。有的学校只关注活动

---

① 居友. 无义务无制裁的道德概论［M］. 余涌译. 北京：中国社会科学出版社，1994：146.

结束后媒体报道和社会关注度,而忽视活动过程中学生真正的收获。一些实践活动为了迎合学生的娱乐性和趣味性,宣扬恶搞、低俗的非主流形式和内容,偏离活动本身的意义。

当前高校道德实践教育的工具化也比较明显,在组织者的精心设计和控制之中,实践活动变成一种缺乏创造性的道德技能训练。有班级开展学雷锋活动月,为了凑足人数,按座号轮流参加,参加的过程也是事先策划安排的环节,不是大学生发自内心的行为,难怪学雷锋三月来,四月走。道德共识是大学生生活实践所需要并在生活实践中自发形成的。大学生道德共识培育的实践教育应该融入学生的生活当中去,让他们在实践中所经历的、所接触到的是自然状态的、非预设性的。这样的道德实践与实际生活高度契合,教育效果大大高于传统实践模式。融入生活的实践方式比较直接的是"交往实践",把道德共识培育渗透到大学生的生活方式中包括"学校生活""家庭生活""社会生活",落实落细落小到大学生身边最基本、最日常的事情,去身体力行,养成为人处世、待人接物最基本的礼仪。道德不是圣人的独善其身,也不是隐者的无欲无求,而是在共同生活中的他者意识,即关心他者和将他者作为一种自由主体来尊重所引导的态度。① 对于大学生而言,他们的社会交往主要有师生交往、生生交往、同伴交往、团体交往等。并不是一定要有计划的将人聚集在一起才有交往,交往无时无刻都在发生。师生关系融洽,交流谈心、一个微笑、一次鼓励都是将影响大学生的道德情感和亲社会行为。同学相亲相爱、互帮互助、共享经验,同伴学习也具有德育功能。

五、显性和隐性相结合,开发隐性化培育路径

在本文问卷调查第 23 题中,关于最有效的道德教育方式的选择中,大学生认为家长身教、社会实践、榜样示范、课外阅读、校风校训熏陶的效力最大,而"教师讲授"被排到它们之后。当代大学生道德共识培

---

① 马勤学.学校道德教育新论[M].北京:中国书籍出版社,2012:66.

育要警惕教育方式的过度显性化，将显性教育与隐性教育统一起来，将教育引导和自我建构有效结合起来，做到优势互补、扬长避短。

（一）显性和隐性教育优势互补

显性道德教育主张公开的、外显的、直接的教育方式，向教育者表明教育目标，直接、集中地呈现教育内容，包括显性道德知识、显性道德学习、显性道德教学、显现道德实践等方面。高校开设的思想政治理论课属于显性道德教学。学雷锋文化月、道德典范的宣传以及道德奖赏是显性道德方法。通过显性课程设置直接向大学生讲授、宣传道德共识的内容，学生只能接收单一的教育信息，在短期内有一定的效果。将道德共识培育有计划地融入学生教学实践活动中，在相对封闭的环境中，以较规范的管理、良好的组织，也能够营造出浓厚教育气氛。但是，长期依靠单一的、显性的教育方式，无论何时何地都高喊口号，标榜目标，容易使学生产生逆反心理，难以发挥大学生的积极性和主动性。同时，过度依赖显性教育，助长了教师的权威地位和增加了学生对教师的依赖性，不利于道德的自我建构和完善。

与显性教育相对应的是隐性教育，它主张无意识的、间接的、内隐的教育活动使受教育者不知不觉地受到影响的道德教育。[①] 隐性教育关注学生的动机、兴趣、利益、需要、理想、情感、态度和信念等，用隐蔽性和暗示性的方式潜移默化、润物无声，有利于个体的道德情感的激发、道德信念的形成，进而转化为道德行为，这是知向行转化的一个关键环节。隐性教育虽然能够用潜在的影响方式教育学生，但是显然难以对大学生进行系统而正规的道德教育。可见，单纯的显现教育和单纯的隐性教育都不是有效的道德教育。只有坚持适度原则，做到显性引导和隐性渗透相结合，理论灌输与情境创设相结合，才能克服两种教育的弊端。

（二）加大隐性培育路径的开发和应用

当代大学生是生长在市场经济和改革开放浪潮中的一代，具有较强

---

① 詹小美. 民族文化认同论 [M]. 北京：人民出版社，2014：223.

的平等意识、主体意识和独立自主意识，传统显性教育的局限性越来越明显，充分挖掘隐性教育的路径显得更加重要。随着高校道德教育体系的完善，隐性教育路径更加多元，可以体现在隐性课程、校园文化、校园舆论、教师的身教、朋辈的示范等路径中。隐性课程是指道德教育的课程设置不是以直接的道德教育课程的形式出现，而是与学校教育的其他课程、活动融为一体，上海高校从"思政课程"到"课程思政"的转变。上海中医药大学的人体解剖课程不再是单纯的解剖技术传授，增加了课前向遗体鞠躬和课后向遗体献花表达敬意，组织了课前与捐献遗体家属交流座谈，感受他们的奉献精神和大爱，这些尊重生命的举动渗透出人文关怀。通过学生们在专业课程中既收获专业知识，还提升了道德素质，实现课堂主渠道育人功能的最大化。校园文化是长期的历史沉淀、凝聚而形成的，体现特定"文化共同体"的价值判断、价值选择和价值认同，对大学生具有调节约束功能、集体意识功能和教育导向功能。学校的严谨教风，浓厚的学风，多彩的文化活动，怡人的校园环境，无时无刻都在陶冶大学生情感，激发积极向上的斗志。大众媒介及其所传播的文化，影响着校园舆论导向，对大学生的道德、价值观念、行为规范、文学艺术的影响无形但却巨大。德高为师，身正为范，课上为师，课后为友。教师对价值规范的身体力行，无形中对学生的品行具有导向作用。高校设置的朋辈辅导员、朋辈心理互助联盟以及各类社团组织都是基于朋辈之间相似的心理特点和思维方式建立起来的，容易产生情感共鸣，容易在潜移默化中产生道德共识。

第三节　大学生道德共识培育的方法创新

　　方法是人们在改造世界的实践活动中，主体把握客体的步骤、方式和手段的总和。从教育学的角度看，培育方法是指教育主体为了达到教育目的，所采用各种相互联系、有序的方式、方法和手段的总和。弗兰西斯·培根曾把科学方法比作在黑暗中照亮道路的明灯,是条条蹊径中的路标。①相对来说路径比较宏观,办法比较微观,办法创新是为了在一定的路径上更好地达到目标。

所谓大学生道德共识培育的方法创新,是指教育者根据大学生道德共识特征以及道德共识教育的目标与任务等要素,在继承原有道德教育方法的基础上,不断探索和总结经验,探索更适合当前道德共识培育工作的新方法。大学生道德共识培育方法创新是在相对单一封闭的传统道德教育方法反省的基础上,改变命令式、以灌输为主的权威主义教育模式,提出对话—商谈—体验的道德培育方式,从表层的对话交流开始,冲突中的价值商谈,再到深层的道德体验与情感共鸣,层层递进,去伪存真,由表及里,从个体感悟到群体共识,达到润物细无声的教育效果。

一、实行道德对话,增进道德价值的交流和共识

道德对话不是要消除差异,排除不同的观点,而是在分歧中求得最大共识。道德事实的复杂性、大学生价值观的差异性决定了对话是道德共识培育的基本方式,也是现代社会道德存在和延续的最好形式。

(一)从"独白"走向"对话",寻求生活中的"共同善"

"独白"和"对话"是两种不同道德主体话语范式,由此相对应的是两种不同性质的道德教育方式。在传统社会里,信息传播渠道单一,人们的思想处在普遍禁锢之中,有较大的依赖性和依附性,单向、权威、灌输的"独白式"的教育方式,便于一元道德价值传输的需要。随着传统社会结构的解体,信息传播的多样化,人们思想道德观念日趋多元复杂,其思维意识的独立性和个性也在增强,这种传统"独白"式教育与多元化社会格格不入,成为道德教育低效的重要原因之一。

在教师主导的"独白式"道德教育里,大学生被抽象化成工具化个体,失去了主体性、话语权,被当作"道德之洞""美德之袋"进行预设

---

① 北京大学哲学系外国哲学史教研室. 转引《十六——十八世纪西欧各国哲学》[M]. 北京:生活·读书·新知三联书店,1958:9.

的道德目标、知识、内容的单向注入。独断、单一的"独白式"道德教育模式，忽视学生的主体性，使之成为教育者话语权范围下的附属物，结果或把学生培养成为听话、盲从的毫无个性的"单面人"，或把学生培养成知行分离的"虚伪人"。在"独白式"的道德教育方式里，教育者和受教育者都是孤独的个体，没有真正的交流对话就没有真诚的情感交流，师生之间很难建立互相信任的和谐关系。俗话说，亲其师才能信其道；尊其师才能奉其教；敬其师才能效其行。在不少高校，有些教师上完一学期的课，几乎没有和学生对话，对学生真实想法、接受程度不甚了解。师生交流少了，学生的尊师之情也有所淡化，上课时"低头族""逃课族"不在少数。

"对话式"道德教育是基于理解、尊重、关爱、平等的师生关系下开展的，凸显教育者和受教育者的主体间性，强调道德主体的自觉探索，个体德行的自主生成。多元价值背景下道德教育寻求普遍、合理、有效的道德共识需要对话，陌生人社会中真诚的主体交往也需要对话。"对话的本质并非用一种观点来反对另一种观点，也不是将一种观点强加于另一种观点之上，而是改变双方的观点达到一种新的境界。"[①] 道德事件本身的复杂性决定了需要在对话中对道德事实进行交流和判断的过程。这种对话式的道德教育方式，对于每个学生个体来说，在参与对话者不同的理由和观点的刺激下，个体道德观会发生动摇、更新。因为在对话中，不同的参与者所阐述的来自生活经验的理由、事实依据以及分析问题的视角补充了他的经验，扩展了他的视野；对整个班级来说，也是产生集体智慧的过程，不同生活背景和思想观念的学生通过他们的经验交流、思想碰撞、观念补充，产生了新的视角，新的认识。对话所创造的意义是在教育者的有效引导下，不同思想、观念在对话者之间不停地交换、共享，使学生个体的观点不断更新合理化，也使参与者之间达成互相理解，形成某种共识。

----

① 大卫·格里芬编. 后现代精神 [M]. 王成兵，译. 北京：中央编译出版社，1998：7.

传统道德教育要实现现代转化，就要转换道德主体话语，从教师的"独白"走向师生的"对话"，消除对权威道德话语的盲从，唤起大学生既会批判、也会理解的道德主体意识和能力，在真诚、平等的对话中寻求"共同善"，回归道德教育的本真。对话式道德教育模式的关键是教师不把现成的结论直接告诉学生，而重在启发、引导学生在回答问题并从中悟出道德，同时教师也从学生的回答中得到启发。按照对话发生的地域，有课堂内的对话和课堂外的对话；按照对话参与的主体，可以分为师生的个别谈话法、一对多的小组讨论法；按对话的材料来源，可以分为问题探究对话、观点辨析对话、案例分析对话。问题探究对话常常以"是什么"这样的对话开始，例如"什么是美德""什么是道德绑架"。观点辨析对话在教学实践中，常常以"是不是""该不该""能不能""值不值"等这样的问题，需要通过辨析对话来解决。例如，"一个人的能力越高，赚的钱越多，他的人生价值是不是越大""公交车上是不是一定要让座""有权能不能任性"等观点的辨析。案例分析对话是根据教学目的需要，采用文字材料或是声音、视频形式将讨论的案例展示出来，组织学生进行交流讨论。美国品格教育可以在师生对话中，通过"灰姑娘"的故事层层引导出诚实守信、互帮互助、对自己的人生负责、即使后妈不爱你也要爱自己、犯错不是什么可怕的事等生活中非常重要的道德品质。

（二）实行道德对话的着力点

当前，在大学生道德共识培育中，要实现从教师的"独白"走向师生"对话"的转换，关键要做好以下三个方面。

一是重塑师生之间的关系。道德教育不是教育者或受教育者的一方的单个主体活动，而是一种主体与主体之间的交往活动。要改变"教师讲，学生听"的垂直师生关系为"你—我"型的主体间性关系。对话是师生之间以主体人格的身份，在一种平等的状态下袒露心扉、相互交流的过程。改变师生间"主体与工具"的那种冷冰冰的关系，重塑师生间互相理解、互相信任、互相尊重的和谐关系。

二是提高教师的对话技巧。对话与沟通是一门科学,也是一门艺术。首先,对话应该是平等亲切的。教育双方以平等的方式参与对话,不管教育者有多高的职位,都是与教育对象平等的身份共同讨论问题,阐明自己的观点。老师经常走到学生中间和学生探讨问题,不将自己的观点强加育人,强迫对方接纳自己的观点,而是平等地交流。其次,要倾听学生的观点。在道德教育中,要善于创设民主的、自由的交流情境,鼓励学生的自我表达。即使学生的思想观点是幼稚的、不成熟的,甚至错误的,要不要轻易否定,允许学生为自己的观点辩护。最后,发挥教师在平等对话中引导作用。允许学生自由表达、自主选择并不否定教师对学生价值引导的职责。对话中教师不是价值中立,实际上对话中所使用每一种话语都负荷和蕴含着种种价值,要积极发挥价值引导的作用。这种作用可以体现在许多方面,如对话主题上的选择;提供对话主题的相关背景材料;将话题引向问题的关键点;帮助学生分析共识点、分歧点;点拨学生思维的误区等。

三是培养学生的对话素质。作为对话的参与者,大学生要学会与人对话,通过对话解决各种对立、冲突,达成互相理解和共识。首先,需要培养学生的对话意识。"如果没有一种'对话意识',即使使用了纯熟而优美的语言,即使在谈话中有问有答,即使这种问答花样百出,那也是机械的问题,没有对话意识的问题,就像一具只有骨肉没有灵魂的僵尸,绝非真正的对话。"① 课堂对话的话题可以提前公布,让学生事先有充足的时间去查阅资料和进行思考。教师可以通过提高平时成绩的比重,并有所记录,提高学生参与对话的积极性。其次,需要提高学生的对话能力。改变传统德育中"一问一答"式的对话形式,建构开放式、互动式、启发式的话语模式,培养学生发现问题、分析问题、批判反思的能力。在开放式的环境中,对话随时在老师之间、学生和学生之间发生,学生对于老师的观点不是简单地迎合,可以批判反驳,可以提出新观点

---

① 滕守尧. 文化的边缘 [M]. 南京:南京出版社,2006:157.

或新例证。组织对话的教师对于学生的观点不能持非此即彼、非错即对的态度，评价对话质量不是观点的对和错，而是依据观点的深度、广度、新颖度和逻辑性。

二、借助价值商谈，产生道德价值的理解和共悟

在学校道德生活中，不同价值主体之间存在多元价值观冲突，如学生之间的价值冲突、师生之间的价值冲突、学生现实价值观念与理想价值观念之间的冲突等。因此，要实现彼此理解，不仅需要合理的、真诚的对话，还需要各主体要么做出妥协，要么说服对方，也就是引入价值商谈的方式。

（一）从"回避"转向"商谈"，直面道德教育的价值冲突

当下大学生面对转型社会复杂矛盾和价值冲突，大学生道德价值观呈现出多元特征。在各种思潮与主流价值不断发生碰撞与冲击，不少大学生呈现出不同程度的道德困惑和迷茫。有的教育者在教育实践中表现出对现实社会生活的明显规避，刻意回避、远离当下的价值冲突，阻碍了不同声音之间的碰撞与回响，不能让大学生在解决价值冲突获得道德成长，反而走入价值迷茫的窘境。由于大学的开放性远比中学强，校园价值观念的多元化，形形色色的价值观念蜂拥而来，导致有些学生不知所措，不知如何面对现代性的价值观念，诸如大学生的恋爱观念、社交观念、市场观念、个人与社会、集体的关系等这些问题往往会导致一些大学生陷入价值迷雾。"学得好不如嫁得好""我爸是李刚""有钱能使鬼推磨"的歪风邪气也入侵校园。"想扶老人又怕被讹诈""范跑跑"事件中范美忠该不该不跑、"公交车上是不是一定要让座""有钱能不能任性""同性恋能不能结婚"等道德冲突事件应接不暇，冲击着大学生原有的道德价值和标准。

通过倡导价值商谈来变革伦理灌输和价值强制，直面道德生活中的价值冲突，在价值商谈、思想碰撞、困惑交流中启迪智慧，达成共识，使道德规范成为学生的内在的、本己的规范，提高学生的道德理解和判

断能力。学校道德教育的优势就在于将学习者的那种"孤独"的商谈（即学习者自己和自己的商谈）或者说是"现实我"与"道德我"的商谈分为三极商谈方式，即"教师"—学习者（"现实我"—"道德我"）的商谈方式，进而渐次提高他们的道德理解能力，遏制道德问题的滋生。[①] 道德教育中的价值商谈，不是教师对道德律令的强制性输出，而是双方在以道德生活为桥梁，通过语言商谈的暗示、妥协或说服对方，产生彼此对道德价值的理解，对道德规范、原则的遵守，使之从"独悟"发展到"共悟"。

（二）实施价值商谈的着力点

价值商谈契合了人们追求和谐生活和文明社会的愿望，是解决价值冲突和道德虚无的良方，是一种可能的道德教育模式。实施价值商谈的教育方法特别要注重提高大学生的公共理性，引导大学生学会换位思考、求同存异，教师在价值商谈中不能放弃价值立场，要适度进行引导教育，才能达成对道德价值的共识。

首先，要培养当代大学生的协商意识、宽容意识、互利共赢、和谐共生意识，增强大学生的公共理性。协商意识指道德主体不会一味地坚持自己的道德价值，或一味地遍地否定他人的道德价值，而是能够根据实际情况和需要，考量道德价值观的合理性，适时调整自己的道德价值。宽容意识是对不同道德主体价值观差异性的承认和尊重。宽容是对他人的观点，立场的理解，学会换位思考。但是这种宽容是有限度和边界的，不是纵容也不是冷漠，应该以核心价值为引领，以法律法规为底线。互利共赢是当代大学生必备的一种品质，无论是在经济活动中，还是在道德生活中，自私自利，只会两败俱伤，和谐生活就无法实现。和谐共生意识是指当代大学生处理各种问题和冲突时，能够以和谐共生的理念，协调和整合人与人、人与社会，人与自然的关系。

其次，发挥教师引领价值商谈的作用。在商谈中，教师要具有犀利

---

① 龙宝新. 价值商谈与学校道德生活的建构 [J]. 华东师范大学学报（教育科学版），2005 (3)：17-18.

的价值穿透能力。他能从学生的点滴行为中捕捉学生的价值所向；他能够将自己融入道德事件中去，并让这些事件成为学习者价值视野的中心，对学生形成强大的价值感召力；他能够在珍视学习者的价值选择自由的基础上促使他们的价值选择微妙地向价值生活公理的一方偏转。① 教师在价值商谈中的引导具有限度，教师不是直接引导大学生认同某种道德价值观，而是在引导价值协商的过程，让学生自己感悟出某种道德价值观。没有把握好教师在价值商谈中作用的限度，容易变成立场中立的价值澄清模式，或变回价值灌输和强制。价值商谈中教师是"平等中的首席"，其责任是在发生价值冲突、价值质疑和价值混乱时加以适时、适当的引领和生成。②

三、创设道德情境，促进道德情感的体验和共鸣

道德情感是道德的源头和动力，在个体德行形成的过程中具有特殊的位置。因此，在大学生道德共识培育过程中，应该将学生的情感、意志、态度等因素在摆重要的位置。缩小道德主体的心理距离，促进道德情感的共鸣是大学生道德共识培育的重要内容。

（一）从"文本"回归"生活"，在实践体验中培育

道德对话、价值商谈是以文本或间接的道德生活经验为素材，与学生的真实生活中的复杂道德情境有一定的区别。在多元主体的沟通、对话、商谈中得到的共识性、差异性的道德认知还需要回到生活中去体验、实践，消除认知和情感的障碍，统一认识，才能真正形成大学生道德共识。道德情感不同于道德认知，它不是诉之于语言文字，以明确陈述的方式，运用概念、判断、推理来把握文化规范与准则，而是以人们的共同感受和移情来进行文化的合理性合目的性（道德性）传递活动，以心灵相融、情感沟通的方式实现道德价值互渗，从而建构一种从自身需要

---

① 扬松峰. 论价值商谈型道德教育 [D]. 开封：河南大学，2007：26-29.
② 杨小微. 教学中的价值引导与价值商谈 [J]. 教育科学研究，2004 (10)：5.

出发的主体道德力量。① 道德情感不可能从文本的理性世界中产生，只能从真实的生活世界中感受、体悟。

唯物史观认为："在思辨终止的地方，在现实生活面前，正是描述人们实践活动和实际发展过程的真正的实证科学开始的地方。"② 由此可以看出，一定社会主体道德价值的生成有赖于社会实践活动这个基础，对道德价值的情感认同也是出于社会实践这一社会性存在方式的需要。在道德实践体验中，大学生既完成了个体对道德价值和道德事实的统一，实现对道德原则和规范的理解和在情绪上的认同，又促进了大学生主体间道德情感的共同体验，使主体性与集体感的协调发展，实现个体感悟到群体共鸣的转变。大学生道德共识培育是从具体的、现实的人出发，以生活实践为中介，推进人与人、人与自然、人与社会各种关系的和谐，将人形塑为具有道德责任感的完整人格。

（二）培养道德情感的着力点

"共情"是影响大学生道德共识培育效果的重要因素。在高校道德教育中，有必要借助各种类型的情境资源创设道德实践体验的情境，使教育主体在道德情境中进行实践参与、交流对话、情感互动、角色扮演等活动，使道德教育过程成为主体探寻道德意义，启发道德情感，实现自我建构的过程。

（1）优化道德体验的情境。道德情感的产生和增强无疑需要借助一定的情境才能得以实现。要拓宽情境教育空间，不再局限于封闭的教室之中，为学生提供接触生活和解决生活中各种实际问题的必要空间。多元化、综合化运用道德教育情境资源，让受教育者充分感受不同的道德情境，提高他们对不同道德情境、道德问题时自我选择、自我判断的能力。当前，高校道德教育的情境资源越来越丰富，按照不同的标准有着不同的分类，有实物情境和人文情境，有虚拟情境和真实情境；有课堂情境和课外情境，有日常情境和活动情境；有学校情境、家庭情境和社

---

① 欧阳永忠. 道德心理和谐及其教育研究 [M]. 北京：人民出版社，2014：162.
② 马克思，恩格斯. 马克思恩格斯文集：第一卷 [M]. 北京：人民出版社，2009：526.

会情境等。这些教育情境对道德教育的作用也各不相同，关键在于有机整合、优势互补。一些新建高校的校园实物情境，如景观、设施、建筑等既现代又恢弘，但是不太注重校园人文情境的打造，缺乏人文气息，无法发挥陶冶情操，净化心灵的作用。在道德教育中，教师要善于利用影视资料、历史故事等营造虚拟情境，这些虚拟情境的设计要尽量能够在大学生实际道德生活中找到原型，将他们的校园道德生活借助多媒体教育技术等手段融入道德情境中。辅导员、班主任也应该积极关注大学生的真实生活情境，让学生回归开放多维充满主体间性的生活世界中，在复杂真实的情境中辨明取舍和约束言行。

（2）保持各类教育情境的一致性。首先，教师在教育情境与生活情境中的角色的一致性尤为重要，假如一个教师在课堂上要求学生与他人交往应该平等、真诚等，在生活中却是作风不正，收受学生礼物，不平等对待学生，这样不但无法使学生认同道德价值观，反而会引起情感上的排斥和困惑。其次，要保持道德教育的虚拟情境与生活情境的一致。一些教育者为了教育情境的典型化，常常对真实的社会道德生活进行切割和美化，对与社会主流价值不一致的某些方面有意识地进行遮蔽，这种道德交往行为失去了客观世界的真实性，会让学生对道德规范产生虚假感。最后，要保持是学校小情境和社会大环境的一致性。当学生发现他们在大众媒体、社会风气、家庭生活中感受到的道德价值观与学校教育情境里宣扬的不一致时，会消解大学生在课堂上所接受的道德价值。为高校道德共识培育创造一个良好的交往德育情境，社会、家庭和高校一样有责任传播社会正能量、净化社会风气、传播主流价值。

第八章
当代大学生道德共识培育的机制建构

当一定的道德教育范式和任务确定后,就需要建立与之相适应的培育机制来保证它的运行和实施。大学生道德共识培育机制是大学生道德共识培育过程中各要素间系统合作、相互作用的动态过程与运行方式,在大学生道德共识培育中发挥着"生命线"的作用。

从实施主体来看,大学生道德共识培育包括"高校教育""家庭教育""社会教育"与"自我教育"等四个实施主体;从实施过程上看,大学生道德共识培育需要对大学生进行课堂教授、文化熏陶、舆论引导、心理疏导、利益平衡以及实践养成等方面的教育引导;从实施保障来看,高校则需要从组织、队伍、制度、评价等方面发挥管理保障作用。这些要素只有在大学生道德共识培育的过程中相互影响、互相作用、互相配合,有效运行,才能使大学生道德共识培育工作得以科学、有效的开展。习近平总书记在全国高校思想政治工作会议上强调把思想政治工作贯穿教育教学全过程,实现全程育人、全方位育人。① 本文在这一理念的指导下,从高校思想政治工作的视角建构当代大学生道德共识培育机制,侧重对教育引导机制与管理保障机制进行初步探索,以制约、规范和保障各种教育要素能够按照最有效的方式发挥作用,各个环节之间有效衔接,

---

① 习近平在全国高校思想政治工作会议上强调把思想政治工作贯穿教育教学全过程,开创我国高等教育事业发展新局面 [DB/OL]. 新华网, 2016 - 12 - 8. http://www.xinhuanet.com//politics/2016 - 12/08/c_ 1120082577. htm.

积极配合、层层落实。在大学生道德共识的培育机制中,教育引导机制是重要手段,规范管理制度是根本保障,两者缺一不可。

第一节 当代大学生道德共识培育的教育引导机制

在大学生道德共识培育机制这个结构复杂的系统工程中,健全学校的教育引导机制是关键因素。一方面,无论教育的理念如何变迁,塑魂育人始终是学校教育不变的主题;另一方面,一种道德价值、规范要被大学生所普遍认知、共识,除了理论自身的合理性和吸引力之外,也离不开学校的教育引导。对大学生道德共识有效的教育引导机制不能搞"一刀切",需要区别层次和群体;不是孤立的,需要调动各种积极因素协同作用;不是盲目的,需要把握科学的方法。

一、建立不同大学生群体的分类引导机制

当前高校生源结构的多元化,使高校的道德共识培育对象变得更加复杂。教育引导工作一定要充分考虑不同大学生群体的实际情况,增强教育引导工作的实效性。

(一)区分不同大学生群体的必要性

区分不同大学生群体有利于大学生道德共识教育引导工作的精细化。将精细化管理引入道德教育是为了使道德教育更加合理,有的放矢,实现成效最大化。在社会转型期,社会的利益群体不断分化,"富二代""官二代""农二代""贫二代"等网络流行语的兴起正是这一社会现象的直观反映。来自不同家庭阶层的大学生,原生家庭的生活环境和状况直接影响他们的思想认识、生活习惯、心理特征、动机目标、行为方式的差异,来到大学后相应地产生不同的思想道德问题。不同群体的大学生之间的价值观冲突也更加明显。在大学生道德共识培育中充分考虑到这些群体差异和需求,根据不同年级、不同专业、不同能力水平、不同

思维习惯、不同政治素养、不同思想水平、不同经济状况大学生的差异，合理划分不同的引导层次，在充分地认识、了解学生的基础上开展分类引导工作，加强教育引导的针对性和实效性。

区分不同大学生群体有利于大学生道德共识教育引导工作的人本化。传统道德教育模式中，千篇一律、千人一面的系统知识灌输，缺乏个性化的教育引导，不利于道德共识的形成。当代大学生思想更加独立，民主意识和权利意识更加觉醒，内心感情丰富，道德价值取向也呈现多样化态势，不仅需要正规系统的传道授业，更需要充满人文关怀的解惑解困。这就要求高校德育工作者不但要有扎实的理论功底，更要有足够爱心、细心、耐心去深入学生，充分了解学生的需求，耐心体察学生的心境，以诚待人、以理服人、以情感人，运用学生喜闻乐见的方式，将枯燥伦理思想转化为鲜活的生活案例，以个性化教育满足个体化需求。分类教育引导使大学生道德共识培育工作更加贴近大学生的日常生活，凸显人文关怀，提升亲和力和针对性。

（二）关照不同大学生群体的内心需求

大学生道德共识培育的分类引导工作，应该以尊重大学生群体差异为原则，以真实的个体为出发点，以解决其价值困惑、实际困难为切入点。要突出大学生的主体地位，深入学生中间，考察他们的物质需要和精神需求，关注他们的身心健康。用大学生乐于接受的教学模式和话语体系完成教育引导，帮助他们解决思想、生活、就业等各类问题，增强分类教育引导的时效性。例如，对于家庭经济贫困的大学生，为其争取助学金和社会资助，提供勤工俭学的机会，解决生活上的困难，鼓励其自强自立；对于心理存在疾病的大学生，要引导他们进行相关的心理辅导，建立预警机制，成立班级关怀小组，尊重、理解、关心、爱护他们；对于就业困难的毕业生，鼓励其摆正心态，努力提升求职技能，并积极施予就业援助，防止其压力过大或者放弃就业。依据个体情况进行解困，关心关注他们的需求，帮助他们树立强烈的自信心，克服困难，通过各种形式和内容的活动培养他们的独立、乐观、向上的精神，培养他们理性的交往能力，健康成长。

道德教育中忽视人的主体性、差异性是道德教育无效的症结之一。分类引导让道德教育回归大学生的生活世界，帮助不同群体的学生面对不同的生活世界，使大学生从内心感受到教育者的真诚，实现师生之间平等有效互动，增进师生之间的信任、合作与价值认同。在道德教育中，关注大学生的个性发展、心理状况、内心认同，进而激发大学生的内在热情与主动精神，教育引导和自我构建有机结合，促进道德共识的生成。

二、构建课堂教学、校园文化、社会实践的统筹教育机制

教育部关于《全面深化课程改革落实立德树人根本任务的意见》提出要"统筹课堂、校园、社团、家庭、社会等阵地。发挥学校的主渠道作用，加强课堂教学、校园文化建设和社团组织活动的密切联系，促进家校合作，广泛利用社会资源，科学设计和安排课内外、校内外活动，营造协调一致的良好育人环境。"① 高校能够掌控的课堂教学、校园文化、社会实践等校内活动首先要形成合力机制，协同作用于大学生道德共识培育工作的全过程。

（一）统筹课堂教学、校园文化和社会实践三大课堂的必要性

大学生道德共识培育是一个知情意行合一的过程，需要多种因素共同发挥作用来促使教育效果从量变到质变的飞跃。"知情意行"是道德品质不可或缺的四个要素，"知"之愈深，"情"之愈切，"意"之愈坚，"行"之愈久，知情意行合一，才有"水到渠成"式之效。统筹课堂教学、校园文化和社会实践体现了教书育人、文化育人、实践育人的有机结合，有利于实现道德理论、道德情感、道德意志、道德实践同步发展、互相促进，契合了道德共识的形成规律和过程。

课堂教学是高校落实立德树人根本任务的主阵地，学校开设的所有课程都要发挥德育的功能，所有的任课教师都要有德育意识。习近平在

---

① 教育部正式印发《关于全面深化课程改革　落实立德树人根本任务的意见》[J]. 中国农村教育，2014（6）：7.

全国高校思想政治工作会议上强调要使各类课程与思想政治理论课同向同行，形成协同效应。① 在价值观多元冲突的情境下，思政理论课的正面引导和显性教育仍然需要继续完善和强化，这是我国道德教育的特点和优势。其他课程也要坚持教书与育人相结合，避免出现其他课程教育与思想道德教育两张皮现象，建构全员育人、全课程育人的大德育体系。高校所有的课程设置和内容都应该以社会主义核心价值观为引领，渗透共同的伦理立场。体育课老师在课堂上传授体育竞赛技能的同时还要注重他们的团队合作精神的培育；外语课老师在学习宣传外国语言文化的同时不要失去对中华民族文化的自信；医学类的专业课程还要不失时机地渗透医学伦理；师范类的专业课程必然包含着教师伦理的内容。在本文问卷调查第 22 题，哪些因素对道德共识形成影响较大的排序中，大学生认为家庭、社会风气、学校环境、班级风气、朋友的影响最大，而作为大学生的引路人的"教师"落后于"网络"被排到第七位。可见，当代大学生道德学习的渠道越来越多样化，对教师授课水平和课程质量的要求也更高。建设一支理想信念坚定、师德高尚、理论功底扎实、教学效果良好的高水平教师队伍，是增进大学生道德共识培育实效性的关键。

校园文化是高等课堂教学的延伸，也叫第二课堂。校园文化内涵丰富，不能将其仅仅理解为"校园的氛围"、或者"课余文化活动"。黄建华认为校园文化可以分为精神文化、制度文化、物质文化以及行为文化四个维度。② 优良的校训、校风、学风是一所学校的立校之本，是本校师生宝贵的精神财富。例如厦门大学校训"自强不息，止于至善"有着深厚的文化底蕴，对完善厦大师生品性具有重要训育作用。学校的各种规章制度文化渗透着合理公正的道德价值立场，对大学生道德品质也有潜移默化的作用。校园环境建设也可以融入地方特色历史文化，彰显办学特色，宣传主流价值观。如集美大学校园内随处可见的陈嘉庚先生铜像、

---

① 习近平在全国高校思想政治工作会议上强调把思想政治工作贯穿教育教学全过程，开创我国高等教育事业发展新局面 [DB/OL]. 新华网，2016-12-8. http://www.xinhuanet.com//politics/2016-12/08/c_1120082577.htm.
② 侯长林著. 高校校园文化基本理论研究 [M]. 北京：人民出版社，2014：25.

陈嘉庚先生语录等物质文化时刻传递着嘉庚精神，对大学生的以诚待人、以毅处事的品格和爱国主义精神具有无声的涵养作用。文明的校园行为文化以丰富的文化活动为载体，营造和谐的人际关系，健康的舆论环境，体现着师生的精神风貌。校园文化建设是学校精神文明建设的主阵地和窗口，不但能提高师生文明程度，又能通过学校辐射社会。

社会实践作为第一、第二课堂的延伸，是学校教育不可缺少的一部分。中共十六大报告提出了"教育与社会实践结合"的教育方针，使社会实践得到了进一步重视。大部分高校把社会实践纳入教育教学计划中，提高实践教学比重，鼓励学生走出校门，到基层去、到群众中去。学生社会实践的形式多样化，有列入教学计划的军训、寒暑假"三下乡"活动、生产劳动、专业实践实习等，也有学生自主开展的志愿服务、勤工助学等活动。社会实践是主观见之于客观的活动，是学生将主观道德认知外化成道德行为的桥梁，在实践中可以检验学生已有的认知和经验，巩固正确的道德认知，协调认知冲突，形成良好的行为习惯。

（二）统筹课堂教学、校园文化和社会实践三大教育的路径

大学生道德共识培育要构建大德育机制，打破思政工作者"单兵作战"的窘境，充分利用课堂教学、校园文化和社会实践三种渠道，形成全员、全过程育人的合力机制。

首先，要以社会主义核心价值观引领课堂教学、校园文化和社会实践，减少不同教育情境的道德冲突。有的教师一边在课堂上抽烟、打电话，一边要求学生遵守课堂纪律。有的教师崇尚西方文化和西式生活，对中国文化和制度表现出不自信，片面批判国内问题，传播负能量，甚至在课堂上散播非主流或反主流意识形态。有的教师的专业素质和理论功底不足，讲课内容空洞，避重就轻，缺乏关注现实问题的洞察力和理论问题的解释力。课堂教学是思想道德的源头教育，如果学生在课堂上没有接收到主流的道德价值观，就很难形成道德共识。在价值取向多元化的背景下，高校校园文化走在各种价值矛盾冲突、各种思潮激荡的前沿。坚持以社会主义核心价值观引领校园文化建设，巩固社会主义意识

形态的主体地位，使广大师生员工在行动和心理上受到共同道德价值观的激励和约束。大学生在参加各类社会实践活动的过程中，容易与各种社会现实问题亲密接触，接受着更加多元化的社会信息，没有坚定的价值立场，很容易受拜金主义、消费主义、形式主义、官僚主义等各种不良社会风气所侵蚀。例如，大学生志愿活动是传递爱心和温暖的道德体验场，但是如果缺乏必要的价值引导，大学生志愿活动也会产生形式化、功利化的问题。总之，只有把社会主义核心价值观、社会主义荣辱观的立场、观念和内容渗透在大学生四年的课堂教学、校园文化和社会实践的全过程，通过长期的、反复的、一致的教育引导，才有利于大学生道德共识培育的长效性。

其次，在统筹设计下开展课堂教学、校园文化和社会实践，实现主题设计上的互相衔接，资源上的共享和组织人员的联动机制。要实现课堂教学、校园文化和社会实践合力效益，需要统一组织领导下进行总体规划、顶层设计。党委宣传部、学生工作部、思想政治理论课教学部、教务处、学生处、团委等部门要定期召开联席会议，研究相关问题。实现相关教育主题的衔接。例如，当课堂教学开展"诚信"伦理知识教育时，在校园文化和社会实践中也相应开展诚信文化月活动加以强化；当课堂上开展有关"社会主义核心价值观"的宣传教育时，校园文化和社会实践中就可以设计"积极践行社会主义核心价值观"的主题活动。在资源上共享，思政理论课的实践基地，与社会实践基地、志愿服务基地的资源可以共享。利用思政理论课的课程资源可以提升指导社会实践和校园文化的思想政治教育功能，利用社会实践和校园文化的活动成果可以充实思政理论课的课堂素材，提升其生动性、实效性。通过构建教师、辅导员、行政管理人员的共享流动机制，实现课堂教学、校园文化和社会实践组织人员的联动制。例如完善专业教师，思政课教师兼职班主任制度，教师可以协调辅导员指导班会、团日活动、社会实践等活动的开展，深入学生班级，了解他们的思想动态、心理变化，拉近老师和学生的关系，做学生道德的"在场人"，在和学生交往过程中，引导学生道德观、价值观的完善和发展。

三、构建学校教育、家庭教育、社会教育的有机衔接机制

樊浩教授组织了一次大规模的调查,调查结果发现当代中国社会伦理道德的三大策源地依次是:家庭63.2%,学校59.7%,社会32.2%。① 笔者在"各因素对大学生道德共识形成的影响力排序"调查中,他们认为依次是家庭、社会风气、学校环境、班级风气、朋友。可以看出学校、家庭、社会是大学生伦理生活中不可缺少的三个场域。一个人的道德品质并不是先天的,而是在接受社会、家庭和学校教育的过程中后天形成和发展起来的。

(一)学校、家庭、社会教育有机衔接的必要性

人类生活空间的多样性,决定了人的道德价值观不是在孤立的空间里养成的。大学教育只是教育形式中的一种,它在有限的时间与空间里,面对有限的施教对象,其效果也是有限的。社会教育、家庭教育和学校教育交互作用、相互制约,各自有着不同的特点和功能,都对大学生道德共识的形成产生重要的影响。家庭教育最大的特点就是通过家风家训、父母的言传身教对子女的道德品质和行为习惯进行潜移默化。中国古人讲,"苟家人之正,则天下之无邪",一个不健全、不和谐的家庭很容易滋生出许多问题,从而影响社会的稳定。社会教育是在社会生活中接受的教育。有学者认为:"社会教育特点是以公共社会生活为基础,以个体主动参与社会活动和经验性体验为特点,以个体社会性发展为主要内容的教育活动形式。"② 社会教育是一种灵活的教育,具有形象性、公共性、自发性、多样性、隐蔽性等特点。比如,大学生去电影院看电影也是一种社会教育。优秀电影《听风者》《集结号》等用感人至深而又引人深思的战争故事阐释爱国主义和集体主义,把思想政治教育融于社会文化产品,发挥了社会教育的优势。

学校、家庭、社会这三个主要道德教育场所在一个人成长的不同时

---

① 樊浩.中国大众意识形态报告[M].北京:中国社会科学出版社,2011:12.
② 佘双好.青少年社会教育的本质与内涵[J].中国青年研究,2007(12):5.

期，影响的程度和方式不一样。在儿童期比较依赖家庭教育，在青少年期主要接受学校教育，走上社会已经就业的青年则受社会教育影响更大，只有在大学期间，家庭教育、学校教育、社会教育的影响是同时存在的。相对于青少年，大学生接触社会的频率更加频繁，相对于社会青年，他们对家庭的依赖更强。从大学生的成长规律来说，学校、家庭、社会教育有机衔接有利于大学生道德人格的形成。根据三大教育的特点和功能，家庭教育是大学生道德情感养成的温床，学校教育是大学生接收到道德知识的中枢，社会教育是大学生道德价值得到确证的主场。从道德教育的规律来说，学校、家庭、社会教育有机衔接、有机结合，有利于形成道德教育上的一致性，形成全社会普遍认同的道德规范和价值准则，达成道德共识。

（二）构建学校、家庭、社会教育三位一体教育引导机制

当代大学生道德共识培育需要借助社会合力，多方协作，编织一张集互动性、协调性的"学校—家庭—社会"道德教育网，避免出现学校、家庭和社会三者在道德教育引导上的各自为政现象。真正构建学校、家庭、社会教育三位一体的教育引导机制，还需要必要的政策支持、强有力的组织领导。社会教育依赖于公共资源的完善、公共文化事业的发展、良好社会风气的形成，是全社会共同的责任。进入大学后，大部分学生远离父母限制了家庭伦理训练功能的发挥。构建学校、家庭、社会教育三位一体机制目前还存在着各种各样的困境和麻烦。

高校作为专门的教育机构，在链接学校、家庭、社会三种教育中有许多可为之处。促进学校教育和社会教育的衔接方面，学校应该积极利用社会资源，如各类博物馆、文化馆、纪念馆、烈士陵园、革命历史遗址、历史文化遗迹、爱国历史名人故居（遗址）作为爱国主义教育基地。学校可以积极组织开展各类社区服务、"三下乡"实践活动，通过志愿服务、科普宣传、文化下乡等丰富民众娱乐生活、改良民风民俗。高校广泛开展各类社会实践，一方面实现了服务社会，回馈社会的功能；另一方面为大学生提供接触社会、了解社会、接受社会教育的机会，具有学

校教育和社会教育双重功能。高校还可以利用大学的人力、物力、设施、机构等优势资源，开展各种成人教育、社区教育、社会公开课等，充实社会教育的力量。促进家庭教育与学校教育互相融合的有效方式是成立家长教师联谊会，定期进行家校联系，如学期初、学期末可以开展"致家长一封信活动"。高校还可以开展弘扬优秀家风家训的主题演讲比赛、征文比赛、专题讲座、主题展览等活动唤醒家庭教育的功能。

四、规范主流校园舆论引导机制

舆论学创始人李普曼认为："舆论基本上就是对一些事实从道义上加以解释和经过整理的一种看法。"① 舆论总是代表着特定道德立场，是社会道德价值观的风向标。高校校园舆论作为一种面向特殊群体、特殊环境的舆论，是反映大学生思想道德状况的"晴雨表"。当前，高校舆论引导工作受到了前所未有的挑战，如何把握好舆论导向，巩固主流舆论阵地，传播积极正能量，发挥培育道德共识的积极作用，是值得探究的问题。

（一）规范校园舆论引导的必要性

校园舆论引导关系到高校和谐育人环境的建设，关系到高校意识形态工作的话语权。净化校园舆论环境，宣扬社会主义核心价值观，维护社会主义主流意识形态的权威性，以正确的舆论导向引领大学生的精神文明，是道德共识培育工作的重要环节。

首先，高校校园舆论对大学生道德共识培育是一把双刃剑。正面校园舆论有利于促进大学生道德共识的生成。正面校园舆论能够抵御国内外各种错误思潮的冲击，增强大学生对社会主流价值观的认同感，自觉践行社会主义核心价值观、社会主义荣辱观，培育形成道德共识的土壤。中央电视台曾经报道过福建闽江学院法律系五室友兄弟情深，大学四年风雨无阻背残疾室友上课的感人事迹，引起校园舆论的普遍关注。他们

---

① 汪美辰. 思想政治教育视阈下高校校园舆论引导研究 [D]. 南京：南京师范大学，2015：7.

说"背了就不能随便放下,这是我们的责任",对当代大学生处理好人际关系起到良好的示范作用。而负面校园舆论站在主流价值的对立面制造各种道德冲突,消解大学生已有的道德共识。校园舆论像一个个无形的"教师"对大学生进行道德行为进行暗示、诱导。大学生思想活跃,求知欲强,有猎奇心理,容易接受新事物,对舆论事件反应敏锐,但是知识储备有限,心理不够成熟,又缺乏社会经验,容易受到错误舆论的误导。

其次,高校舆论阵地面临着西方文化思潮和新媒体时代的双重挑战。高校作为重大公共影响力的学术组织是中西方意识形态斗争的必争之地。西方国家常常披着学术探讨的面纱,以标新立异的观点争夺青年大学生的关注。他们借着互联网的捷径,大肆宣扬新自由主义、普世价值、历史虚无主义、道德相对主义等错误思潮,给部分大学生带来核心价值观的迷失,使之前接受的道德信条发生动摇,造成他们道德选择的迷茫和虚无。与此同时,我国正处于矛盾凸显期的转型社会,各种社会突发事件也值高发期,不同的利益群体发出不同的声音,正确与错误观念交织、正能量和负能量共存,主流和非主流思想较量,如果缺乏规范管理、主流引导,难以发挥正面舆论集聚力、辐射力、影响力。随着互联网、自媒体时代的到来,数字化的信息传播具有匿名性、开放性、平等性、传播快、范围广等特点,加大了校园舆论引导的难度。规范各类思想文化阵地的管理,创新校园舆论引导策略,加强正向校园舆论宣传力度,及时疏导校园舆论中的错误思想,形成崇德向善的校园网络舆论环境是必要的,也是紧迫的。

(二)加强校园舆论引导的着力点

加强队伍建设,提高校园舆论引导的协同力。首先,高校校园舆论引导是一项系统性工程,也是一项业务性较强的工作。各高校要成立宣传思想工作领导小组、舆情工作领导小组、安全工作领导小组等加强组织管理。其次,当前的校园舆论环境错综复杂,更加多元化、随意化,较传统舆情管理难度更大,难以控制,唯有统筹协调才能协同推进。要加强各相关部门的分工协作机制,统筹和配置各方资源,推动校内各部门、各系统之间的联动,加强校内与校外有关方面的联系,以及网上与网下的结合,信息通报共享机制、重大舆情预警应对机制等。① 最后,还要提高宣传、学工、保卫、后勤、信息中心等各部门工作人员的信息素养,使他们具备敏锐的信息意识、专业的信息能力、良好的信息道德。还要积极发挥学生组织自我教育、自我管理、自我服务的功能,培养一批政治立场坚定、洞察力敏锐、责任感较强,活跃于网络的学生党员、学生干部骨干作为校园网络意见领袖,壮大校园理性声音的力量。

加强思想引领,规范各类校园舆论阵地的管理。中共中央、国务院2017年发布的《关于加强和改进新形势下高校思想政治工作的意见》指出"要加强对校园各类思想文化阵地的规范管理,加强校园网络安全管理,营造风清气正的网络环境"。② 校园各类思想文化阵地是高校宣传的窗口,在舆论引导、思想启蒙、价值导向等方面承担着重要责任。规范校园内舆论园地的管理,要建章立制、分类科学管理,不给错误思想传播机会,不为错误思想提供土壤。高校校园媒体包括校内海报、标语、校报、校园广播、有线电视、校园新闻网、校园BBS、易班平台等媒介是校园舆论的传播扩展载体。校园传统媒介和新媒体上传播的内容,要由相关部门领导负责审查,要符合有关法规及学校规章制度。各类校园舆论阵地要牢牢把握正确的舆论导向,传播社会主流意识形态与主流价值观,主动占领思想文化阵地,传播真实信息,表达正面意见,营造良好的舆论氛围,助力大学生道德共识培育。

优化引导方法,提高校园舆论引导的效力。针对传播技术快速变革、传播格局空前变化、受众个性高度多样、价值观念日趋多元的现象,还要讲究舆论引导艺术,注重舆论引导效果。在日常引导中要先疏后导,在突发事件中要既疏且导,与学生对话,尊重学生的合法权益,化解思想矛盾,提升思想认识。网络时代,外界的微小变动在某种条件下都会

---

① 吕红胤. 高校网络舆论的主要特征和有效引导[J]. 电子科技大学学报(社科版),2014(2):107-108.
② 中共中央国务院印发《关于加强和改进新形势下高校思想政治工作的意见》[DB/OL]. 中国政府网,2017-2-27. http://www.gov.cn/zhengce/2017-02/27/content_5171481.htm.

引起舆论波动,既做到时刻警觉,也要预先排除热点难点问题,做到防患于未然。运用大数据等技术手段加强校园舆情研判,使网络舆论的监督管理工作全覆盖、多方位、高效化。

第二节 当代大学生道德共识培育的管理保障机制

随着高等教育综合改革的深化,高等教育实现跨越式的发展,但是高校内外部仍有一些不和谐的因素对大学生道德共识培育提出了严峻的挑战,如果没有相关的管理制度保障,在实施过程中,实践与理论容易产生错位,大学生道德共识培育就容易成为空中楼阁。当代大学生道德共识培育是一种有目标、有计划、有组织的道德教育活动,有效的教育引导是重要内容,规范的管理机制是必要保障。在大学生道德共识培育机制的复杂系统中,管理保障机制能够保证在大学生道德共识培育过程中,各类教育引导工作正常有效开展直至其教育目标的实现。具体来说,就是它能够为大学生道德共识培育提供资源供应与制度保障,具体包括组织保障、队伍保障、制度保障、评价保障四个方面。

一、大学生道德共识培育的组织保障

组织是指把分散的部门、人员、物质、资源,基于一定的宗旨和目标整合在一起。特定组织模式,在长期的调整设计过程中,会形成特定的价值观念、体系特征、秩序规范、行为方式、组织风格或形象。推进大学生道德共识培育工作需要健全组织机构、提高效率、优化结构、科学管理、职责明确,积极调动一切教育因素。

(一)加强组织保障的必要性

组织领导是保障大学生道德共识培育顺利运行的前提,是培育工作的中枢指挥、控制系统。组织领导的理念、组织机构的设置和组织过程的系统性、科学性直接影响培育工作的效果。大学生道德共识培育工作

的组织框架,有国家层面的教育行政机关,有基层高校的院系各级组织领导机制。这里所说的组织领导机制主要是高校内部的组织领导机制。近年来,由于国内外社会环境的复杂化、高校办学模式的扩大化,当代大学生的思想观念、行为方式也发生了深刻变化,一些高校的德育组织部门没有适应新特点、新问题、新规律,出现了新的矛盾和不和谐因素,必然影响大学生道德共识培育的成效。

高校各部门的德育工作合力尚未形成。目前,各高校基本建立了比较完善的德育实施体系,这是顺利进行大学生道德共识培育的组织保证。但是,在实际工作中,行政部门把德育工作看作是学工处、团委的事情,各自为政,缺乏部门协同,甚至互相冲突,难以形成德育工作合力。例如,一个学校的食堂后勤服务不到位,安全保卫工作做得不到位,会影响学生的情绪,也对学校开展的相关活动产生逆反心理。高校还没有真正形成党政群齐抓共管、各部门之间对德育齐抓共管、全校上下齐心全员育人的局面。

一些高校没有真正把"育人为本、德育为先"的教育方针融入组织理念。组织理念是一个组织成员共同的价值观念和行为规范。一些高校部门由于追求短期利益的最大化,常常热衷于打造学校的"硬实力",如加强专业建设,而忽略学校的"软实力"德育工作的落实。由于思想道德教育具有隐性化和长期性特点,一些领导阶层受功利思想影响,只从显性业绩和时效业绩出发考虑问题,认为"就业率为实","德育工作为虚",对德育工作的人力、物力、财力的支持也因此得到限制。一些高校在教务管理上,把重心仍然放在专业课上,对思政课建设不够重视。有的高校早上的课时优先安排给专业课,而思政课只能安排在下午或晚上。在师资管理上,对德育队伍的主力思政辅导员的地位没有足够重视,配备比例不足,日常工作任务繁重,职称条件较高,晋升空间狭窄,培养进修的机会甚少。

(二)构建组织保障机制的思路

明确目标,健全校院各级组织领导机制。中共中央、国务院最新印发《关于加强和改进新形势下高校思想政治工作的意见》指出，加强和改进高校思想政治工作的基本原则之一是把思想价值引领贯穿教育教学全过程和各环节，形成教书育人、科研育人、实践育人、管理育人、服务育人、文化育人、组织育人的长效机制。实现全员全过程、全方位育人体系，学校应该从宏观的组织领导、顶层设计抓起。各级党委要成立德育工作领导小组，以党委书记为组长，牢牢把握德育工作的方向性、领导权。在坚持党委统一领导的前提下，各级党政组织应在组织结构和任务职责上做到分工明确、相互协调，在组织上保证德育工作不留死角，使各项工作都能有条不紊地展开。要按照中央有关文件的规定，健全政工机构，保证必需的经费和工作条件，帮助各德育部门解决工作中的实际困难。

转变职能，坚持"以服务促发展"的组织理念。大学生道德共识培育是一项人性化的工作。过去那种依赖组织的权威性，强压式、粗放式的管理必须得到矫正。要根据新形势、新情况、新问题，重新定位德育组织管理模式。以生为本，以多样化、精细化的服务引导多元化主体，凝聚共识，增强彼此认同感，才能为大学生道德共识培育提供组织保障。高校的后勤处、保卫处、财务处等行政部门与其他社会组织的后勤保障机构有所不同，负有服务育人的功能。优化高校后勤的生产和服务，要逐步摆脱旧有的管理体制，从"养人""管人"回归"服务人""育人"。

更新观念，发挥"全员育人"的教育合力。因为德育的工作不像智育那样具有相对的独立性，德育工作是一个系统工程。大学生在学校生活、学习，与学校构成了一个相互联系的、立体的、动态的复杂系统。学校的教育、管理、服务都是大德育。学校的管理部门在服务学生过程中，实际上也在以身示范一种道德价值观，比如敬业和不敬业。各级行政部门要主动同各级党委相配合，步调一致，共谋目标、共担任务、共建环境、共享成果，形成党政工团对大学生德育工作的齐抓共管局面。为了把全员育人的理念变为行动、变为现实，还需要构建科学有效的全员育人的工作机制、约束机制和保障机制。

二、大学生道德共识培育的队伍保障

大学生道德教育一直都是高校思想政治工作中的重中之重，大学生道德共识培育是当前高校道德教育不可忽视的任务。大学生思想政治工作队伍承担了大学生道德共识培育的主要工作。中共中央国务院《关于进一步加强和改进大学生思想政治教育的意见》要求优化队伍结构，建设一支专兼结合、功能互补、信念坚定、业务精湛的思想政治工作队伍。① 2017年颁布的《关于加强和改进新形势下高校思想政治工作的意见》也指出高校思想政治工作队伍具有教师和管理人员双重身份，要纳入高校人才队伍建设总体规划，为大学生道德共识培育的人才队伍保障建设指明方向。②

（一）加强队伍保障的必要性

从广义上来说，全校所有教职员工都是大学生道德共识培育工作的参与者。从狭义上说，学校党政干部和共青团干部，思想政治理论课和哲学社会科学课教师，辅导员和班主任为主的高校思想政治工作队伍是推动道德共识培育工作开展的主体力量，这三支队伍的整体素质直接影响到道德共识培育的有效性。思想政治理论课是主渠道，日常道德行为管理教育是主阵地，二者是相互依存、相互补充的。从这个角度讲，队伍建设的重点是加强以思想政治理论课教师和思政辅导员为主的专职队伍建设。

思想政治理论课堂是传播社会主义意识形态和社会主义核心价值观的主渠道、主阵地。"95后""00后"的大学有着便利的信息获取渠道，个性化的实际需求，多元化的价值观念，让思想政治教育入心、入脑不是一件容易的事。教师的个体素质差异，是导致思政课课堂效果存在差异的重要原因。如果思政课教师自己都不是真学真懂真信真用，那就很

---

① 中共中央国务院关于进一步加强和改进大学生思想政治教育的意见［N］. 光明日报，2004－10－15.
② 中共中央国务院印发《关于加强和改进新形势下高校思想政治工作的意见》［DB/OL］. 中国政府网，2017－2－27. http：//www.gov.cn/zhengce/2017－02/27/content_ 5171481.htm.

难让学生真学真懂真信真用。打铁还需自身硬，思政课老师必须主动学习新知识，创新教学方法，丰富教学形式，守住这块阵地，用好这个讲坛，用深厚的学识修养、丰富的阅历经验感染学生，做大学生追寻道德共识的引路人。高校思政课教师要以"坚持教书和育人相统一，坚持言传和身教相统一，坚持潜心问道和关注社会相统一，坚持学术自由和学术规范相统一"要求自己，以德立身、以德立学、以德施教。①

思政辅导员是直接面对大学生的一线思政工作者，也是大学四年接触最频繁的人。原教育部部长周济在全国高校辅导员队伍建设工作会议上指出，辅导员作为教师队伍和管理队伍的重要组成部分，同样要承担"传道、授业、解惑"的职责，他们传的是文明之道，授的是立身之业，解的是人生之惑，他们的工作更显重要。② 思想上的困惑、道德上的迷茫在某种意义上比专业知识上的解惑更复杂。目前，高校中辅导员队伍建设仍然存在着学校重视不够、队伍配备不到位、政策措施不配套、队伍流动性大、整体素质有待提高等一系列薄弱环节，还不能够很好地适应新形势下加强和改进思想道德教育的需要。

（二）加强队伍保障机制的思路

从学校层面，有关部门要从选拔、培训、考核、发展等方面，保证思想政治工作队伍的发展和稳定。首先，要把好入口关，严格选拔标准。坚决摒弃思政工作人人都能做的观点，把综合素质较高、政治立场坚定、生活作风正派的人才吸引到思想政治工作队伍上来。其次，要加强培训，不断提高思政工作者的素质和能力。制订培养计划，为大学生思政队伍形成良好的梯队。以教育部实施的高校辅导员在职攻读博士学位专项计划为契机，培养一批思想政治教育研究领域的高学历、职业化、专家化专职人才，以更好地稳定队伍。最后，要完善大学生思政队伍考核和发

---

① 习近平在全国高校思想政治工作会议上强调把思想政治工作贯穿教育教学全过程，开创我国高等教育事业发展新局面 [DB/OL]．新华网，2016-12-8. http：//www.xinhuanet.com//politics/2016-12/08/c_1120082577. htm.

② 高曙光，王鹏. 高校辅导员在学生工作中应具备的五种精神 [J]. 出国与就业（就业版），2011（3）：55.

展机制，实现结构优化。严格考核，实行能进能出，能上能下的考核机制，把不适合、不能胜任相关岗位的工作人员调离岗位，同时要完善利益机制，保证积极上进、敬业奉献的思政工作者的职务提升、职称评聘、工资晋升、先进评选的机会和条件，激发其创造性和积极性。

从自身角度，高校思政工作者要重视提高自己的能力和素质。人的工作本身就具有复杂性和挑战性。当代大学生的思想道德观念和行为方式的独立性、多变性和差异性更显著。高校对大学生道德共识的培育必须紧跟时代步伐，把握大学生思想道德领域出现的新特点、新问题，遵循大学生的成长成才的规律，制订切实有效的教育计划和策略。

首先，要加强自身的道德修养，做一个具有人格魅力、高尚情操、渊博学识的人民好教师。教师是崇高而神圣的职业，师德高于一般的道德。高校思政工作者要做社会主义核心价值观的践行者、传播者。教师对待身边的人和事，对待学问、对名利的立场和态度，会对其学生产生潜移默化的影响。一些教师在课堂上经常抱怨为人师的清苦，为人师的劳累，社会的不公，必然会对大学生道德价值观产生负面的影响。

其次，要提高自身的理论素养和研究能力。工作能力的提升是建立在扎实的知识体系的基础上。只有先成为思想政治教育理论家，才有可能成为德育专家。高校思政工作者在日常工作经验的启迪下，要自觉开展科学研究，回应大学生困惑的时代新问题，探究学生身心发展的新规律，引领学生走出思想的误区。要把被动救火的"消防员"角色变为科学预见、能防患于未然的专家型角色。现在高校思政工作者大多是教育学、心理学、伦理学、社会学等专业的硕士，具有一定的科学研究能力，但是很多人常常疲于应付日常的学生事物管理，而忽略了经常性的总结提高。

最后，还要与时俱进，提高自身的网络思政能力。在当今社会，上网冲浪成为大学生生活中不可缺少的组成部分。网络使每个学生"秀才不出门，尽知天下事"，同时催生了网络领域的一些思想道德问题。高校道德教育者如果远离网络生活，对学生的网络语言一无所知，很难掌握高校网络道德教育的主动权。这就要求我们的道德教育者必须主动学习和培训，尽快认识网络、熟悉网络并能够利用网络开展德育。

三、大学生道德共识培育的制度保障

制度作为一种外部的力量，是规范大学生道德行为的强化因素。如果校园内部规章制度不够完善，不够合理，不好的行为没有被明确"禁止""惩戒"，好的行为不能得到肯定，不但会助长一些不正之风，还会瓦解大学生的道德共识。学校的管理制度指在社会制度的规范下学校的一般的管理制度，学校的管理制度保证了社会制度的实现，保证了国家法律政策的执行，保证了完成培养社会制度需要的人才任务。[①] 学校管理制度按照《普通高等学校学生管理规定》和《高等学校学生行为准则》的总体要求，制定人性化、科学化的学校管理制度为大学生道德共识培育提供可靠的管理制度保障。

（一）公正的道德奖惩机制

在传统的道德教育中，通常强调道德活动主体的自觉性，强调自我牺牲精神，认为人们自觉自愿履行道德义务是一种境界和修养。这种教育方式，在计划经济条件下确实起到了一定的作用，而在市场经济条件下，人们的主体意识和利益观念更加强烈，忽略道德与利益的关系，过于理想化而显得不切实际。人有趋利避害的本性，人的善行、恶行与人的利益需要有很大的关系。否认思想动机背后的利益根源是唯心主义的表现。只有顺应人性、尊重人权的管理制度，才是好的管理制度。校园道德行为奖惩机制要充分发挥校规校纪的导向和约束作用，使正确行为得到鼓励，使错误行为受到制约。

学校的行为奖惩机制通过对什么行为奖赏，对什么行为惩罚，体现了一个学校道德教育的价值立场和善恶标准。如果高校道德行为奖惩机制不健全，就会使人们的荣辱观发生颠倒。假如一个学校的制度设计对

---

① 朱其训. 和谐教育论［M］. 北京：人民出版社，2006：228.

失信学生进行严厉的惩罚，让他在将来的工作生活受到诸多限制，而守信者可以得到良好的诚信记录放入学生档案，成为进入社会的通行证，将对大学生的诚信道德起到良好约束。西南大学开发了一个"大学生诚信教育管理信息系统"，该信息系统运用数据库、互联网等多种信息技术手段，为每个学生"量身定做"了一套"电子诚信档案"，重点考核评估大学生在考试、论文写作、申请助学贷款、学费缴纳以及择业方面的诚信行为，并把考核结果作为衡量大学生诚信度的重要依据。① 如此完善、公正的诚信档案本身就能发挥出制度的惩戒性。反之，一些高校没有制定明确的诚信奖惩制度，甚至为了保全文明校园的形象，当学生考试作弊，论文抄袭的时候，进行姑息和淡化处理，不但没有发挥制度的规诫作用，还会消解课堂上的诚信教育。

目前，各大高校都有比较完善的大学生管理制度，大多包括学生管理规定、安全纪律管理规定、学生综合测评实施办法、奖励办法、学生违纪处分办法、宿舍管理制度等。这些制度本身是否合理公正也是个重要问题。学校管理制度中的不公正、不公平因素会阻碍道德共识的形成。各种道德分歧、社会矛盾的产生常常根源于社会不公现象。有的大学生看到生活及学习中的不公平现象，或者自己在评优评先中遭遇不公正待遇，心理失去平衡，进而对主流校园文化相关活动产生排斥，主动或被动的边缘化，不利于大学生道德共识的形成。道德奖惩机制要兼顾规则公正、过程公正和结果公正。比如，在提倡综合素质教育的今天，高校中还不同程度地存在"人们主要把学校里的奖赏当作激励智力的手段来使用，而不是当作激励心灵和性格方面等品性的手段。它们与成功有关，而不是与道德价值有关。好的成绩、分数、奖项以及班级荣誉实际上都是留给最聪明的学生的，而不是留给最正直、最敏感的良知的。奖赏是智力文化的工具，而不是道德文化的工具……德行在教育奖赏上所起的贫乏作用是一种致命的失范现象。……"② 以某高校为例，大学生评优评

---

① 王淑芹. 大学生诚信伦理研究 [M]. 北京：人民出版社，2012：246.
② 涂尔干. 道德教育 [M]. 上海：上海人民出版社，2001：197.

选的主要依据是综合测评，而综合测评中的德育、智育、体育各占30%、60%、10%，其中30%的德育的加分项大多来自担任学生干部、参加团学活动、比赛获奖。也就是说大学生的德育项得分高并不完全依赖于他的德行，而是依赖于他的能力和参加活动的积极性，那么这样的行为奖惩机制不免有功利化倾向，不利于道德共识的培育。

（二）有效的道德监督机制

当前，改革高校学生管理制度，不是要淡化管理或者不要管理，而是针对出现的新情况新问题，转变管理理念，创新管理模式，转变强硬的指挥和命令式的管理为监督、服务式的管理方式。学校对大学生道德行为的奖惩机制，是一种亡羊补牢的事后补救行为，而有效的道德监督机制具有预防性，能够减少大学生道德失范行为的发生，增强对大学生道德共识的践行。从紧张的中学阶段过渡到自由度较高的大学阶段，远离父母和高中班主任相对严格的监督，一些自律意识不强的大学生，容易放松对自己的要求。大学四年大部分时间在学校度过，学校对他们的生活、学习、品行的监督管理是必要的。

然而，随着高校扩招制度的实行，大学生的数量也急剧增加，一些高校的行政、管理人员配备不足，监督管理机制的不完善，造成学校的监督检查力度不够。一些高校学生的直接管理者专职思政辅导员并没有按照1∶200的师生比配备的，班主任制度没有在实践中得到落实。对于庞大的学生队伍，缺乏精细化的监督管理工作，会形成很多管理上的漏洞。有的学校对学生迟到、旷课现象监督管理不到位，助长不良学风。有的学校放任大学生擅自外住、同居，以至于对女大学生宿舍产子、大学生离校失踪等突发事件后知后觉。

首先，要加强学校的管理监督工作。作为学校应该切实按照规定比例配备辅导员队伍、班主任、专业导师，提高工作的精细化，对学生的不道德行为及时侦查发现，提高管理监督工作的质量。完善学校的后勤管理制度，提高后勤管理人员的素质和能力，创新学校后勤管理模式，破除旧有的规章制度，打造科学化、人性化的公寓文化氛围。学校要加强文明校园创建工程,坚持以育人为宗旨,以创建校风、教风、学风建设为突破口,引导师生展现大学气质。例如,某高校在创建文明校园中,组织成立文明校园督查队,队员由学生干部和志愿者组成,每个月针对不同校园文明主题开展文明督查,开展杜绝浪费的光盘行动,美化校园的爱校行动,宣传文明上网自律公约等。校园文明督察队在校园图书馆、教学楼、校园主干道等学生流动性较大的地方开展经常性的督查,对学生的不文明行为加以劝导,及时纠正学生的不文明行为,发现问题及时通报批评,对屡教不改的人,给予相应的纪律处分并记录在案,对大学生文明修身有一定的监督作用。

其次,要发挥校园文化的舆论监督作用。校园媒介应主动挖掘校园内的德育资源,宣传先进人物和事迹,树立正面的典型榜样,传播正能量;还可以通报批评违纪违规的道德失范行为作为反面教材,起到警示作用,发挥扬善抑恶的监督作用。例如,某高校用互联网的力量治理不文明行为,将学生的不文明行为随时曝光在校园网和学校微信公众平台上,起到一定的监督作用。在一次的杜绝带餐进教室的倡议活动中,校园各大食堂悬挂着诸如"拒绝早餐进入教室,文明修身从我做起""勿把书桌当餐桌,勿把教室当食堂"的宣传横幅,同时利用广播、校报、网络等宣传该活动,营造舆论监督氛围。

最后,要依靠大学生的自我管理、自我服务、自我监督。大学生的一些不文明行为往往就是体现在日常生活的琐碎小事之中,辅导员、学校管理人员不可能对大学生的行为时时刻刻起到监督作用。大学生集体生活的方式便于开展相互监督。一方面,依托学生自律委员会,开展自我管理、自我服务、自我监督,共同建设学风浓厚、文明和谐的校园。另一方面,提高大学生的自律能力,文明修身、升华自我,当没有外力监督的时候,能够做到"慎独"。

四、大学生道德共识培育的评价保障

大学生道德共识培育的评价是大学生道德共识培育中的重要一环。

没有评价,就不能控制;没有控制,就不能管理;没有管理,就不能提高成效。为了保证大学生道德共识培育的目标、内容、措施的顺利实施,增强人和事物内在的运行动力并调节各方面的制约关系,必须量化细化评价机制加以保障。

(一)评价机制对于大学生道德共识培育的重要性

评价机制增强了大学生道德共识培育的导向性。大学生道德共识培育的评价机制能够引导道德教育朝着评价目标的方向努力,评价的目标、标准、指标及其权重,是培育工作的"指挥棒"。大学生道德共识培育是有目标、有计划、有组织的道德教育活动。对大学生道德共识培育工作的过程和效果做出全面、科学、合格的评价,及时发现问题、纠正偏差、强化导向,才能保证教育目标的实现。

评价机制提高了大学生道德共识培育的实效性。在大学生道德共识培育的评价过程中,会对培育工作逐项全面检测,获得必要信息,掌握教育活动中所取得的成果及其薄弱环节,使大学生道德共识培育主管部门和教育者能够及时得到反馈信息,了解在教育过程中的内容、方法、路径的效果。评价机制中所指向的方向或目标定位具有内在的规范、指挥、调整、控制的功效和能力。培育工作者可以对照评价指标的要求,进行自我检测、自我调整、自我控制,以评促进,不断改进和创新教育方式方法,优化教育环节组合,以取得更好的教育效果。

(二)做好大学生道德共识培育评价的思路

大学生道德共识培育的评价机制的构建,至少要搞清楚三个方面的内容,一是以什么指导思想进行评价;二是以什么方式进行评价;三是用什么指标评价。

首先,大学生道德共识培育的评价机制以人文主义价值取向作为指导思想。教育评价机制总是体现着一定的教育思想、教育方针和价值取向。纵观以往的一些道德教育评价不免带有工具主义价值倾向,以至于存在一些评价的认识误区及其潜在危机。传统的道德教育评价目标常常以上层建筑的需要作为导向,目标过高,过于抽象,并随着政治环境的变化而变化；以往的道德教育评价方法常常只采用量化考核方式，把学生的日常行为纳入规范和标准网络之下，把复杂的道德教育现象简化成具体的行为和冰冷的数字，而忽视了道德教育中的道德情感和道德人格的发展；传统道德教育评价的重心放在学生的"学"上而不去或较少关注和评价教师的"教"，导致学校德育应有的双边性特质蜕化成为一种单边性的活动。①

其次，以人文主义价值取向指导下的道德共识培育的评价方式应该是客观的、科学的、动态的。它不是单纯量化的考核，采用量化和质性相结合的方式；采用"评学"和"评教"相结合的多元评价方式；采用静态评价和动态评价相结合的方式。道德教育量化评价已经比较成熟，并在实际工作中发挥了它应有的作用，但是仅仅依靠量化评价是片面和僵化的，需要探索质性评价方式作为补充。道德教育的质性评价更加考验教育者的素质，因为它无时无刻都存在，它可能是一句赞赏的话语，也可能是一个责备的眼神。质性评价是在平等的道德教育主客体中进行，多用描述性和解释性的语言，而非非好即坏的评价语言，在平等交流和价值引导中促进学生的进一步道德成长。评价对象也应该是多元的，如学生评价、教师评价、自我评价等的综合运用。评价的方法可以是封闭的问卷调查、理论考试、知识竞答，也可以是开放的座谈会、访谈法、走访观察法等。用静态指标评价它的现状和效果，做出诊断性的分析，用动态指标评价它的潜力和生态，做出发展性的建议。

最后，大学生道德共识培育评价机制的指标体系内容可以分别从宏观和微观两个层面，从评教和评学两个角度，构建静态指标和动态指标两个体系。静态指标可以从学校的基本条件，德育队伍的基本条件和学生的道德共识状况。学校的基本条件，包括道德教育的基础设施、校园环境、管理制度；德育队伍的基本条件，包括师资力量、培育理念、教学成效、科研成果等方面；学生的道德共识状况，包括遵纪守法、人际

---

① 尹伟. 德育评价的重心转向及其合理性辩护 [J]. 湖南师范大学教育科学学报, 2015 (2): 105.

第八章 当代大学生道德共识培育的机制建构

关系、学习态度、个人品德修养等方面考核。动态指标可以从学校未来发展的潜力，德育队伍的创新活力，学生道德素质的潜力角度。学校未来发展的潜力，可以从人才吸引力、学术氛围、校风学风、人才培养能力等方面考察；德育队伍的创新活力，体现在教学思路及创新、教学能力、科研水平等方面；学生道德素质的潜力，可以体现在学生的道德责任感、道德价值取向、理想信念等方面。大学生道德共识培育的评价指标体系要与党和国家的教育方针政策和法律法规中规定的德育目标等相一致。

结 语
道德共识到道德至善

从 2004 年中共中央国务院《关于进一步加强和改进大学生思想政治教育的意见》的实施,到 2017 年 2 月中共中央国务院《关于加强和改进新形势下高校思想政治工作的意见》的印发,无不反映出党和国家对新时期高校思想政治教育工作的重视。作为一名一线思政教育工作者深感肩上的责任重大。道德文明是一个现代化国家的重要标志,道德素质是大学生素质的首要因素。大学教育在任何时候都要抓住立德树人这一根本任务。然而,当前学校道德教育的权威失落、道德教育的效果不彰、大学生道德自律的普遍放松等问题已经表明传统高校道德教育的乏力。道德共识培育是学校道德教育应对多元价值诉求的需要,是落实社会主义核心价值观培育工作的基础工程,但在当前的理论和实践中未被充分重视。

本文把道德共识培育作为高校道德教育走出困境的一个出路,梳理了大学生道德共识培育的基本理论,充分论证我国当代大学生道德共识培育的必要性和可能性;在对当代大学生道德共识状况进行现状考察的基础上,分析了影响当代大学生道德共识度的主要因素;在对中华人民共和国成立以来我国大学生道德共识培育的历史回顾和一些发达国家道德共识培育经验的借鉴基础上,力求构建一个可行而真实的"道德共识"培育内容和探索行之有效的"道德共识"培育路径方法与机制,为高校道德教育的理论和实践开拓新思路。

大学生道德共识培育是高校道德教育的必要环节,但并不是全部内容。当代大学生应该做有理想、有本领、有担当的时代新人。大学生的道德追求不应该只停留在基础型道德共识的层面。沿着社会主义核心价值观之路,超越基本的"道德共识",追寻"理想道德"是实现大学生"自由而全面发展"的需要,也是高校道德教育的必由之路,这是本文要特别说明的。价值多元背景下,道德共识培育是道德教育中基本的道德要求,是现实型的教育范式,是现阶段高校道德教育不可逾越的一个阶段;理想道德是道德教育中较高的道德要求,引领道德教育发展方向。在社会主义初级阶段,道德教育应注意层次性,不能为大学生设置一个统一的高标准,也不能消解道德本身的意义。大学生道德共识培育在当代高校道德教育中更具有优先性和紧迫性。它指导大学生应对多元化的现实道德生活,也为大学生追寻道德至善铺路架桥。理想道德是不断扩大和提升道德共识的结果。基于人类对美好生活和理想社会的向往,我们需要不失时机地在道德教育中不断提高大学生道德共识的层次,扩大道德共识的范围,引导大学生追求理想道德人格,以实现高校道德教育的终极目标。

道德共识在伦理学语境中已受到较多的关注。在价值观多元化的社会中凝聚道德共识是现代社会的伦理问题,也是当代道德教育所必须面对的一大课题,需要更多的学术探究和实践探索。本书只是对大学生群体的道德共识培育问题进行了初步分析与探讨,希望能够起到抛砖引玉的作用,如何为国民教育全过程中道德共识培育提供更具实践性和操作性的指导方案还有待今后去进一步研究。

附 录
当代大学生道德共识状况调查问卷

尊敬的同学：

你好！为了深入了解当代大学生的道德价值取向和道德教育效果，为改进高校道德教育提供参考，我们对在榕高校开展了有关大学生道德共识状况的全面调查。答案无对错之分，只需如实反映真实情况，无须填写姓名，调查信息完全用于学术研究，既不会泄露你的个人隐私，也不会用于任何考核工作，请你放心地认真回答。

衷心感谢你的支持和协助，祝你学习进步！

福建师范大学"当代大学生道德教育"课题组
2016 年 3 月

一、你的基本信息

1. 你的性别是（　　）

   A. 男性　　B. 女性

2. 你所在年级是（　　）

   A. 大一　　B. 大二　　C. 大三　　D. 大四

3. 你的政治面貌是（　　）

   A. 中共党员（包括预备党员）　　B. 共青团员　　C. 群众

4. 你的户口是（　　）

附　录　当代大学生道德共识状况调查问卷

A. 非农业户口　　　B. 农业户口

5. 你现在所学专业属于（　　）

A. 文史类　　　B. 理工类　　　C. 体育艺术类　　　D. 其他

6. 你的父母亲中最高学历（包括函授、自考等）是（　　）

A. 小学　　B. 初中　　C. 高中（中专）　　D. 大专　　E. 本科及以上

二、回答下列各题：单选题

1. 在下列观点中你倾向哪一种观点？（　　）

A. 道德是人们为实现某种目的的工具

B. 道德是人之为人的根本要求

C. 道德的本质是对人性的束缚

2. 你认为在当今社会中，多数人遵循的原则是（　　）

A. 克己奉公，为他人着想

B. 主观为自己，客观为别人

C. 只要利己，不顾他人

D. 我为人人，人人为我

3. 处理人与人之间的关系，你通常做法是（　　）

A. 己立立人，己达达人

B. 己所不欲，勿施于人

C. 各自打扫门前雪，休管他人瓦上霜

D. 拆别人的屋，盖自己的房

4. 某银行女职员为了保护国家钱款，与持刀歹徒英勇搏斗而致残，对此你认为（　　）

A. 很可贵，如果是我也会这么做

B. 很钦佩，但不能肯定自己能做到

C. 很高尚，但是我不愿意这么做

D. 不值得，因为生命的价值高于一切

5. 汶川地震的生死关头，一位教师丢下教室里的学生，自己逃出教

室，你认为（   ）

  A. 这是一种可耻的行为，应该受到道德谴责

  B. 这是一种自私的行为，但是可以理解

  C. 这是一种出于自保的合理行为

  D. 这是一种本能的行为，不能用道德评价

6. 一组虐猫图片被各网站广泛转载，你认为（   ）

  A. 纯属个人趣味，不必大惊小怪

  B. 动物又不是人，不值得大惊小怪

  C. 看着很难受

  D. 虐待小生命太残忍，应予谴责

7. 考试时，如果发现你前面座位上的同学作弊，你将会（   ）

  A. 向监考老师揭发

  B. 内心看不起他，但是又不表现出来

  C. 事不关己，不管不问

  D. 别人作弊，我也作弊

8. 学校通知你暑期参加国庆游行训练，而你已经买了回家的车票，此时你会（   ）

  A. 个人服从大局，愉快地退票并积极参加训练

  B. 看看其他同学的安排，随大流

  C. 跟学校解释家里有急事

  D. 不打招呼，直接回家

9. 当你看到老师，并即将迎面相遇（注：老师没看到你），你会主动打招呼吗？（   ）

  A. 会   B. 不会   C. 不一定

10. 某天你正在使用电脑，当舍友提出你击打键盘声影响他休息时，你会（   ）

  A. 继续使用电脑 B. 停止使用电脑 C. 与之协商而定

11. 公共汽车上见到老弱病残幼，你认为大学生应该让座吗？（   ）

A. 应该　　　B. 不应该　　　C. 视情况而定

12. 假如某天你看到身边一位老人摔倒了（注：老人摔倒后精神状态良好，只是一时站不起来），你会上前扶起吗？（　　）

A. 会　　　B. 不会　　　C. 视情况而定

13. 你对于复旦投毒案被告林浩森在采访中说："不计后果伤害别人不是我的底线，我不知道自己的底线是什么"的回答的看法是（　　）

A. 为了自己的行为道歉而说谎

B. 心理不正常，一个人应该知道自己的底线在哪里

C. 很正常，很多大学生都不了解自己的想法

14. 你认为当前高校的大学生道德教育状况（　　）

A. 学校很重视，措施很有效，效果很满意

B. 学校很重视，措施比较有效，有一定效果

C. 学校比较重视，但是形式大于内容，效果一般

D. 学校不太重视，教育方法陈旧，实效性低下

三、请按照下面提示要求排序

1. 选出5种你最认同的道德品质，请按照认同程度从高到低排序（只写字母）

A. 敬业　　B. 勤劳　　C. 孝顺　　D. 正直　　E. 爱国

F. 忠诚　　G. 正义　　H. 友善　　I. 谦虚　　J. 关怀

K. 诚信　　L. 尊重　　M. 节俭　　N. 责任

请排序（　）（　）（　）（　）（　）

2. 选出5种对大学生道德共识的形成具有影响的因素，请按照你认为影响力的大小，从高到低排序（只写字母）

A. 社会风气　　B. 学校环境　　C. 班级风气　　D. 网络

E. 朋友　　　　F. 老师　　　　G. 家庭　　　　H. 影视

I. 明星、偶像　J. 书报　　　　K. 市场　　　　L. 政府

请排序（　）（　）（　）（　）（　）

3. 请选出 5 种你认为最有效的道德教育方法，按照效果从高到低排序（只写字母）

  A. 教师讲授的材料 B. 班会 C. 家长身教

  D. 游戏 E. 课外阅读 F. 榜样示范

  G. 社会实践 H. 校风校训熏陶

  请排序（ ）（ ）（ ）（ ）（ ）

4. 请选出 5 种你认为最重要的伦理关系，按照重要程度从高到低排序（只写字母）

  A. 父子 B. 兄弟姐妹 C. 同事 D. 师生 F. 朋友

  E. 同学 G. 夫妻 H. 上下级 I. 组织

  请排序（ ）（ ）（ ）（ ）（ ）

5. 请选出 5 种你认为道德状况最满意的群体，按照满意程度从高到低排序（只写字母）

  A. 工人 B. 农民 C. 白领 D. 教师

  E. 政府官员 F. 演艺娱乐界 G. 企业群体 H. 大学生

  I. 青少年 J. 弱势群体

  请排序（ ）（ ）（ ）（ ）（ ）

四、以下是一些观点的陈述，请在最符合或接近你的观点的选择下画（"○"）

序号	项　目	完全同意	基本同意	基本不同意
1.	个人奋斗的成功比集体的共同发展重要			
2.	对于无意中伤害自己的人应给予原谅			
3.	现代社会，老实人比较吃亏			
4.	如果信守诺言让我吃亏，背弃诺言也无妨			
5.	即使父母做得不对，儿女也应该顺从父母的意思			
6.	西方思想的涌入对中国社会道德状况产生了较大影响			

续表

序号	项　目	完全同意	基本同意	基本不同意
7.	虽然痛恨贪污腐败，但如果有机会，我也会贪污、受贿			
8.	学习成绩再好，也不如人脉关系重要			
9.	有能力的人比有道德的人更值得钦佩			
10.	君子喻于义，小人喻于利			
11.	现在学校教育中普遍重视知识教育而不是道德教育			
12.	"己所不欲，勿施于人"应作为普遍伦理			
13.	个人的事再大也是小事，国家的事再小也是大事			
14.	"有钱能使鬼推磨"符合社会主义市场经济的社会现实			
15.	任何社会、任何国家都应有自身的核心价值观，没有价值引领的社会，必然是盲目和不科学的。			

附加（有则多写，无则少写）

你认为提高大学生道德共识的方法或途径有哪些？

_____

_____

_____

参考文献

1. 马克思主义经典著作与重要文献

［1］马克思，恩格斯．马克思恩格斯选集：第1卷［M］．北京：人民出版社，2012．

［2］马克思，恩格斯．马克思恩格斯选集：第2卷［M］．北京：人民出版社，2012．

［3］马克思，恩格斯．马克思恩格斯选集：第3卷［M］．北京：人民出版社，2012．

［4］马克思，恩格斯．马克思恩格斯选集：第4卷［M］．北京：人民出版社，2012．

［5］马克思，恩格斯．马克思恩格斯文集：第1卷［M］．北京：人民出版社，2009．

［6］马克思，恩格斯．马克思恩格斯文集：第9卷［M］．北京：人民出版社，2009．

［7］马克思，恩格斯．马克思恩格斯文集：第10卷［M］．北京：人民出版社，2009．

［8］马克思，恩格斯．马克思恩格斯全集：第46卷下［M］．北京：人民出版社，1980．

［9］马克思．资本论：第1卷［M］．北京：人民出版社，2008．

［10］毛泽东．资本论：第2卷［M］．北京：人民出版社，2008．

［11］毛泽东．毛泽东选集：第1卷［M］．北京：人民出版社，1991．

［12］毛泽东．毛泽东文集：第 2 卷［M］．北京：人民出版社，1993．

［13］毛泽东．毛泽东文集：第 8 卷［M］．北京：人民出版社，1999．

［14］邓小平．邓小平文选：第 1 卷［M］．北京：人民出版社，1994．

［15］邓小平．邓小平文选：第 2 卷［M］．北京：人民出版社，1994．

［16］邓小平．邓小平文选：第 3 卷［M］．北京：人民出版社，1993．

［17］中共中央宣传部．毛泽东 邓小平 江泽民论社会主义道德建设［M］．北京：学习出版社，2001．

［18］胡锦涛．坚定不移地沿着中国特色社会主义道路前进，为全面建成小康社会而奋斗——在中国共产党第十八次代表大会上的报告［M］．北京：人民出版社，2014．

［19］习近平．习近平谈治国理政［M］．北京：外文出版社，2014．

［20］习近平．之江新语［M］．杭州：浙江人民出版社，2014．

［21］中共中央宣传部．习近平总书记系列重要讲话读本［M］．北京：学习出版社；人民出版社，2016．

［22］中共中央文献研究室．十二大以来重要文献选编：下［M］．北京：人民出版社，1988．

［23］中共中央文献研究室．十四大以来重要文献选编：上［M］．北京：人民出版社，1996．

［24］中共中央文献研究室．十四大以来重要文献选编：中［M］．北京：人民出版社，1997．

［25］中共中央文献研究室．十四大以来重要文献选编：下［M］．北京：人民出版社，1999．

［26］中共中央文献研究室．十五大以来重要文献选编：下［M］．

北京：人民出版社，2003.

[27] 中共中央文献研究室．十六大以来重要文献选编：下［M］．北京：中央文献出版社，2005.

[28] 中共中央文献研究室．中国共产党第十七次全国代表大会文件汇编［M］．北京：人民出版社，2007.

[29] 中共中央文献研究室．中国共产党第十八次全国代表大会文件汇编［M］．北京：人民出版社，2012.

[30] 中共中央关于全面深化改革若干重大问题的决定［M］．北京：人民出版社，2013.

[31] 中共中央关于全面推进依法治国若干重大问题的决定［M］．北京：人民出版社，2014.

[32] 中共中央关于制定国民经济和社会发展第十三个五年规划的建议［M］．北京：人民出版社，2015.

[33] 王磊．马克思恩格斯论道德［M］．北京：人民出版社，2011.

[34] 习近平．决胜全面建成小康社会 夺取新时代中国特色社会主义伟大胜利——在中国共产党第十九次代表大会上的报告［M］．北京：人民出版社，2017.

[35] 习近平．习近平谈治国理政：第二卷［M］．北京：外文出版社，2017.

2. 学术著作

[1] 朱贻庭．伦理学大辞典［M］．上海：上海辞书出版社，2011.

[2] 罗国杰．伦理学［M］．北京：人民出版社，1989.

[3] 张耀灿．中国共产党思想政治教育史论［M］．北京：高等教育出版社．2006.

[4] 吴潜涛．当代中国公民道德状况调查［M］．北京：人民出版社，2010.

[5] 唐爱民．道德教育的范畴论［M］．北京：北京师范大学出版社，2012.

[6] 廖申白，孙春晨. 伦理新视点 [M]. 北京：中国社会科学出版社，1997.

[7] 李佑新. 走出现代性道德困境 [M]. 北京：人民出版社，2006.

[8] 韦政通. 伦理思想的突破 [M]. 北京：中国人民大学出版社，2005.

[9] 韩桥生. 道德价值共识论 [M]. 北京：人民出版社，2015.

[10] 王晓升. 商谈道德与商议民主：哈贝马斯政治伦理思想研究 [M]. 北京：社会科学文献出版社，2009.

[11] 陈泽环. 道德结构与伦理学——当代实践哲学的思考 [M]. 上海：上海人民出版社，出版社，2009.

[12] 苏振芳. 思想道德教育比较研究 [M]. 北京：社会科学文献出版社，2011.

[13] 苏振芳. 思想政治教育理论与实践 [M]. 北京：社会科学文献出版社，2013.

[14] 潘玉腾. 推进社会主义核心价值体系大众化研究 [M]. 北京：社会科学文献出版社，2012.12.

[15] 陈桂蓉. 中国传统道德概论 [M]. 北京：社会科学文献出版社，2014.

[16] 杨立英，曾盛聪. 全球化、网络化境遇与社会主义意识形态建设研究 [M]. 北京：人民出版社，2006.

[17] 曾盛聪. 伦理变迁与道德教育 市场化、全球化、网络化际遇中的现代性追寻 [M]. 广州：广东人民出版社，2006.

[18] 杨建义. 大学生思想政治教育路径研究 [M]. 北京：社会科学文献出版社，2009.

[19] 杨建义. 大学生文化认同与价值引领 [M]. 北京社会科学文献出版社，2016.

[20] 茅于轼. 中国人的道德前景 [M]. 广州：暨南大学出版社，2003.

[21] 王艳秀. 道德客观性及其限度——伦理学与政治哲学的边界问题研究 [M]. 北京：中国社会科学出版社，2014.

[22] 许锋华. 共生道德教育论 [M]. 武汉：华中师范大学出版社，2012.

[23] 严开宏. 价值多元与道德教育 [M]. 福州：福建教育出版社，2016.

[24] 焦金波. 多元文化中"生活认知"道德教育研究 [M]. 徐州：中国矿业大学出版社，2014.

[25] 张秀. 多元正义与价值认同 [M]. 上海：上海人民出版社，2012.

[26] 王学风. 多元文化社会的学校德育研究 以新加坡为个案 [M]. 广州：广东人民出版社，2005.

[27] 贺希荣，罗明星，朱美华. 道德的选择——来自大学生心灵的报告 [M]. 北京：人民出版社，2006.

[28] 李喜英. 中国道德教育的现代转型与重构 [M]. 合肥：安徽人民出版社，2007.

[29] 孙彩平著. 道德教育的伦理谱系 [M]. 北京：人民出版社，2005.

[30] 冯芸. 和谐视域下道德教育的实现问题研究 [M]. 济南山东教育出版社，2014.

[31] 何怀宏. 中国的忧伤 [M]. 北京：法律出版社，2011.

[32] 高兆明，李萍. 现代化进程中的伦理秩序研究 [M]. 北京：人民出版社，2007.

[33] 宋希仁. 西方伦理思想史 [M]. 北京：中国人民大学出版社，2004.

[34] 万俊人. 20世纪西方伦理学经典——伦理学前沿：道德与社会 [M]. 北京：中国人民大学出版社，2005.

[35] 唐凯麟. 西方伦理学名著提要 [M]. 南昌：江西人民出版社，2006.

［36］徐贲．通往尊严的公共生活：全球正义和公民认同［M］．北京：新星出版社，2009．

［37］李仁武．制度伦理研究——探寻公共道德理性的生成路径［M］．北京：人民出版社，2009．

［38］樊浩．中国伦理道德报告［M］．北京：中国社会科学出版社，2012．

［39］慈继伟．正义的两面［M］．北京：北京三联书店，2001．

［40］万俊人．寻求普世伦理［M］．北京：商务印书馆，2001．

［41］王亚杰，郑瑞君主编．多元文化背景下当代大学生信息接受习惯与认知方式研究［M］．北京：北京邮电大学出版社，2013．

［42］冯建军．差异与共生 多元文化下学生生活方式与价值观教育［M］．成都：四川教育出版社，2010．

［43］林晖．断裂与共识：网络时代的中国主流媒体与主流价值观构建［M］．上海：复旦大学出版社，2013．

［44］本报评论员．用核心价值观引领思潮凝聚共识三论如何培育和践行社会主义核心价值观［M］．北京：人民出版社，2014．

［45］石芳．多元文化背景下的核心价值观教育［M］．北京：人民出版社，2014．

［46］陈新汉主编．社会主义核心价值体系价值论研究［M］．上海：上海人民出版社，2008．

［47］王文东．当代中国发展语境中的正义共识研究［M］．北京人民出版社，2010．

［48］汪辉勇．公共价值论［M］．合肥：合肥工业大学出版社，2014.11．

［49］王淑芹．大学生诚信伦理研究［M］．北京：人民出版社，2012．

［50］周治华．伦理学视域中的尊重［M］．上海：上海人民出版社，2009．

[51] 陈环编. 道德结构与伦理学——当代实践哲学的思考 [M]. 上海：上海人民出版社, 2009.

[52] 冯建军. 当代教育原理 [M]. 南京：南京师范大学出版社, 2009.

[53] 何怀宏. 底线伦理 [M]. 沈阳：辽宁人民出版社, 1998.

[54] 高德胜. 生活德育论 [M]. 北京：人民出版社, 2005.

[55] 吴佩杰. 道德教育的责任和追求——社会转型期高校德育研究 [M]. 南宁：广西人民出版社, 2009.

[56] 李伟言. 重塑我们的道德生活——当代德育价值取向转型的理论研究 [M]. 北京：北京师范大学出版社, 2012.

[57] 范树成. 多元化视域中的德育改革与创新——德育应对诸领域多元化的对策之专题研究 [M]. 北京：中国社会科学出版社, 2010.

[58] 欧阳永忠. 道德心理和谐及其教育研究 [M]. 北京：人民出版社, 2014.

[59] 程立显. 伦理学与社会公正 [M]. 北京：北京大学出版社. 2002.

[60] 陈健秋, 韦绍福. 共同价值引论 [M]. 北京：中共中央党校出版社. 2017

[61] 吴沁芳. 伦理困境与和谐诉求 [M]. 北京：中国社会科学出版社, 2012

[62] 侯惠勤. 正确世界观人生观的磨砺 马克思主义著作精要研究 [M]. 南京：南京大学出版社, 1996

3. **学术期刊**

[1] 钱国君. "道德共识"的唯物史观基本向度 [J]. 理论与改革, 2015（4）.

[2] 王晓丽. 超越道德相对主义：生成性思维中的道德共识 [J]. 学术研究, 2015（8）.

[3] 罗明星. 共识的道德与道德的共识 [J]. 河海大学学报（哲学

社会科学版），2014（3）.

［4］宫瑜.现代道德共识的可能性及其限度［J］.社会科学辑刊，2014（6）.

［5］刘朝武."道德共识"困境的现代性及其消解［J］.河海大学学报（哲学社会科学版），2014（3）.

［6］韩桥生，汪荣有.社会转型期道德共识的重构［J］.江西社会科学，2012（1）.

［7］王艳秀.论道德共识及其认知内涵［J］.江西社会科学，2007（7）.

［8］贺来."道德共识"与现代社会的命运［J］.哲学研究，2001（5）.

［9］张向东.哈贝马斯商谈伦理中道德共识形成的逻辑［J］.道德与文明，2009（4）.

［10］甘绍平.道德共识的形成机制［J］.哲学动态，2002（8）.

［11］郑富兴，高潇怡.道德共识的追寻：美国新品格教育的内容浅析［J］.外国教育研究，2004（11）.

［12］余玉花.道德信仰与价值共识［J］.理论探讨，2015（3）.

［13］任建东.以社会主义核心价值观为共识再塑道德信仰［J］.伦理学研究，2015（1）.

［14］樊浩.伦理道德能为价值共识贡献什么［J］.道德与文明，2014（4）.

［15］王颖.灌输：道德教育学和思想政治教育学的语境分歧与理论共识［J］.理论与改革，2010（2）.

［16］樊浩.当前我国诸社会群体伦理道德的价值共识与文化冲突：中国伦理和谐状况报告［J］.哲学研究，2010（1）.

［17］潘斌.罗尔斯的理性重叠共识［J］.道德与文明，2015（5）.

［18］马和民.儒家文化、价值共识与理想人格建构［J］.南京社会科学，2015（12）.

［19］余维武. 现代道德教育中的道德底线与道德至善［J］. 华东师范大学学报（教育科学版），2014（3）.

［20］龙静云. 我国社会道德共同体及其型构策略［J］. 中州学刊，2015（1）.

［21］樊浩. 中国社会价值共识的意识形态期待［J］. 中国社会科学，2014（7）.

［22］董云川，徐娟. 学校道德教育的两难困境——基于多元的社会现实与相对的哲学解析［J］. 思想战线，2015（2）.

［23］唐凯麟，张静. 社会主义核心价值体系的公民认同和道德建构研究［J］. 伦理学研究，2014（1）.

［24］李水弟. 道德困境：公共生活的批判性反思［J］. 求实，2013（1）.

［25］陶建钟. 转型社会的道德秩序及其整合［J］. 伦理学研究，2014（3）.

［26］陈清. 论多元文化场景中的道德价值认同［J］. 华中科技大学学报（社会科学版），2014（2）.

［27］管爱华. 社会转型期的道德价值冲突及其认同危机［J］. 河海大学学报（哲学社会科学版），2014（3）.

［28］陈培永. 后现代道德状况论［J］. 福建论坛（人文社会科学版），2013（9）.

［29］邹顺康. 伦理共识与讲诚守信的善恶分析［J］. 西南大学学报（社会科学版），2013（6）.

［30］吴玉军. 价值个体主义、怀疑主义与价值共识的困境［J］. 浙江社会科学，2012（1）.

［31］陈真. 道德相对主义与道德的客观性［J］. 学术月刊，2008（12）.

［32］胡金木，冯建军. 多元化社会中道德教育的困境及其超越［J］. 道德与文明，2009（2）.

［33］华为国. 共生视角下的道德教育新路径探索［J］. 现代大学教育, 2012（5）.

［34］曾建平, 代峰. 公民道德建设与核心价值认同［J］. 道德与文明, 2010（6）.

［35］张铁勇. 论以谋求共识为核心的德育理念［J］. 道德与文明, 2003（6）.

［36］甘绍平. 应用伦理学：冲突、商议、共识［J］. 中国人民大学学报, 2003（1）.

［37］陈泽环. 道德生活中的共同信念［J］. 上海师范大学学报（哲学社会科学版）, 2008（6）.

［38］汤文曙. 社会伦理共识的客观基础［J］. 毛泽东邓小平理论研究, 2005（3）.

［39］许娟. 新熟人社会的责任伦理和文化共识［J］. 湖北大学学报（哲学社会科学版）, 2012（2）.

［40］张向东. 哈贝马斯商谈伦理中道德共识形成的逻辑［J］. 道德与文明, 2009（4）.

［41］潘于旭. 认同、共识及其价值论建构的意义［J］. 江苏社会科学, 2014（1）.

［42］赵爱玲. 重建道德共识的主要难点与破解对策［J］. 学校党建与思想教育（高教版）, 2014（5）.

［43］赵爱玲. 凝聚与重建道德共识：中国特色社会主义伦理文化建设的一种思维路向［J］. 学校党建与思想教育, 2016（11）.

［44］赵爱玲. 论道德共识重建何以可能何以可为［J］. 学校党建与思想教育, 2013（7）.

［45］林芳, 郭健彪. 论后现代文化思潮下的价值共识与教育创新［J］. 福建论坛（人文社会科学版）, 2014（12）.

［46］巩克菊, 丁燕. 自我认同与价值共识：个人与社会关系的新阐释［J］. 理论视野, 2013（4）

[47] 朱俊瑞，赵斐．媒介化时代中的多元文化冲突与价值共识[J]．中国出版，2013（10）．

[48] 王玉萍，黄明理．价值共识及其当代意义[J]．求实，2012（5）．

[49] 吴玉军．价值个体主义、怀疑主义与价值共识的困境[J]．浙江社会科学，2012（1）．

[50] 沈湘平．价值共识是否及如何可能[J]．哲学研究，2007（2）．

[51] 陈先达．论普世价值与价值共识[J]．哲学研究，2009（4）．

[52] 陈仕平．对达成社会价值共识路径的反思[J]．华中科技大学学报：社会科学版，2009（1）．

[53] 汪辉勇．用"公共价值"而不是"普世价值"解决价值共识问题[J]．湘潭大学学报（哲学社会科学版），2012（4）．

[54] 胡敏中．价值规范与价值共识——与马俊峰、江畅先生商榷[J]．哲学动态，2007（5）．

[55] 田海舰，李劲．论社会主义核心价值体系与人类文明价值共识[J]．北京行政学院学报，2010（6）．

[56] 陈晓鹤．当代大学生思想政治教育中的价值共识教育[J]．江汉论坛，2009（8）．

[57] 汪信砚．普世价值·价值认同·价值共识：当前我国价值论研究中三个重要概念辨析[J]．学术研究，2009（11）．

[58] 胡江霞．从心所欲不逾矩——一种人类追寻的价值规范与实践共识[J]．中南民族大学学报（人文社会科学版），2015（5）．

[59] 李德全，杨全海．坚持以社会主义核心价值体系凝聚社会共识[J]．思想理论教育导刊，2013（11）．

[60] 王琴．大众共识是推动社会主义核心价值体系建设的基础[J]．中州学刊，2011（1）．

[61] 孙春晨．全球化时代的道德教育与文化自信[J]．唐都学刊，2016（1）．

[62] 薛桂琴. 多元价值时代促进大学生道德成长的策略探析 [J]. 江苏高教, 2015 (3).

[63] 程红艳. 道德相对主义时代的公民道德教育 [J]. 高等教育研究, 2015 (8).

[64] 刘燕楠. 多元文化视域下学校道德教育的文化路向与价值选择 [J]. 教育研究, 2015 (9).

[65] 卜玉华. 我国道德教育变革脉络分析 [J]. 中国教育学刊, 2013 (3).

[66] 吕丽艳. 多元价值背景下道德教育的地位与使命 [J]. 教育研究与实验, 2008 (3).

[67] 吕丽艳. 多元价值背景下价值教育的挑战及其转向 [J]. 南京师大学报（社会科学版）, 2011 (1).

[68] 杨小微. 教学中的价值引导与价值商谈 [J]. 教育科学研究, 2004 (10).

[69] 龙宝新. 价值商谈与学校道德生活的建构 [J]. 华东师范大学学报（教育科学版）, 2005 (3).

[70] 鲁洁. 生活·道德·道德教育 [J]. 教育研究, 2006 (10).

[71] 马晓东. 关于新世纪社区教育功能的探讨 [J]. 长白学刊, 2000 (5).

[72] 杜亚男. 中美社区教育比较及对道德教育的启示 [J]. 改革与开放, 2016 (13).

[73] 姚君喜. 媒介接触与社会公正认知、态度及行为：以上海在校大学生为对象的实证研究 [J]. 现代传播（中国传媒大学学报）, 2012 (3).

[74] 尹伟. 德育评价的重心转向及其合理性辩护 [J]. 湖南师范大学教育科学学报, 2015 (2).

[75] 刘春阳, 胡勇军, 黄书诗. 大学文化视野下的高校后勤管理服务研究 [J]. 高教探索, 2014 (6).

[76] 杨大伟. 打造新媒体集群 提升高校舆论引导能力 [J]. 中国高等教育, 2015 (2).

[77] 刘希贵. 构建大学生思想政治教育合力效益机制研究 [J]. 中国科教创新导刊, 2008 (6).

[78] 王敏. 论思想政治教育机制要素及其特性分析 [J]. 中青年学者论坛, 2008 (4).

[79] 徐博闻. 公民的规则意识、法治秩序与社会和谐 [J]. 经济研究导刊, 2009 (25).

[80] 余维武. 道德权利与道德教育 [J]. 教育理论与实践, 2008 (7).

[81] 黄明理. 道德的层次性：辩证维度中的道德 [J]. 南京政治学院学报, 2005 (2).

[82] 李有库. 高校德育应注重强化大学生主体意识的培养 [J]. 思想理论教育导刊, 2004 (1).

[83] 王淑芹. 道德教育低效化审视 [J]. 思想教育研究, 2007 (9).

[84] 樊浩. 当前中国伦理道德状况及其精神哲学分析 [J]. 中国社会科学, 2009 (4).

[85] 杜也力. "殖民文化"讨论综述 [J]. 学术月刊, 1997 (5).

[86] 刘小新. 当代中国价值观多元化的几点思考 [J]. 首都师范大学学报（社会科学版）, 2005 (3).

[87] 黄海. 我国大学生道德教育的历史回顾与问题审思 [J]. 黑龙江高教研究, 2014 (1).

[88] 陈桂蓉. 关于社会主义核心价值观落细落小落实的几点认识 [J]. 思想理论教育, 2015 (2).

[89] 陈桂蓉. 论绿色发展理念下主体的道德尊严与道德责任 [J]. 思想理论教育, 2006 (8).

[90] 陈洁. 美国品格教育运动及其对学生思想政治教育的启示

［J］．思想政治教育研究，2010（6）．

［91］郑永安，孙敖．美国新品格教育评析［J］．高校理论战线，2011（9）．

［92］郑富兴．论美国新品格教育的"社群化"特征［J］．比较教育研究，2004（11）．

［93］邱琳．英国学校价值教育的隐性课程［J］．外国教育研究，2012（5）．

4. 学位论文

［1］韩桥生．当代中国道德共识的体系构建与形成路径研究［D］．南昌：江西师范大学，2013．

［2］钱国君．当代中国公民道德共识及其建构研究［D］．成都：西南财经大学，2013．

［3］王冬冬．当代大学生政治信仰教育研究［D］．西安：西安理工大学，2007．

［4］曹亚楠．价值多元时代道德教育的困惑与选择：来自克里夫·贝克的启示［D］．济南：山东师范大学，2015．

［5］丁燕．公民核心价值观教育研究［D］．济南：山东大学，2015．

［6］代聪聪．多元化背景下青少年道德共识教育研究［D］．石家庄：河北师范大学，2013．

［7］白文君．试论道德共识的可能性［D］．长沙：湖南师范大学，2003．

［8］宫瑜．交往理性与道德共识：哈贝马斯话语伦理学研究［D］．长春：吉林大学，2011．

［9］张振华．当代中国社会共识形成研究［D］．武汉：武汉大学，2014．

［10］叶振兴．论价值共识视域下的思想政治教育［D］．合肥：合肥工业大学，2011．

[11] 张乐. 探求价值共识：一种消弭价值观冲突的路径 [D]. 郑州：郑州大学，2011.

[12] 谢狂飞. 美国品格教育研究 [D]. 上海：复旦大学. 2012.

[13] 孙建青. 当代中国大学生核心价值观教育问题研究 [D]. 济南：山东大学，2014.

5. 外文译著

[1] 约翰·威尔逊. 道德教育新论 [M]. 蒋一之译. 杭州：浙江教育出版社，2003.05.

[2] 李普塞特. 共识与冲突 [M]. 上海：上海人民出版社，2011.10.

[3] 阿历克斯·英格尔斯. 人的现代化 [M]. 殷陆君译. 四川：四川人民出版社，1985.

[4] 麦金太尔. 追寻美德 [M]. 宋继杰译. 南京：译林出版社，2003.

[5] 亚当·斯密. 国民财富的性质和原因的研究：下卷 [M]. 郭大力，王亚南译. 北京：商务印书馆，1981.

[6] 理查德·斯皮内洛. 铁笼. 还是乌托邦——网络空间的道德与法律 [M]. 李伦等译. 北京：北京大学出版社，2007.

[7] 安东尼·吉登斯. 现代性的后果 [M]. 田禾译. 南京：译林出版社，2000.

[8] 大卫·哈维. 希望的空间 [M]. 胡大平译. 南京：南京大学出版社，2006.

[9] 齐格蒙特·鲍曼. 生活在碎片之中———论后现代道德 [M]. 郁建兴等译. 上海：学林出版社，2002.

[10] 汉娜·阿伦特. 人的境况 [M]. 王寅丽译. 上海：上海世纪出版集团，2009.

[11] 詹姆斯·雷切尔斯. 道德的理由 [M]. 杨宗元译. 北京：中国人民大学出版社，2009.

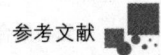

[12] 齐格蒙特·鲍曼. 后现代伦理 [M]. 张成岗译. 南京：江苏人民出版社，2003.

[13] 托·雅诺斯基. 公民与文明社会 [M]. 柯雄译. 沈阳：辽宁教育出版社，2000.

[14] 罗素. 西方哲学史 [M]. 何兆武，李约瑟译. 北京：商务印书馆，1963.

6. 外文文献

[1] Susan D. Collins. Aristotle and the Rediscovery of Citizenship [M]. Cambridge University Press, 2009.

[2] Moyer - Guse, Emily. Toward a theory of entertainment persuasion: Explaining the persuasive effects of entertainment - education messages [J]. Communication Theory, AUG 2008.

[3] Ebner, Martin, Lienhardt, Conrad, Rohs, Matthias. Microblogs in Higher Education - A chance to facilitate informal and process - oriented learning? [J]. Computer & Education, AUG 2010.

[4] Cohen, Jonathan. Social, emotional, ethical and academic education: Creating a climate for learning, participation in democracy, and well - being [J]. Harvard Educational Review, SUM 2006.

后 记

　　道德教育是思想政治教育的重要组成部分，是一个广阔的研究领域。当今社会，价值观多元化对原有道德共识的解构困扰着人们的道德生活，也使道德虚无、行为失范成为社会性问题。与身处社会转型期的其他人一样，当代大学生也面临着道德价值冲突、迷茫的困境。大学生道德共识培育是当代高校道德教育不可忽视的内容和不可逾越的阶段，是值得深入研究的课题。本书直面当前价值观多化的时代境遇，把"当代大学生应该培育何种道德共识和如何有效地培育"作为研究的着力点，促使他们形成正确的价值取向、道德规范和行为方式，积极践行社会主义核心价值观，有较强的时代感和现实意义。

　　"道德共识"在道德教育研究中是一个相对新颖而独特的视角。研究过程也是一个艰难的探索过程，但我们始终秉持立德树人的情怀与使命，坚持严谨和诚实的治学态度潜心钻研。经过多年努力，《多元与融合：当代大学生道德共识培育研究》作为处女作即将出版，我既感到欣慰，也心怀无限感恩。感恩的是在著作的完成过程中得到了许多师长的指导和鼓励。

　　我要衷心地感谢我的导师陈桂蓉教授。本书从选题、提纲拟定到书稿的几修几改，皆得到陈老师的指导和教诲。陈老师宽阔的学术视野、创新的学术视角、严谨的学术思维，时刻感染着我，启迪着我，既是我的学业导师，也是我人生之导师，让我受益终身！

　　我还要深深地感谢福建师范大学马克思主义学院的导师群体，感谢

后　记

郑传芳教授、苏振芳教授、潘玉腾教授等对本课题研究的指点和启迪。

感谢闽江学院马克思主义学院院长杨章钦教授、张庆守书记、林春玲副院长对本书出版的鼓励和支持。

感谢世界知识出版社为本书的设计、编辑付出的辛勤劳动。

本书的第七章第一节，以及部分问卷调查和数据统计工作由蔡桂珍负责；其余章节，均由主要作者李丽娟完成。本书为闽江学院习近平新时代中国特色社会主义思想研究创新团队的部分研究成果。

由于学术研究水平有限，不免存在一些错误和疏漏，恳请学界前辈、同仁和广大读者批评指正。

作者

2018年11月于榕城